帝王陵墓

发掘深埋地下的皇家图景

李伟广

著

台海出版社

帝王陵墓

发掘深埋地下的皇家图景

李伟广　著

台海出版社

目 录
CONTENTS

第一章

秦汉：辉煌开始

目　录
CONTENTS

第二章

魏晋：古墓不祭

第三章

隋唐五代：依山为陵

目 录
CONTENTS

第四章

宋元：多舛命运

目 录
CONTENTS

第五章

明代：奢华与凄婉

目录
CONTENTS

第六章

清代：孤寂的辉煌

目 录
CONTENTS

第一章
秦汉：辉煌开始

秦始皇陵：骊山脚下掩辉煌

　　焚书坑儒、寻仙问药、灭六国、修长城……说起秦始皇，我们能想到的是一种傲视群雄的王者之气。他开创了中国第一个大一统的帝国，他是中国第一个皇帝，他也是万里长城的奠基者。这样一位千古帝王，他的生活无疑是史无前例的奢华，于是，他建造了阿房宫。秦始皇好大喜功，他想永葆帝王基业，于是在骊山脚下，在阿房宫的近郊，在他要沉睡千年的地方，他建造了那样豪华的帝王陵墓。

　　古代事死如事生，秦始皇始，天下皆知：我阻挡不了死亡，但是我可以阻挡永世的腐朽。于是，帝王陵自此始兴。

选址骊山为哪般

　　秦始皇陵位于陕西省西安市以东 30 千米的骊山北麓。它南依骊山山林葱郁的层层峰峦，北邻似银蛇般逶迤曲转的渭水。陵园总面积为 56.25 平方千米，规模宏大，气势雄伟。陵上封土原高约 115 米，现仍高达 76 米，在巍巍峰峦环抱之中与骊山浑然一体，勾勒出人间至美的风光。

　　骊山素来以优美的风景和特有的温泉而闻名于世，这一点毋庸置疑。不过，难道秦始皇仅仅因为贪恋这里的"美色"便将自己的"死后大业"安置于此吗？仅凭这个理由似乎有点说不过去。据《水经注》记载："秦始皇大兴厚葬，营建冢圹于丽戎之山，一名蓝田。其阴多金，其阳多玉，始皇贪其美名，因而葬焉。"骊山之南的蓝田玉著称于世，现代地质队曾在骊山北麓开凿金矿。所以说，骊山的风水应该不错。

　　当然除了以上原因之外，秦始皇选陵骊山还有可能是因为这里的有利地势。

秦始皇像　清人绘

秦始皇

姓嬴名政始自始皇乙卯即王位庚辰併天下稱皇帝在位三十七年居王位二十五年即帝位十二年壽五十

秦至汉　青铜曲颈蒜头壶　高 25.2 厘米

秦始皇陵区出土的青铜编钟

秦汉　铜兽耳扁壶

按《水经注》的记载："水出骊山东北，本导源北流，后秦始皇葬于山北，水过而曲行，东注北转，始皇造陵取土，其地于深，水积成池，谓之鱼池也……池水西北流途经始皇冢北。"而《两京道里记》又记载："始皇陵南有尖峰，名曰望峰，言筑陵者望此为准。"根据勘察，秦始皇陵封土中心顶端以及外城垣的南、北两门，与其南边的骊山最高峰望峰南北相对在一条直线上。而每一道峰脊似一个花瓣，秦陵就在花蕊位置。因此民间也称始皇陵为"莲花穴"，这里的确是建墓的绝佳位置，由此也就不难理解为何秦始皇会选中骊山作为自己的安身之处了。

地下"黄泉"深几许

如果秦始皇陵地上堆土的规模已经让你惊讶万分，那么，秦始皇陵地下宫殿的深度更会让你瞠目结舌。据传，秦始皇陵地宫深似黄泉，这一传言究竟是真是假呢？

在《史记·秦始皇本纪》中，有关于秦始皇陵深度的记载，文中说其地宫可以"穿三泉"。《旧汉书》中也有对秦始皇陵的描述，书中用的是"已深已极""深极不可人"之语。据说公元前210年，即秦始皇50岁生日时，丞相李斯向他报告说："我带了72万人修筑骊山陵墓，已经挖得很深了，连火也点不着了，凿时只听见空空的声音，好像到了地底一样。"秦始皇听后，下令"再旁行三百丈乃至"。而《吕氏春秋》则记载"浅则狐狸扬之，深则及于水泉"，即最深到泉水。

如此听来，莫非当年秦始皇真的将地宫挖到了地表的最深处？与他所向往的仙境的九重天界匹敌？这个谜题一直延续了两千余年，从古至今人们对其猜测不断。近年来，国内文物考古、地质学界专家学者对秦陵地宫深度做了多方面的研究探索，根据最新钻探资料显示，秦陵地宫并没有人们想象的那么深。实际深度应与芷阳一号秦公陵园墓室深度接近。这样推算下来，地宫坑口至底部实际深度约为26米，至秦代地表最深约为37米。专家们考证的这一数据是依据目前勘探结果推算的，应当不会有大的失误，但秦始皇陵的地宫到底深有几许，这个确切答案还有赖于考古勘探进一步验证。

"水银江河"护遗体

关于神秘的秦始皇陵，除了选址疑云、地宫深度之谜外，还流传着许多其他传言，比如，秦始皇的遗体是否保存完好。人们之所以会有这种猜测，是因为在《史记》和《汉书》中都有关于秦始皇陵以水银为江河大海的记载，因此，民间便开始传言：秦陵的地宫内有水银所制的五湖四海，秦始皇躺在纯金打造的棺材里，游荡在水银制成的江河上，巡视着帝国的领地。

本来，这种用水银铸为江河湖海的说法，大家只做茶余饭后的闲谈，不过近年来的考古发现，却让这个谜团变得更加扑朔迷离。通过对秦始皇陵的探测，专家的多次采样分析试验和遥感测量都不约而同地显示出——秦始皇陵封土土壤样品中出现"汞异常"。相反，其他地方的土壤样品几乎没有汞含量。毫无疑问，这意味着《史记》中关于秦始皇陵中埋藏大量汞的记载是可靠的。

不过，有专家认为，秦始皇陵内的汞超标现象可能与秦始皇遗体本身有关。众所周知，秦始皇热衷于炼制丹药，以求长生不老。而古代的方士往往会在丹药之中加入大量的汞，这也很可能就是秦始皇最终致死的原因。所以，人们在始皇地宫中检测出的"汞异常"现象就极可能是他遗体中含汞超标所致，而关于"水银铸江海"多半是无稽之谈。

由于汞有防腐的作用，所以人们猜测，秦始皇的遗体极有可能像马王堆发现的女尸那般，至今仍完好无损。那么，关于这一推测又是否成立呢？

虽然单从遗体保护技术来讲，如果相距秦朝不足百年的西汉女尸能够很好地保存下来，那么秦朝也应具备保存遗体的防腐技术。但问题是秦始皇死在出巡途中，而且正值酷暑时节，相传尸体未运多远，便发出了熏人的腥味，为了防止腥味扩散，赵高、胡亥派人从河中捞了一筐筐鲍鱼，将鲍鱼与尸体放在一起以乱其臭。这样，经过长途颠簸，直至九月，尸体终于运回咸阳发丧。若此说属实，那么秦始皇的遗体在途运过程中就已经腐烂，那么即使地宫中真的有"水银江河"，恐怕长眠于金棺之中的秦始皇也只剩一具白骨了。

汉高祖长陵：祔葬累累簇长陵

"长陵高阙此安刘，祔葬累累尽列侯。"仅唐人的一首诗，就足以让人们对这位大汉开国帝王、一代风流人物刘邦的"安眠之地"想入非非。回看历史，这位"以布衣提三尺剑有天下"的皇帝曾在生前给我们留下多少佳话？他斩蛇起义，叱咤楚汉战场，大战七十，小战四十，身负重伤十二次，最终逼得西楚霸王乌江自刎，而自己登上皇帝宝座。这就是汉高祖的辉煌一生。如此一位传奇人物，自然不甘心寂寞死去，因此他从称帝的第二年，就开始着手营建自己的陵墓，也就是我们本节要给大家介绍的长陵。

汉代第一座帝皇陵墓

晴天丽日，如果站在未央宫前殿遗址的高台上远望过去，自可看见一座山峰兀立，气势雄伟的"小山"，那就是长陵了。长陵，位于秦咸阳宫旧址咸阳原的最高点，南与未央宫隔河相望，北倚九山，泾渭二水横贯陵区，是关中著名的枢纽要地，可在此俯瞰长安胜景，真乃一块风水宝地。由此便可看出刘邦在选址的时候，一定是煞费苦心。

长陵是汉代修建的第一座皇帝陵墓，汉高祖刘邦和皇后吕雉合葬于此。据史书记载，长陵东、西并列着两座陵墓，高祖陵在西，吕后陵在东。陵园略呈方形，是仿照西汉都城长安建造的。古书《三辅黄图》中说，"长陵城周七里，百八十步"，折合今天的长度即为3150米。现代考古工作人员曾对发现的长陵遗址进行实测，发现陵园平面为正方形，每边长780米，周长3120米。实测的结果与文献记载大体吻合。

陵园的四面墙壁均有遗存，其中距高祖陵80米的西墙保存得最好，尚有高3米、长600米左右的一段墙赫然矗立。西墙下4米的深处，还发现了五条水道并列的一组排水管。这种房脊形的水道高、宽各50厘米，为秦汉时常用的标准水道。

在长陵陵园东门外马路北侧，就是陪葬墓区。长陵的陪葬墓区，从西端的陵园开始，到东端的泾河南岸，绵延7千米。在西汉诸陵中，长陵陪葬人数之多，陪葬墓格局之规整，在汉代帝陵中是绝无仅有的。跟随刘邦南征北战的功臣和贵戚，死后多陪葬长陵。据说，当时陪葬的有100多人，现在尚可见到的还有70多个墓冢。每个墓冢占地不多，但墓冢之间前后左右的行列间距大致相当，排列得井然有序。陪葬者大都是跟随刘邦立下汗马功劳的文臣武将和近亲王侯。最知名的有萧何、曹参、周勃，周亚夫、张耳等人。陪葬墓的封土较帝后陵小得多，形状有覆斗形、圆锥形、山形三种。这些开国元勋、朝廷重臣以及后妃等人的陪葬墓，现在尚存63座。

长陵陵园之北，就是当年长陵邑的所在地。长陵邑的南墙，也就是长陵陵园的北墙。现在，陵邑中的所有建筑早已荡然无存，但陵邑南墙的长度还有1245米，西墙长度为2200米，北墙残长200米。东墙没有任何发现。这些墙的厚度，一般都为7～8米。由此可见，

清人绘 《汉高祖真像》

当年的长陵建筑，规模之大，墙垣之坚固结实。

在刘邦陵北130米处、吕后陵北350米处，以及吕后陵正南、距南墙30米处，各有一处大型建筑遗址，这应当是当时寝殿、便殿一类的礼制建筑。寝殿是汉代皇帝或皇帝陵园中的主要祭祀场所，殿堂正中摆放亡者的神座，陵园中的宫人要像侍奉生前的皇帝、皇后一样，每天恭恭敬敬地送上四次饮食，这就是"日祭于寝"的礼仪制度。便殿是寝殿旁边休息闲宴的场所。寝殿举行重大祭祀活动的前后，众多的参与者可在此休息。另外，便殿中还存放着皇帝生前用过的衣物，供四时祭祀。

陪葬墓中惊现三千兵马俑

汉高祖刘邦和吕后安居的长陵位于今天西安市中心以北约20千米、咸阳市以东约20千米的窑店镇三义村北，不仅主陵墓气势雄伟，陪葬墓更是规模庞大，数目惊人。1965年，考古人员对陪葬陵进行仔细勘察，结果意外发现了3000座彩绘兵马俑，这一发现，让世人惊叹不已。

据考古资料显示，在陪葬墓区东、西两排，共有11个两两相对的土坑，土坑内是排列有序的1800余步兵俑、580余骑兵俑，还有许多陶盾牌、兵器和车马饰。步兵俑葬于5个坑内，大的身高48.5厘米，小的44.5厘米，身高相当于正常人的三分之一到四分之一。他们身披各式用绚丽的红、白色描绘出甲片的黑色铠甲，有手持戈或盾，左手握拳下垂，虽然不如真人高大，但却个个威武十足。

骑兵俑葬于6个坑内，它们身着红、白、绿、紫等颜色的服装，上面还有彩绘的图案，大多也披着黑色铠甲。骑兵所骑之陶马形象逼真，有的俯首帖耳，似安然待命；有的昂首嘶鸣，似急欲出征。

很显然，考古学家在陪葬墓中发现的这些步兵俑和骑兵俑都是殉葬用的，但是，如此规模庞大的"殉葬兵团"究竟是哪位风流人物的殉葬品呢？这个谜题勾起了人们的浓厚兴趣。

为揭开此谜，1970年，考古工作者对陪葬坑北边不远处的两个大墓冢进行了考古发掘，从中发现了钟、磬等乐器，彩绘漆木车、漆箱等用具。不仅如此，更重要的是他们还从两座墓中发现了两百余枚玉片，个别玉片的四角小孔里还有残留的银丝。由此可知，死者大概是身穿银缕玉衣下葬的，身份相当高。

基于这些考古发现，再参照《水经注》的记载，有学者认为这两个墓应该是周勃、周亚夫父子的墓，这种说法应当是可信的。众所周知，周勃是刘邦的贫贱之交，当年曾和他一起起义，后又一直追随他打江山、定江山，功劳显著。其子周亚夫也是一位勇冠三军的将领，曾助汉景帝刘启平定"七国之乱"，保得大汉江山稳定不倒。由此可见，周氏父子对安刘定国，可谓功劳甚大。

据史料记载，在汉代有一个规矩，即重要的军事将领死后，朝廷都要给以隆重的礼遇，以军阵送葬。那么，以周勃、周亚夫父子的武功以及他们在汉初政局中所起到的特殊作用，得此威武军阵送葬，在当时应该是名正言顺。而杨家湾庞大的陶俑群，正象征着为死者送葬的军队，由此推测，考古学家在陪葬墓中发现的这三千彩绘兵马俑极有可能是这两位功勋显著的汉代将军父子的陪葬之物。

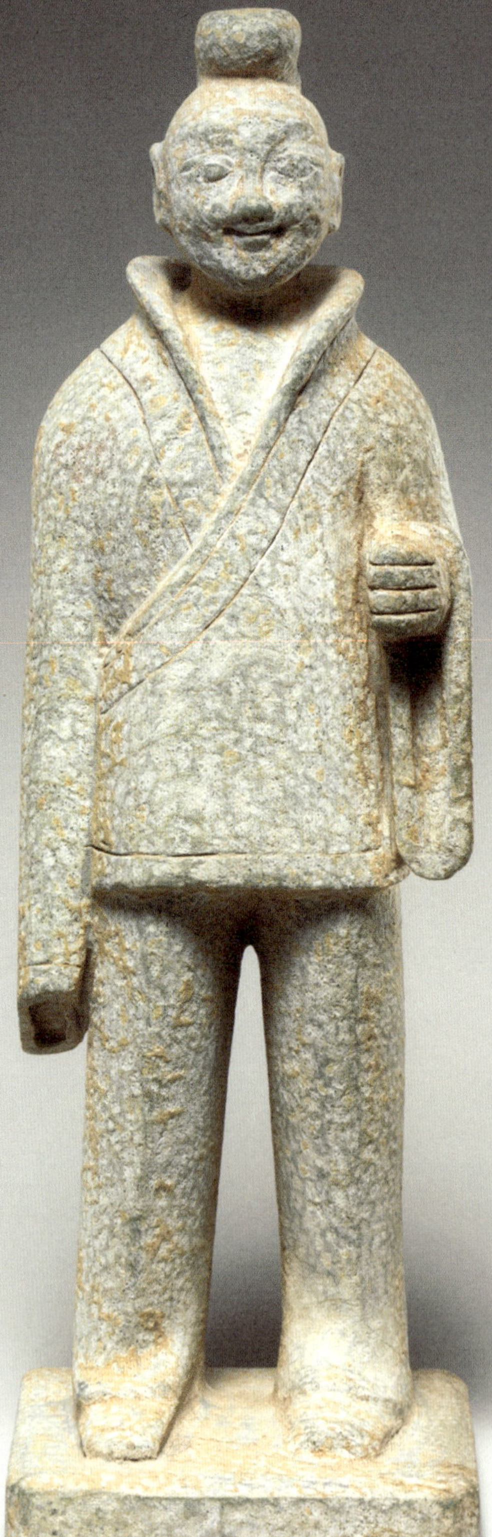

西汉　士兵俑

西汉　彩陶马　59.69 厘米 × 54.61 厘米 × 16.51 厘米

西汉　墓砖

汉 彩绘陶乐舞俑 13.7 厘米 × 10.8 厘米 × 11.1厘米

汉文帝灞陵：凿山为陵始灞陵

灞陵是汉文帝刘恒与其妻窦皇后的陵寝，位于灞河西岸。"就其水名，因以为陵号"。汉文帝是高祖刘邦第四子，生母薄姬，高祖在位时被封为代王。吕后专政时期，他韬光养晦，吕后去世后，他发动宫廷政变，登上帝位。汉文帝是一位英明贤主，后世传颂的"文景之治"就是对他功绩的肯定。那么，这样一位贤德之君，他的陵墓会是怎样的呢？是气派奢华的，还是简朴肃穆的呢？

"因山为陵"的背后原因

灞陵在汉长陵未央宫前殿遗址东南28.5千米，位于今陕西省西安市东郊白鹿原东北隅，即今溺桥区毛西乡杨家圪塔村，人们俗称"凤凰嘴"。灞陵最大的特色就是因山建陵，不起坟，地面上没有封土。当时，人们在白鹿原原头的断崖上凿洞为玄宫，以石砌筑，异常坚固。

汉文帝在建造灞陵的时候为什么要"因山为陵"呢？据说这是因为汉文帝体恤百姓，力求节俭。根据历史分析，这种说法是可信的。因为在历史上，汉文帝的确是一位自律节俭的清明之君。他在位期间，宽政减刑，轻徭薄赋。他不但没有增加宫室苑囿、车骑服御之物，还屡次下诏禁止郡国贡献奇珍异宝。文帝在位23年，一直奉行节俭，杜绝奢侈，在厚葬成风的秦汉时代，他没有用金银来装饰陵墓，大兴土木来修坟，实在是难能可贵。

除此原因外，后人认为汉文帝"因山为陵"的另外一个原因是保障陵墓的安全。

据说，在修建灞陵的时候，有一次汉文帝带着慎夫人在群臣的前呼后拥之下前去参观。他看到修筑中的灞陵，不无感叹地说："以山为陵，用石做亭，绝对坚固无比呀！"大臣们都附和说："是啊。"这时，张释之对文帝说："如果陵中有让人贪婪的宝贝，再坚固的壁垒也阻挡不了盗贼的脚步；如果陵中没有让盗贼想要的东西，即使没有石亭也不用担心被盗！"文帝听了张释之这番话，十分赏识，因此也更加坚定了自己"节葬"的信念。由此，我们也可以看出，汉文帝"节葬""因山为陵""不得以金银铜锡为饰"的目的，一方面是为了减轻百姓的负担；另一方面也是为了"使其中无可欲"，从而确保陵墓的安全。

"顶妻背母"的灞陵故事

"因山为陵，不复起坟"的灞陵因其斩原为冢，凿洞为玄宫，并"稠种柏树"于墓上，故无封土可寻。由于其他地面无封土，史料文献对灞陵的记载又很少，所以，目前只能根据仅有的记载来推测灞陵的位置和内部结构。

据明朝何仲默《雍大记》载："至元辛卯（1291年）秋，灞水冲开灞陵外羡门，冲出石板五百余片。"我们由此推知，其墓门、墓道和墓室可能是用石板垒砌而成。营建山陵时，为防止水患，墓室"上有四出道，以

汉文帝像 选自清代《历代帝王圣贤名臣大儒遗像》

泻水"。但经漫长的时间，水道被沙石堵塞，已失去泻水作用，所以墓门早年就被水冲开，今墓室结构已不可辨认。陵前曾立宋元以后的石碑二十五通，今也多散失。

虽然灞陵的现存结构已经不太完整，不过在灞陵旁边还有两位皇后的陪葬陵可供我们研究。在灞陵东北1千米左右，是汉文帝的窦皇后的陵墓。窦皇后陵园垣墙为夯土筑成，今在园内发现大量建筑遗存，有西汉筒瓦、板瓦、云纹瓦当等，可以想见当年陵园中必有较大规模的殿堂建筑。陵冢位于陵园正中，现高19米，周长564米。陵园之东有从葬坑多座，现发掘36座，出土了造型优美的彩绘陶俑、陶罐，以及马、牛、羊等动物骨骼。

在灞陵西南，是汉文帝生母薄太后的南陵。薄太后是汉高祖刘邦的妃子，因为她是在其子汉文帝登基后被尊为太后的，所以不能与刘邦合葬。据考证，南陵陵冢西隔渭水遥望汉高祖长陵，故史书有"东望吾子，西望吾夫"的说法。当地百姓称南陵为"望子冢"。"望子冢"呈覆斗形，现高29.5米，周长为560米。陵冢四周有夯土筑成的陵园垣墙，垣墙正中建有门阙。陵园西北有从葬坑数十座，现清理20余座，出土陶俑、陶罐、陶棺多件。

以上就是窦皇后和薄太后的两座陵墓。据考证，窦皇后的陵墓位于悬崖边上，薄太后的陵墓位于南山的后面，从陵墓的位置排列上称它为"顶妻背母"。灞陵的陵墓之所以会采用"顶妻背母"这种安排，这其中原有一个典故。据说当年文帝先于其母病故，临终前反复叮嘱窦皇后和子女们一定要厚待其母薄太后，并且对窦氏许下誓愿，说死后要将自己的陵墓照"顶妻背母"的位置放置安排，以报薄氏恩德。两年后，薄太后病逝，窦皇后谨遵丈夫心愿，将婆婆落葬在刘恒灞陵的南方，仿佛刘恒背着母亲的样子，这就是灞陵"顶妻背母"的由来。

汉文帝亲侍母病　选自清代王素绘《二十四孝》

漢文帝親侍母病 七

汉景帝阳陵：夫妻同茔在阳陵

汉景帝刘启是西汉第六位皇帝，汉文帝第三子，母为窦太后。他在位16年期间，继续推行父亲文帝时勤俭治国的政策。当时，政治清明，国力充足，社会空前繁荣。另外，在其执政三年，遇"七国之乱"，景帝任用周亚夫，击败吴王刘濞，顺利平定叛乱。后世史学家把景帝与文帝并举，把他们的当政称为"文景之治"。可惜，这样一位优秀的皇帝寿命不长，年仅48岁便病死未央宫中，死后与皇后合葬于阳陵。

唯我独尊的皇家陵园

汉景帝阳陵位于今陕西省咸阳市渭城区正阳镇张家湾后沟村北的咸阳原上，是咸阳原上9座西汉帝陵中最东的一座。阳陵东西长166.5米，南北宽155.4米，高31.64米，呈覆斗形。

阳陵陵区由汉景帝陵园、王皇后陵园、寝庙、南区陪葬坑、北区陪葬坑、北区陪葬墓、东区陪葬墓、阳陵邑遗址以及寺舍建筑、刑徒墓地等组成。整个陵区以帝陵陵园为中心，四角拱卫，南北对称，东西相连。阳陵布局规整，结构严谨，显示了唯我独尊的皇家气派和严格的等级观念。

帝陵雄踞阳陵陵区西部中间处，平面为正方形，边长约420米，高约31米。陵园四周有围墙围绕，每面围墙中间处设置有阙门，其中南阙门为正门，规模较大。周围有排水渠四条；覆斗形的封土位于陵园中央；帝陵地宫在封土下部，四面正中各有一条墓道，东边为主墓道；在地宫与围墙之间还分布有81个陪葬坑。皇后的陵墓位于帝陵东450米，高约25.5米，有28座从葬坑。

用于祭祀的礼制性建筑，如有陵庙、寝殿、便殿等，在阳陵陵区有两处，专家称其为一号建筑遗址和二号建筑遗址。

一号建筑遗址位于帝陵西南约 450 米处，东西长 320 米，南北宽 210 米。外围有壕沟、垣墙，墙内有保存完好的大型建筑遗址。陕西省考古研究所汉陵考古队对遗址的东南部进行了发掘，发现了建筑基址、室内地面和大量的瓦砾堆积；从室内南北向地沟里出土了陶俑 164 件、动物俑 17 件，还有井、灶、盆、罐等模拟类生活用具以及车马器和铜钱等。

二号建筑遗址位于帝陵东南约 300 米处，整个遗址呈圆丘状，中部高，周围低；平面形状为正方形，边长约 260 米；主要由围墙、四面的门址、四门址旁的井、四角的曲尺形配房、门址与中心建筑之间的通道以及位于中部的中心建筑等组成。建筑有内、外两层，外层有壕沟，沟内四角有廊房，四边的中部有门道；内有中心建筑，为正方形，边长 53.7 米。遗址内高外低，夯土而成。中部有一中心柱石，外围有砖铺回廊和散水，被称为"罗经石"。整个"罗经石"遗址呈"回"字形布局，结构严谨，布局规整，四面基本一致，相互对应。从"罗经石"遗址的位置、规模、建筑特点及出土的四神纹空心砖、玉璧、玉圭等遗物来看，专家认为该遗址即是文献记载中的阳陵陵庙——德阳宫遗址。

南北并立的"豪华陪葬团"

在阳陵帝陵的西北和东南方向各有从葬坑 24 座。坑的长短宽窄不一，最长的有 299 米，最宽的有 10 米，深度一般在 7 ～ 8 米，坑的间距一般在 20 米左右，均为竖穴土圹地下隧道式建筑。

南区陪葬坑位于汉景帝陵园东南部 300 米处，东西跨度 320 米，南北 300 米。在此区域内分布着 24 个陪葬坑，由西向东排作 14 行，行距 20 米。每行陪葬坑的数量不等，最少 1 个，最多 6 个。陪葬坑均为南北向，平面形状有长条形和"中"字形两种。陪葬坑长 25.3 ～ 29.1 米，宽 4 ～ 10.5 米，深 7 ～ 8 米。坑中陪葬有大量的着衣式陶俑、生产工具、兵器、车马器等珍贵文物。

北区陪葬坑位于汉景帝陵园西北部 170 米处。陪葬坑的数量、占地面积、布局、形状与结构均与南区陪葬坑高度一致，具有一定的对称性。据传说，这里的陪葬墓是嫔妃墓葬。

东区陪葬墓位于帝、后陵园的东部,是景帝时权贵们的墓葬,分布在东西长 2350 米,南北宽 1500 米,总面积约 3.5 平方千米的范围内。陪葬墓区东、西两端各有一条南北向壕沟,中部是横贯东西的司马道。数量众多的陪葬墓园就排列在司马道的南、北两侧,这些墓园平面多为正方形,少数为长方形。它们东西成排,南北成列,呈棋盘状分布。每个墓园内又有数量不等的墓葬和陪葬坑。东区陪葬墓现在大多数已无封土,仅有少数的大型陪葬墓在地面仍有封土屹立。墓园内已探明的各类墓葬有 5000 余座。

除了上述南、北、东三个主要陪葬陵区之外,在阳陵陵区还有多处建筑遗址,这些遗址可能是当年陵区管理人员办公、居住的地方。此外,在汉景帝陵园西北部还发现了修陵人的墓地,面积约有 8 万平方米。墓地中的墓葬排列无序,葬式不一,墓坑多呈长方形或不规则形状,均无葬具。墓葬中的死者多属于非正常死亡,他们或身首异处,或肢体与躯干脱节,许多骨架上还戴着铁质刑具。由此看来,汉景帝的"陪葬团"里不仅有嫔妃贵族,还有很多平民百姓甚至罪犯。从现存遗址的数目及规模来看,汉景帝的"陪葬团"堪称"豪华"。

意义非凡的彩绘陶俑

在汉阳陵中发现的豪华的"陪葬团"已经令世人震惊,殊不知这只是这座皇家陵园内的"冰山一角"。在这座气派非凡的陵园之内,还有很多的精彩有待挖掘。1995 年,考古学家在汉阳陵中发现了数以千计的彩绘陶俑。据考证,这些彩绘陶俑与秦始皇陵中的兵马俑风格完全不同,历史意义非凡。

在汉阳陵出土的这些陶俑中,裸体的彩绘陶俑是最为引人注意的。这些陶俑原本是穿着丝或布制成的衣服的,或是穿着铠甲的,穿着可以活动的木质双臂,由于这些东西年久腐烂,所以它们在出土时就只剩裸体的陶制头、身了。

出土的陶俑一般高度在 55 ~ 60 厘米之间,肌肤和五官均施以不同颜色的彩绘,肖似真人。出土的裸体俑中最多的是男性,其次是女性,宦官俑最少。在男性陶俑中,又以武士俑最多。它们一般身穿铠甲,以军阵的形式出现。其中除静态站立的姿势以外,还有作行走状的,而且面部表情各异。在裸体女俑中以侍女俑居多。至于宦官俑,它们与一般男俑的区别在于生殖器,宦官俑的生殖器没有睾丸，且阴茎较一般男俑要小得多。

除了上述陶俑之外，裸体俑中还有骑兵俑。它们的胯下有木马，但现已朽烂。而骑兵俑又分男骑兵俑和女骑兵俑。女骑兵俑造型极其夸张，颧骨极高，眼睛细小，表情奇异。

在汉阳陵出土的陶俑中，除了裸体俑外，还有一种塑衣式彩绘俑。这种俑全部用陶制成，并在烧制完成后被施以彩绘。其中有文吏俑，着长袍，拱手而立，表现的是汉朝文吏的形态。塑衣式彩绘侍女俑有两种，一种身着落地长裙，双手在腰前作环抱状，神态端庄；另一种着及膝长襦，表情木讷，地位较前一种低。此外还有乐伎俑和舞蹈俑。乐伎俑一般为男性，它们手中的乐器已经腐烂；舞蹈俑为女性，作长袖善舞状。当然，在这批彩绘陶俑中，还有大量的陶制动物，如陶猪、陶牛、陶马、陶羊、陶鱼、陶鸡等。其中陶公鸡被施以黑、红、白等多色彩绘，肖似实物。陶制生活用具也有出土，包括陶盆、陶罐、陶鼎等。

西汉 彩绘侍女俑 高 64.5 厘米 捷克布拉格金斯基宫藏

汉武帝茂陵：咸阳西望有茂陵

西汉武帝刘彻的茂陵是整个西汉帝陵中最为雄伟的一座帝王陵墓。它的规模最大，修建时间最长，陪葬品最为丰富，堪称"中国的金字塔"。可惜，这些往昔的辉煌如今已经不复存在，数千年前的豪华帝陵如今只剩一片废墟。尽管如此，人们并没有停止探索的脚步。为了透过眼前这片断壁残垣还原当年的奢华盛况，考古人员费尽心力，最后终于将那些随着汉武大帝一起安葬于茂陵中的千古之谜一层一层揭开，昭示世人。

关于茂陵选址的传说

茂陵位于今陕西省兴平县（现为兴平市）东北原上，南位乡的东南部。它西距兴平县 12 千米，东距咸阳市 15 千米。茂陵北面远依九骏山，南面遥屏终南山。东西为横亘百里的五陵原。此地原属汉时槐里县之茂乡，故称"茂陵"。汉武帝为何要选择在这里建造茂陵呢？关于这个疑问在民间一直流传着一个传说，虽然未可尽信，但也可以作为参考。

据说，即位不久的汉武帝有一次外出打猎。在打猎的途中，他经过茂陵所在之地，被这里的风水吸引。正当他对此地的风景大为赞叹的时候，一只麒麟状的动物朝他走来。武帝马上张弓搭箭，利箭呼啸而出。不料，那只麒麟状的动物竟然不见了，而地上突然长出一棵长生果树。汉武帝大为惊奇，立即把"风水大师"东方朔叫来询问。东方朔来到这里，见此地南望秦岭，北依群山，气象开阔，气脉极佳，便立即对武帝说："此地气息所集，风水乃千百年来第一吉壤。且又与渭北诸陵连成一体，与西、北龙脉相连。另外，此地'土'大盛。您的名字里的'彻'中间有土，居于此，可居中以震四方。"听了东方朔一番言辞，汉武帝龙颜大悦，回宫后立即下令在此营建陵墓。

据史书记载，茂陵是在公元前139年开始营建的，至公元前87年竣工，历时53年，耗费财力人力无数。那么，流传于民间的这则茂陵选址传说究竟是真是假呢？我们后人自然不得而知。不过，不管风水之说是否可信，汉武帝确实实现了长寿的梦想。可惜的是，茂陵的良好风水只让他的愿望实现了一半，至于国运长久、镇压四方的心愿则没能实现。因为在他死后不久，大汉王朝很快覆灭了，而他精心建造的茂陵也遭到了盗墓贼的无情挖掘。这不得不说有一点讽刺。

规模空前的奢华帝陵

据《关中记》记载："汉诸陵皆高十二丈，方一百二十步，惟茂陵高十四

明　仇英绘《上林图》卷　53.5厘米×1183.9厘米　弗里尔美术馆藏

丈，方一百四十步。"上述与今测量数字基本相符。《晋书·索绯传》云："汉天子即位一年而为陵，天下贡赋三分之一，一供山庙，一供宾客，一充山陵。"也就是说，汉武帝动用全国赋税总额的三分之一作为建陵和征集随葬物品的费用。建陵时他从各地征调建筑工匠、艺术大师3000余人。工程规模之浩大，令人瞠目结舌。据说，在历代帝王的陵墓中，唯有秦始皇陵堪与茂陵媲美。这座千古帝陵的奢华程度由此可见一斑。

可惜的是，这座千古帝陵如今仅存废墟，目前我们能看得见的这座巨大土丘高46.5米，顶端东西长39.25米，南北宽40.60米。总占地面积为56878.25平方米，封土体积848592.92立方米。陵园四周呈方形，平顶，上小下大，形如覆斗。

虽然我们现在看到的是一个光秃秃的茂陵，但是考古学家们在通过挖掘还原当年的盛况。考古专家说，当年的茂陵无比富丽堂皇，在陵冢周围有很多巍峨的寝殿、便殿。当时的茂陵陵园分为内城和外城，内外城四周都有城门，内城有东、西、北三面门。

在茂陵东南350米处还有一座名叫白鹤馆的建筑。白鹤馆是寝殿的附属建筑，以供墓主游乐，现在当地人都叫它白鹤冢。陵园东面是武帝的原庙，称"龙渊宫"，寝殿与原庙间有一条规整的通道。人们在祭祀的时候，会把先帝的衣冠由寝殿迎出，经此道送进庙中，接受百官谒拜，祭祀后再经此道将衣冠送回寝殿安放。此外，据考证，茂陵周围还建有供墓主游乐的"驰逐走马馆"和"西园"。不过现在地面上已经没有任何遗迹了。

地宫深处的玄妙奥秘

　　茂陵庞大的地面建筑已经让人叹为观止，茂陵的核心建筑地宫又会恢宏到何种程度呢？据说汉武帝即位不久，便任命张汤为茂陵尉，专门负责检修地宫。受命的张汤丝毫不敢怠慢，他命民工在地下挖掘了一个深40米的大坑，在大坑之下修建了高6米，四周边长达8米的墓室。据文献记载，茂陵的墓室四面各设有能通过6匹马驾之车的墓道。各墓道的门叫羡门，每道墓门周围都埋设有暗箭、伏弩等机关，以防盗墓。

　　在墓室之内，放置着汉武帝的棺木。因为汉代，帝王的棺木一般都是用梓木制作的，所以人们又称帝王的棺木为梓棺，而将放皇帝尸体的地方称为"梓宫"。汉武帝的梓宫是五棺二椁。五棺所用木料是楸、梓和楠木三种木料，质地坚细，均耐潮湿，防腐性强。五层棺木，置于墓室后部椁室正中的棺床上。墓室的后半部是一椁室，有两层，内层以扁平立木叠成"门"形。南面是缺口，外层是"黄肠题凑"。所谓黄肠题凑是"以柏木黄心，致累棺外，故曰黄肠；木头皆内向，故曰题凑"。汉武帝死后，所做的黄肠题凑，表面打磨十分光滑，颇费人工。它由长90厘米，高、宽各10厘米的15880根黄肠木堆叠而成。

　　梓宫的四周，设有四道羡门，并设有便房和黄肠题凑的建筑。便房的作用和目的，是"藏中便坐也"。《汉书·霍光传》记载："便坐，谓非正寝，在于旁侧可以延宾者也。"简单地说，便房就是模仿活人居住和宴飨之所，将其生前认为最珍贵的物品与死者一起殉葬于墓中，以便在幽冥中享用。

公元前 87 年，汉武帝死后，入殡未央宫前殿。据《西京杂记》记载："汉帝送死皆珠襦玉匣，匣形如铠甲，连以金缕。"梓宫内，武帝口含蝉玉，身着金缕玉匣。"匣上皆镂为蛟龙弯凤鱼麟之像，世谓为蛟龙玉匣。"汉武帝身高体胖，其所穿玉衣形体很大，全长 1.88 米，以大小玉片约 2498 片组成，所用金丝重约 1100 克。

除了奢华的梓宫内奢华的陪葬之外，相传茂陵的地宫内充满了大量的稀世珍宝。《汉书·贡禹传》云："武帝弃天下，霍光专事，妄多藏金钱财物，鸟兽钱鳖牛马虎豹生禽，凡为九十物，尽瘗藏之。"《新唐书·虞世南传》也载道："武帝历年长久，比葬，陵中不复容物。"从以上记载可以看出，因为汉武帝在位年久，又处在经济繁荣的鼎盛时期，所以随葬品很多——除 190 多种随葬品外，连活的牛马、虎豹、鱼鳖、飞禽等，也一并从葬。另据记载，康渠国国王赠送汉武帝的玉箱、玉杖以及汉武帝生前阅读的 30 卷杂经，盛在一个金箱内，也一并埋入陵墓之中。

别具"象征"的陪葬墓群

如此一代旷世君主，如此一座奢华帝陵怎么少得了陪葬陵墓。考古学家已在茂陵附近发现了 13 座陪葬墓，其中包括卫青墓、霍去病墓、李夫人墓等。其中除了李夫人的墓位于茂陵西北外，其余陪葬墓均位于茂陵以东。据说，这些陪葬墓和其他汉陵陪葬墓相比有一个奇异之处，那就是都具有"象征"意义。

例如霍去病墓，据说"为冢像祁连山"。这座陵墓南北长 105 米，东西宽

73 米；顶部南北长 15 米，东西宽 8 米；占地面积 5841.33 平方米，封土体积 62961.24 立方米。墓冢上下，墓地周围，乱石嶙峋，苍松翠柏，荫蔽墓身，一派山林幽深景象。墓南东、西两角，各有回栏曲径，通向墓顶。霍去病是汉代名将，18 岁随卫青出征，讨伐匈奴，屡战屡胜。他在河西走廊、祁连山一带，纵横驰骋，决战千里，将匈奴主力横扫无遗，从而彻底开通了通往西域的丝绸之路。据载，霍去病死后武帝非常悲伤，他特意调来玄甲军，列成阵，沿长安一直排到茂陵霍去病墓地。并且将霍去病的陵墓建成祁连山状，以表彰他的不朽功勋。

和霍去病的陵墓一样，他的舅舅卫青的陵墓也同样有所象征，据说"起冢像阴山"。卫青墓底部东边边长 113.5 米，南边边长 90 米，北边边长 67.6 米，西边边长 62 米，高 24.72 米，占地面积 8064.55 平方米，体积 94412 立方米。西北角凹进一部分，而西南角凸出一部分，遥望如一小山，南面坡陡，北面坡长缓，中腰有平台。卫青墓紧邻外甥霍去病墓，这两位生前的"帝国双璧"死后也像两座山一样一同守护茂陵。由此可见武帝对他们的厚爱与器重。

除了上述两员汉代大将的陵墓外，另外一座值得一提的陪葬墓自然是李夫人墓，它墓冢高大，状如磨盘，上小下大，中间有一道环线，俗称磨子陵。据载，李夫人生前是汉武帝非常宠爱的一位妃子，美丽到倾城倾国，但她红颜薄命，不幸早逝。她死后，汉武帝思念爱妃，还曾作长赋《伤悼李夫人赋》："鸣呼哀哉，想魂灵兮！"以托哀思。后汉武帝去世，皇后卫子夫因巫蛊之祸无法入葬茂陵，汉昭帝之母钩弋也获罪下葬甘泉宫，亦无资格陪葬，于是大司马、大将军霍光便追封了李夫人为皇后，让她陪葬茂陵，永伴武帝身旁。

汉　错金云纹樽　高 10.2 厘米
盛酒或温酒的容器

传汉未央宫东阁瓦砚

此砚所用材料系汉未央宫所剩砖瓦建材

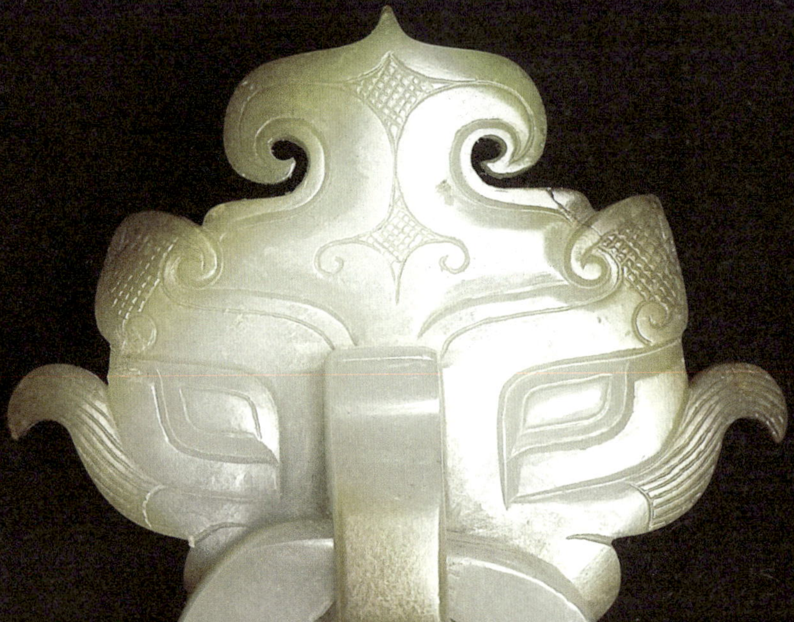

汉　玉铺首　长5.7厘米

汉昭帝平陵：封土为冢覆斗形

平陵位于咸阳城西 6 千米处秦都区平陵乡大王村，是汉昭帝刘弗陵安葬之处。汉昭帝刘弗陵是西汉的第八任皇帝，汉武帝的幼子。他即位时，年仅 8 岁，由大司马霍光等大臣辅政。在位期间，他镇压了兄姊和上官桀、上官安的叛乱，多次下诏削减国家的财政支出，减免百姓的田租田赋，继续推行重本抑末政策，移民屯田，多次派兵击败匈奴与乌桓的侵扰，加强了边防。可惜，这样一位聪慧英明的皇帝年仅 21 岁便暴死于未央宫中。

仓促建造的昭帝陵墓

汉昭帝刘弗陵年仅 8 岁即位，在位 13 年，21 岁突然暴毙。他的死亡来得太过突然了，在他去世的时候平陵还没有建造完毕。为了让昭帝风光下葬，当时主持昭帝丧事的大臣霍光特意租用了三万辆牛车，从渭河滩拉沙，构筑地下墓室。虽然陵墓修建得十分仓促，但是汉昭帝并没有受到委屈。据载，昭帝平陵中的陪葬品十分丰富，墓室中金银珠宝数不胜数。

汉昭帝安葬的平陵东距未央前殿 22 千米、西距其父茂陵 6 千米。封土位于陵园中部，底面边长 160 米，高约 30 米，总面积约 13.6 平方千米。平陵分为陵园、陵邑及陪葬墓区三部分。陵园平面呈方形，垣墙东边长 380 米，西边长 386 米，南边长 370 米，北边长 381 米，垣墙宽 4～6 米，垣墙四面中部都有门阙，与陵冢相对。现东、南二门阙犹存，门阙呈条形，用夯土筑成，夯层厚为 6～8 厘米。

平陵的陵园分为东、西陵园两部分。位于东边的东陵地势中部高、四周低，四面都有夯筑垣墙。这意味着东陵是一个四面有墙体的陵园。东陵封土底面边长 160～170 米，高约 32 米，封土外四面中间部分都发现有平面为梯形的墓道。西边陵园和封土的形制与东陵基本相同，垣墙宽 4～6 米，垣墙四面中部都有门阙，以东门阙最为宽大。昭帝陵冢位于陵园正中，形如覆斗，陵顶内收形成二台。陵基为正方形，底部边长 46.8 米。

此外，在陵园西北角有面积较大的建筑遗址，残存大量汉代砖瓦，还有方形沙石质柱础和砖砌八角形水井，被普遍认为是守陵人员的居室。

上官皇后的陪葬墓

在汉昭帝陵墓的东南 665 米处安卧着上官皇后的陪葬陵墓。上官皇后是霍光的外孙女，是汉朝年龄最小的皇后。她 6 岁便被安排入宫为后，在其 15 岁时昭帝死去，此后便一直独居，直至 52 岁病死，与昭帝合葬于平陵。上官皇后一生享尽荣华富贵，虽然夹在祖父与外祖父争权夺利的斗争中，却自始至终稳坐皇后宝座。她不只生前荣耀，死后也仍旧风光。由于外祖父霍光位高权重，她的陪葬陵园比昭帝的陵园规模还要大一些。她的陵园边长 420 米（昭帝陵园边长为 370 米），陵园四门距封土堆均为 125 米，封土高 26.2 米。

上官皇后的陵园与昭帝的陵园中间，有一条宽 5 米的道路，将两陵连接起来。考古工作者在路的两侧分别发现了东西向排列的成组玉器，每一组相距约 2 米，均由玉璧和玉圭组合而成，每组都是中间放一枚玉璧，四周均匀围绕七八个玉圭，圭尖一致朝向中央的玉璧。这些玉器应该是为当时的祭祀而埋。

除了上官皇后的陪葬墓，考古人员还在平陵附近发现了窦婴、夏侯胜、朱云、张禹、韦贤等人的陪葬墓。据说当年的陪葬墓有 50 多座，不过多已毁坏，现今还能考证的只剩下 20 余座了。

上面介绍的是平陵的陵园和陪葬墓，接下来再来看一下平陵的陵邑。平陵陵邑位于陵园东北，今李都村、庞村一带。《汉书·宣帝纪》记载："本始元年（公元前 73 年）正月，募郡国吏民訾百万以上徙平陵，第二年又以水衡钱为平陵，徙民起第宅。"今在陵邑遗址内发现当年制骨、制陶作坊遗迹和部分建筑遗址，出土较多有火烧和锯过痕迹的骨料及板瓦、瓦当、残陶器、铜鼎、铁铧、镢、镂角、逼土等。遗址内汉瓦残片比比皆是，俯首可拾。由此推测，当年陵邑内建筑必是栉比鳞次，相当繁华。

昭帝虽然英年早逝，但他的陵墓修建还是丝毫没有马虎的。虽然比不上其父茂陵的奢华，但也算是富丽堂皇。

葬坑里的稀罕发现

为了对平陵进行更深入的了解，考古人员对昭帝和上官皇后陵园附近的3座从葬坑进行了考古发掘。他们在长108米、宽6米、底部宽约2.5米、深6米的1号坑发现一处踏步门道。该踏步门道共有踏步19级，比较规整。坑底棚木已暴露，棚木上发现漆器及20余匹漆木马。漆木马均侧卧，全身髹红漆，高约0.5米，由头、颈、躯、四肢组成，无尾，身体各部位间用铁扒钉相连接，头部铁衔、镳等挽具犹存。

另一座长59米、宽2～2.2米、深4米的2号坑北端为一斜坡，坑道两侧对称开凿了54个洞室，平均高1米、宽0.8米、进深3米。每个洞室内有一具兽骨，兽骨架高大粗壮，保存较好。经专家初步鉴定，这些兽骨为骆驼、牛等大型哺乳类偶蹄目动物残骸。

此外，在长16米、底宽2.5米、深5米的3号坑北端，专家发现了踏步，坑底垫木，均保存较好。在坑底还发现了若干木车痕迹。南侧车形较小，单辕，有4头牲畜驾车。经鉴定，四头牲畜为羊。北侧是一辆彩绘木车，有两峰彩绘木骆驼驾车。

以上仅仅是考古学家在3座葬坑的考古发现，我们相信，如果继续挖掘下去，在平陵其余的众多葬坑中，一定能有更多发现。

西汉　侍女俑　陶葬　65.41厘米×26.67厘米×17.78厘米

汉宣帝杜陵：鸿固原上登杜陵

杜陵位于陕西西安南郊的杜东原上，南以终南山为屏，东临沪河之水，风景秀美，风水极佳。杜陵因杜县之名而命名，是西汉后期宣帝刘询之陵，是西汉诸陵墓中保存比较完整的一座。刘询是西汉最具传奇色彩的一位帝王，他的一生跌宕起伏，经历了从死囚到平民，从平民到皇帝的大起大落。然而这些只不过是他传奇一生中的小小序曲，更让世人震撼的是，他从一位不读诗书的市井小民一跃成为儒法并用的"中兴之主"。他在位的 25 年间，"政教明，法令行，边境安，四夷清"，为大汉王朝迎来了武力最强盛、经济最繁荣的鼎盛时期。据说杜陵是仿造汉武帝的茂陵修建的。那么这座陵墓到底规模有多大？陪葬墓有多少？是不是能够超越武帝的茂陵呢？这一节就让我们带着这些疑问踏入杜陵，探寻谜底。

鸿固原上建杜陵

杜陵位于西安市三兆村南，陵区南北长约 4 千米，东西宽约 3 千米，陵墓所在地原来是一片高地，滈、浐两河流经此地，汉代旧名"鸿固原"。此地南边可以望见如屏似玉的终南山，北边可以眺望京师宫观，东面临白鹿原，西面傍宜春下苑，堪称一块风水宝地。据说汉宣帝刘询少年时代经常在这一带游玩，对这里感情深厚。因此刘询即位后，选择此地为陵地，建造陵园。

杜陵陵园平面呈方形，边长 430 米，总占地面积逾 20 平方千米。陵园四周环绕有夯土围墙，墙基宽 9 米。陵园以殿为大门，殿与配殿共长 30 多米，宽 20 多米，门道宽约 6 米。墓冢位于陵园的正中，平面呈正方形，用夯土筑成，呈覆斗形。据考古学家考证，现存的汉宣帝陵墓冢底部边长 175 米，顶部边长

50 米，高 29 米。在墓冢的四面正中各有一条墓道通向地宫，四条墓道的大小、形制基本相同。墓道底部为斜坡墓道，均填土夯筑。

杜陵最外层的陵园现在只存基础，宽 8 米，厚 2.5 米，四面的门由门道、左右塾和左右配廊组成。门址距陵墓封土 120 米，门道正对地宫埏道，门道内外左右皆置有门墩，门墩均夯筑，大小形制基本相同。人们谒陵至此，可以进门道，入檐廊，登便门，进塾内。左右塾外侧有左右配廊相连，配廊另一头与陵园墙相接，配廊不仅宽敞而且廊顶宏伟高大。

陵园内的庞大建筑群

通过上面的介绍，我们可以了解到，杜陵的四门建筑既雄伟壮丽又科学精密，由此我们也可以想象出当年宣帝统治时期，汉朝中兴的全盛局面。不过，通过四门的建筑，我们还只能勾勒出杜陵的外在轮廓，要想进一步感受杜陵内里的富丽精致，我们还要走进园内，参观一些具有代表性的建筑才行。

和其他的帝王陵园一样，杜陵陵园内也有一大批礼制性建筑。这些礼制性建筑以寝殿为中心，它与便殿等组成一个庞大的建筑群，建筑群外筑有围墙，故称"寝园"。杜陵寝园位于陵园东南，四面筑有垣墙。墙宽 1.3 米，墙外有檐廊，廊道地面铺方砖，廊外有鹅卵石散水。寝园内有 5 座门，南门有 3 座，东、西各一门。寝园西门通向寝殿，东门通至便殿，其他各门作用各不相同，因此建筑形制、宏伟程度也各异。

在寝园内有两大组建筑：寝殿和便殿。寝殿位于园内西部，坐落在高大的长方形夯土台基上。便殿位于寝殿以东，是杜陵寝园内另一组建筑群，主要由殿堂、院落和成套的房屋组成。这是一套多功能的建筑群体，主要是供祭祀活动时不同等级地位的人员住宿和休息以及储藏祭祀所用物品的地方。

除了上述提到的礼制性建筑之外，陵庙建筑也是西汉皇陵中的一个重要组成部分。据考古资料显示，在杜陵东北 400 余米处有一座杜陵庙，现存夯土台基东西 63 米，南北 66 米。在此处遗址内出土了大量饰以花纹的砖瓦，有素面和几何纹、回形纹、乳丁纹铺地砖，别具特色的朱雀、青龙纹饰的空心砖，还有"长乐未央"和"长生无极"的文字瓦当等。建筑东西侧还有两条宽 6～7

米的宽敞大道，分别通向杜陵陵园和皇后陵园。

"少陵园"上皇后冢

汉宣帝一生共有三位皇后，在他的杜陵旁边有两位皇后的陪葬冢。在杜陵陵冢东南575米处，是王皇后陵。王皇后陵形制布局与杜陵基本相同，也有陵园和寝园建筑，只是规模略小，建筑也较为简陋。许皇后的陵墓在杜陵东南几千米的司马村，因规模小于杜陵，故后人称之为"少陵"。后人也把两座陵墓之间的原称为"少陵原"或"杜陵原"。许皇后的少陵墓与王皇后陵相比，规模略小，亦呈覆斗形，有三级台阶，象征着仙人居住的昆仑山。后人一直猜测，为什么同是皇后，陵墓的样式风格如此不同。要想寻求这一答案，我们需了解一些历史背景。

原来，汉宣帝的第一位皇后许平君是他在即位之前娶的患难之妻。她为人厚道，虽贵不骄，生活简朴，深受太后宫人赞誉。当时的权臣霍光之妻霍显为了让自己的小女儿霍成君成为皇后，设下毒计，在许皇后分娩之时下毒药将其毒害。宣帝得知此事之后，本想彻查到底，但碍于霍光权势，只得忍下。宣帝对糟糠之妻许皇后情深义重，为了祭奠爱妻，他特意将许皇后的陵墓设计成"昆仑丘"，意思是希望她能在另一个世界得到幸福。

安葬于另一座墓穴中的王皇后是汉宣帝为自己的爱子选择的继母，死于宣帝之后。她的陵墓是宣帝的孙子成帝所建，完全遵照朝廷的礼仪，因此自然与宣帝亲自为爱妻许皇后所建之陵差距甚大。

除了两位皇后冢之外，宣帝杜陵的陪葬墓数量众多。封土者便有60多座，实际数量要远远超过这个数目，可能有107座之多。此外，与武帝茂陵一样，杜陵也设有专门为修建、管理和保护杜陵的城邑。位于三兆村西北，缪家寨村南，略呈长方形，东西长2000多米，南北宽500多米。据说当时陵邑内有3万多户，人口30多万。这些人当中，很多是当时的达官显贵和豪商富贾，如御史大夫张汤、大司马张安世、典属国苏武、后将军赵充国、御史大夫萧望之、京师首富樊嘉等。由杜陵陵邑如此豪华的排场我们可想而知，当年"宣帝中兴"时汉朝的繁盛局面。

西汉　镀金青铜熊　15.7厘米 × 14.6厘米 × 17.3厘米

汉元帝渭陵：二十八宿守帝陵

渭陵位于咸阳市渭城区周陵镇新庄村附近，是汉元帝与王皇后的合葬陵园。汉元帝刘奭是汉宣帝与第一任皇后所生，8 岁被立为太子，27 岁即位。他为人"柔仁好儒"，在位期间委政宦官，重用外戚，致使宦官擅权，外戚放纵，中央集权日益削弱，社会危机日益加深，强豪大地主兼并之风盛行，西汉王朝日趋衰落。

作为一代君主，汉元帝未在政治上给人们留下太多印象，而他的风流韵事让他成为在民间"走红"的皇帝。"汉元帝选妃""王昭君出塞"的故事在历代文人的传诵中可谓是人尽皆知。说到此处，想必对于这位君王，每个人都应该不会再觉得陌生了吧。

那么，历史上的这位风流君主，他的真实模样是否与文学作品中刻画的相同呢？他死后安葬之处又有什么与众不同之处呢？不妨让我们带着这些疑问，走进渭陵。

渭陵陵园中的考古发现

渭陵始建于永光四年，陵区由陵园和陪葬区组成，没有修建陵邑。这也是汉渭陵与之前的汉代陵墓最大的不同之处。据说元帝生前特意下诏罢置陵邑。所以至渭陵开始，汉代的帝陵便开始废置陵邑。

尽管少了陵邑，但渭陵的规模没有受到太大影响。考古学家在对这里进行勘察时，勘探了面积 70 余万平方米的土地，探明了 4 座陵园，6 处建筑遗址，80 余座陪葬墓。由这些数字可以看出，渭陵的规模也是非同小可。

渭陵陵园以夯墙界围，东西长 1777 米，南北宽 1619 米，园墙宽 3.8 米，残存高度 1.5 米。陵园四面共设 7 门，其中东墙辟有 1 门，与汉元帝陵园东门相对，其余三面各辟 2 门，分别与汉元帝、王皇后陵园门址相对。在陵园外约 30 米处有围沟环绕，宽约 8 米，深 1.5～3.5 米。

汉元帝陵园位于渭陵陵园西南部，呈正方形，南北 410 米，东西 400 米，四周有夯土筑成的垣墙。园墙宽约 5 米，残存高度 3.2～4.9 米。陵园四墙正中各辟 1 门，建有"三出"门阙。帝陵封土居中，呈覆斗形，底边长 168 米，顶边长 40 米，高约 29 米。墓葬形制为四出墓道的"亞"字形。其中东墓道最长，勘探长度 26 米，宽 7～17 米，深 15～26 米。

在帝陵陵园东北约 350 米处，是孝元傅皇后陵。现存陵冢低矮，显系削残。在帝陵陵园的西南，是王皇后的陵园，边长约 377 米，园墙宽 4.5 米，残高 2.5～3.8 米。四墙正中各辟一门，有门阙建筑。王皇后陵位于陵园中心，封土呈覆斗形，底边长约 80 米，顶边长约 33 米，现存高度 17.5 米。墓葬形制为"亞"字形。

排列有序的"二十八宿墓"

除了上述的汉元帝帝陵陵园和两位皇后陵园之外，考古学家们还对渭陵内的陪葬墓、外葬坑和 6 处遗址进行了具体勘察。渭陵东北 500 米左右是陪葬墓群，排列有序，东西四行，每行七座，当地群众称为"二十八宿墓"，现存墓冢 12 座。据文献记载，陪葬渭陵的人有王凤、王莽妻、冯奉世等。

关于这"二十八宿墓"内的信息目前还不太多，不过考古学家在外葬坑的挖掘中收获颇丰。他们在帝陵陵园内发现外藏坑 8 座，均分布于墓道与门阙中轴线两侧。其中封土东侧、北侧各有 2 座，封土南侧 3 座，西侧 1 座。外藏坑为竖穴坑道形式，坑长 5～71 米不等，大多宽 5 米左右，距地表深约 15 米，坑体深度 3～7 米。坑内包含物为板灰、红烧土、木炭、漆皮等。另外，考古学家还在王皇后陵园内封土东侧发现 2 座外藏坑，均带有斜坡通道，坑长为 3840 米，宽 14～15.4 米，距地表深约 10 米。在坑内发现大量灰砖，推测该坑为砖筑。

在渭陵陵园内，考古学家们共发现了 6 处建筑遗址，其中汉元帝陵园北司马道两侧有 2 处遗址，王皇后陵园北司马道两侧有 3 处遗址，另一处较小型遗址对称分布于王皇后陵南司马道两侧。王皇后陵园西北部的 1 号遗址面积最大，约 29500 平方米。遗址中有瓦片堆积、夯土墙、踩踏面等遗迹。遗址外有围沟环绕。

在这些遗址中，考古学家挖掘出了许多艺术珍品，如玉鹰、玉熊、玉辟邪和玉奔马等。其中，玉奔马用白玉雕成，做奔腾前进状，马上的羽人双手扶着马颈，全器雕琢精巧，造型生动逼真。还有一些小型的动物玉雕，有的有小孔，可能是作为佩玉用。

汉　青铜鹿形席镇　7.3 厘米 ×6 厘米 ×11.7 厘米

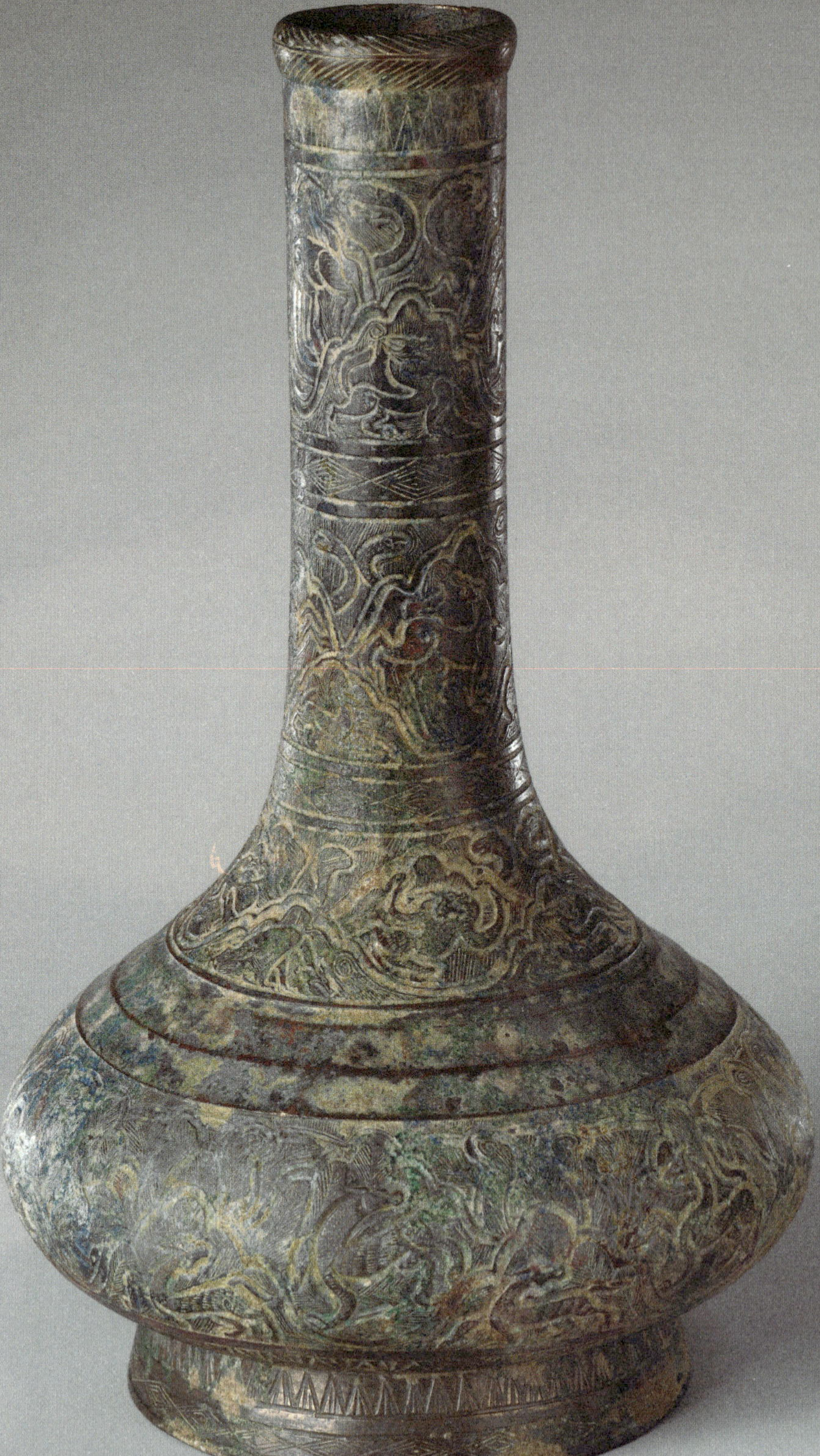

西汉　青铜花瓶　30.5厘米×16.5厘米

汉成帝延陵：二度建陵花费多

延陵位于咸阳城北 5 千米处渭城区周陵乡马家窑村，汉成帝刘骜之墓。汉成帝刘骜是汉元帝之子，20 岁即位，在位 26 年，是西汉第十二位皇帝。汉成帝在历史上是有名的昏君，他沉湎酒色，疏于朝政，致使大权旁落舅父王凤之手，害得百姓苦不堪言，也将西汉王朝推向崩溃边缘。那么，这样一位昏庸之君究竟是怎样自甘堕落、荒淫无道的呢？他生前的荒唐我们自然无法目睹，不过他死后的奢侈我们却有迹可循。这一节，就让我们透过这座耗尽民力、几经周折才最终建成的延陵，来感受一下汉成帝刘骜的奢靡生活。

匮竭天下造帝陵

西汉帝王的陵墓大都是在即位之初便开始修建的，汉成帝也不例外，他在登基的第三年春天便开始着手为自己建陵。起初他在渭城延陵亭上（今咸阳市北部原）规划营建，名为"延陵"。可是在延陵修建了大约十年后，汉成帝又看中了渭水之南的灞陵曲亭（今西安市临潼区西）之南的一处地方，遂改营新陵于其地，命曰昌陵。而且成帝表示，不但要修建陵墓，还要复修陵邑。于是，耗费巨资、劳民伤财的浩大工程就这样开始启动了。

昌陵的陵邑设在新丰戏乡。为了让此地变得繁荣，汉成帝特意命人徙资产在五百万以上的豪富五千户于昌陵；同时鼓励朝臣也迁往该邑，为丞相、御史、将军、列侯、公主、中二千石之官员都划分了墓地与宅第。看来，汉成帝在自己的陵墓上是煞费苦心，丝毫不吝惜钱财，更不体恤民情。如此肆无忌惮地挥霍，必定招来恶果。在营造了五年左右的时间后，昌陵工程致使国家罢敝，府藏空虚，修陵之卒徒死者甚众，遭到群臣反对。无奈之下，成帝被迫下诏自责，废弃昌陵，复营延陵。

虽然是退而求其次，不过以汉成帝修建昌陵的架势我们可以想象，延陵的再度营作自然也是极尽奢华之能事。据考古学家考察，延陵陵园略呈方形，垣墙边长约四百米，四面垣墙正中均建筑门阙，今除南门东阙已毁外，北、东、西门阙遗迹犹存。陵冢位于陵园正中，形如覆斗，陵基边长约172米，高31米。陵冢正南有清毕沅所书"汉成帝延陵"石碑一通。

关于上述昌陵和延陵的修建历史，在《汉书·成帝纪》中也有记载：延陵始建于建始二年，十年后，延陵即将落成，耗资已达亿万之巨，成帝突然心血来潮，想改换葬地。借口延陵风水不好，说延陵南方有一片竹园，恐冒犯延陵地气，于是在鸿嘉元年决定在长安城东的新丰县戏乡步昌亭附近重建寿陵——昌陵。并于第二年"徙郡国豪杰赀五百万以上五千户于昌陵"，大规模营建，耗费巨资。

史载，营建昌陵取东山之土，"贵同粟米"，致使"百姓财竭力尽，愁恨感天，灾异屡降，饥馑仍臻，流散冗食，馁死于道，以百万数。公家无一年之畜，百姓无旬日之储，上下俱匮，无以相救"。

今在西安市东北部与临潼交界处，仍存一面积达3平方千米的土丘，土丘上有一个面积达100平方米的矩形大土坑，当地百姓称之为"八宝琉璃井"。巨坑之下20米有坚实的夯土层，可能是当年地宫的建筑物。在土丘的西北角，现在还遗留大量汉代瓦片、砖块和瓦当。由此可见，当年昌陵规模之大，气势之雄伟。

红颜才女守陵墓

在延陵的东北约600米处，有汉成帝班婕好墓，当地群众称为"愁女坟"或"愁娘娘坟"。班婕好是汉代著名史学家班彪的姑母。她博通经史，为人端庄大方，常作赋抒发伤感之情。留传今日的有《自悼赋》《捣素赋》《怨歌行》三篇。成帝死后，她以婕好的身份守园陵，死后陪葬于延陵附近。其陵高14米，呈覆斗形，陵基周围曾出土云纹瓦当和其他汉代砖瓦残块。

"裁成合欢扇，团团似明月。出入君怀袖，动摇微风发。常恐秋节至，凉

汉 青玉螭纹带勾 长9.3厘米

西汉中晚期 玉韘形珮 长8.33厘米

飚夺炎热。弃捐箧笥中，恩情中道绝。"既然提到了班婕妤，自然不得不说一说她与汉成帝的故事。据说在刘骜即位的第一年，16 岁的班婕妤（当时还不是婕妤）就入宫做了少使。冰清玉洁的美少女生于将相之门，自小受礼教规范、诗书熏陶，长音律、善诗赋，很快得到成帝的宠爱，被立为婕妤。成帝对班婕妤宠爱有加，一次巡游宫院时，邀班婕妤同乘一车。可是有德有才的班婕妤严守法度，不但婉言相拒，还暗中提点汉成帝要检点行为。

能够娶到一位如此贤达的妻子本是成帝之福，可惜汉成帝却非圣明君主，而是昏庸之辈。他很快就厌倦了知书达理的班婕妤而开始宠信新欢赵氏姐妹，龙恩加身的班婕妤渐渐失宠，早已看破后宫争斗的她明智地选择急流勇退，自请到长信宫侍奉王太后。从此，她幽居深宫，对景怀旧，吟诗度日。

延陵之旁陪伴的除了冰心诗骨的班婕妤，还有另一位苦命的宫中丽人——许皇后。许皇后是大司马车骑将军平恩侯许嘉之女，成帝为太子时入宫为妃，帝位即位时立其为皇后。《汉书·外戚传》载"后聪慧，善诗书"，得宠于成帝。赵飞燕入宫后，为了夺得皇后的宝座，便向成帝谮告许皇后。她被册收皇后玺，废居昭台宫。绥和元年，她被"赐药自杀，葬延陵交道厩西"。今天在延陵之下发现的那座坟冢之中，安葬的极有可能就是这位红颜薄命的许皇后。

汉哀帝义陵：荒淫帝王谁陪葬

在今咸阳市东北周陵公社南贺村有一大冢，就是西汉第十三位皇帝汉哀帝刘欣的义陵。汉哀帝是汉元帝的庶孙，定陶恭王之子，母为丁姬。这位皇帝在位时间仅仅7年，年仅25岁便驾崩于未央宫中。

汉哀帝即位时，西汉王朝这座大厦已危机四伏。起初，他任用大臣师丹、孔光、何武拟定限定奴婢、抑制非法兼并的方案，意欲在政治上有所作为，但他的想法遭到了外戚官僚们的反对，因此只得搁置。在政治上无计可施，汉哀帝便开始心安理得地享受起了他的帝王生活。他日益昏庸，做出了许多荒淫无道之事。其中最为后人诟病的便是他对舍人董贤的宠溺。哀帝对他简直视若心头至宝，费劲一切心思去讨取他的欢心。这座耗费了数亿钱财修建而成的义陵，也是哀帝专为董贤修建。人们传说，汉哀帝生前未能与董贤结为夫妻，因此特意修筑豪华陵墓，以求黄泉之下可以与他鸳鸯相卧。这则传言是否属实呢？这还需要我们一点一点地揭开答案。

义陵考古初探测

义陵位于陕西省咸阳市周陵乡南贺村东南，考古人员已经对其进行了初步探测，目前探明了义陵陵园、汉哀帝陵园，发现建筑遗址5处，外藏坑17座，古墓葬77座。汉哀帝陵园呈正方形，边长418米，四墙中部均有门阙遗址，墙宽为3.5米。义陵陵园内的5处建筑遗址均分布于汉哀帝陵园以北。其中位于帝陵陵园北墙外西侧的1号遗址面积最大，南北长330米，东西宽160米，遗址内发现有夯土及瓦片堆积等。

义陵中的封土呈覆斗形，底部和顶部平面方形。底边长东西175.50米、南北 171 米，顶边东西 58.50 米、南北 55.80 米，封土高 30.41 米。陵园平面方形，边长 420 米，四面墙垣中央各辟一门。门外置双阙，现仅北垣墙正中保留有残高 1 米、宽约 1.5 米的阙址。陵园内有西汉时期的砖瓦残片及"长乐未央""长生无极"文字瓦当。

在义陵陵墓约 600 米处，是傅皇后的陵墓。傅皇后系傅宴之女，刘欣即位后立为皇后，公元前 1 年自杀，称号孝哀皇后。傅皇后陵封土同样呈覆斗形，底部长东西 110 米、南北 85 米；顶部东西 30 米、南北 19 米；封土高 15 米。

除了傅皇后的陵墓，人们还在义陵旁边发现了 15 座陪葬墓和 17 座外葬坑。15 座陪葬墓的分布情况分别为：义陵东 3 座，南 5 座，西 4 座。另有 3 座分布在义陵东、北和西南面。17 座外葬坑均在义陵陵园与帝陵陵园之间，为长条形竖穴坑道，带有斜坡道。坑长 7～17 米，宽 3～5 米，深约 8～9 米。

此外，考古学家还在司家庄村北发现一座残冢。据考证，人们认为这是董贤的坟冢。痴情的汉哀帝是否在死后如愿以偿，让心爱之人陪葬身旁呢？关于这个问题现代考学家还没有提供更多有利证据。要想进一步探知答案，就让我们回到历史中去探寻。

义陵到底为谁建

汉哀帝建平二年，21 岁的汉哀帝第一次见到了年仅 18 岁的太子舍人董贤，他当即被眼前这位大眼睛、高鼻梁、皮肤细嫩的美貌男子吸引。他立刻把他传诏来，和他促膝长谈，大有相见恨晚之意。从此以后，哀帝一直对董贤恩宠有加。

据说，汉哀帝对董贤的宠溺程度已经到达了常人无法理解的地步。他们同卧同起，形影不离，如胶似漆。在一个大白天，董贤受汉哀帝宠幸后，"呼噜噜地"睡得又香又甜。汉哀帝想起床发现衣袖压在董贤的身下。他见董贤睡得正香，不忍心打扰董贤的美梦，遂用刀子将自己的衣袖割断，然后小心翼翼地起身穿衣。这个故事正是断袖之癖的来源。

从上面这则断袖之癖的故事我们可以看出，汉哀帝对董贤的宠爱是明目张胆的，丝毫不顾及其他人的闲言碎语。为了讨董贤的欢心，他根本不理会民间疾苦，而是一味放纵宠臣。他动用手中至高无上的皇帝权力使董贤由太子舍人成为黄门郎、驸马都尉、侍中、高安侯等，董贤22岁时，已经坐上了大司马的宝座，操控着整个国家的大权。除了为董贤加官晋爵之外，哀帝还赏赐给董贤数以万计的金银财宝，为董贤营造豪华府邸，同时，还修建了这座方圆数里、门阙甚盛、松柏夹道的坟墓——义陵。

说义陵是哀帝专为董贤所建，这话未免夸大，不过从上述历史所载的哀帝对董贤的宠溺程度来看，他想死后与董贤鸳鸯同卧是大有可能的。不过，关于董贤是否安葬于义陵，目前考古资料仍然不足。近年在义陵附近曾出土"高安万世"瓦当。据《汉书·佞幸传》载，哀帝宠臣董贤曾被封为高安侯，因此"高安万世"瓦当应是董贤墓所用瓦，所以此处极有可能是董贤之墓。

汉　绿釉陶羊头　14.6厘米×11.4厘米×13.3厘米

光武帝原陵：枕河蹬山破常规

汉光武帝刘秀是历史上一位赫赫有名的帝王，他出身绿林，凭借自己的雄才伟略和过人的军事才能推翻王莽新政，重建大汉政权。建国之后，他又充分发挥自己的治国才能，减轻租税徭役，发放赈济，兴修水利，精减官吏，节省开支，为东汉王朝迎来了繁盛的"光武中兴"。那么，像刘秀这样一位千载难逢的英明君主，他的陵墓又与其他皇陵有什么不同之处呢？关于这个问题，我们还得细细道来。

违背风水的神秘陵地

与历代帝陵相比，光武帝原陵最令世人震惊之处并不在于它的雄伟建筑，也不在于它的奢华陪葬，而在于它颠覆传统观念的陵地选择。帝王将相们都认为，死后的安葬之地若是祥瑞之地，那么便可福荫后人，保江山永固；反之，若是陵墓选在了不吉利的地方，那么便有可能给子孙后代带来灾祸。因此，帝王在给陵墓选址的时候都格外谨慎。

根据历代帝王的选址来看，"背山面河"之地更符合风水学说的思想，因为它可以"开阔通变之地形，象征其襟怀博达，驾驭万物之志"。可是我们发掘光武帝的陵墓却发现，光武帝的原陵竟是"枕河蹬山"的，这让人们感到大惑不解。

光武帝的陵墓位于河南省洛阳市北 20 千米处的孟津县白鹤镇，此地古称邙山，古人有"生在苏杭，死葬北邙"的说法，由此可见这是一块风水宝地。在此处安葬的帝王将相也是数不胜数，仅东汉帝陵就有五座：光武帝的原陵、安帝的恭陵、顺帝的定陵、冲帝的怀陵以及灵帝的文陵。不过，其他四位帝陵皆在邙山之阳，唯有光武帝的原陵坐落在邙山之阴的黄河滩上。按照风水之说，这里可是不祥之地。为何一代中兴英主在死后要将陵墓选址在这"枕河蹬山"之处呢？这确实有点匪夷所思。

关于光武帝陵墓有悖风水的选址原因，多年来猜测纷纭。其中有一个有趣的民间传说这样解释道：刘秀有个儿子不听话，命他向东他偏往西，叫他打狗他却撵鸡。刘秀生前早就看好了北邙是块风水宝地，于是在临死前"知子莫如父"的刘秀来个正话反说，故意命他把自己葬于黄河之中。他以为这样一来，他儿子就会把他的陵寝置于邙山之巅了。他传旨王儿来病榻前，嘱曰："父命中缺水，归天后汝要把父葬于黄河之中，如此才免干渴之苦。"

刘秀本以为自己这样一说，便可得偿所愿，可谁知这次他儿子一反常态，哭着发誓道："不孝儿从未聆听过父王之训，如今痛改前非，葬事定遵父嘱。"刘秀一听，叫苦不迭，无奈君无戏言，于是长叹一声便驾崩了。后来他儿子公布遗诏，并征集天下能工巧匠，打造龙舟灵柩。入殓后，便把灵柩抛入滚滚黄河之中。

可是，此时发生了怪事，当灵柩落水的瞬间，河水突然呼啸北流，灵柩落处瞬间成为一片平地，并有个陵丘拔地

而起，它就是今天看到的原陵。据说原陵虽然置于黄河滩上，但历来黄河泛滥从未被浸害过。

上述民间传说只是因为人们无法解释原陵的违反常理做法而编造出来的故事，并不能当成历史事实。所以，要弄清光武帝陵墓反常选址的真相，我们还得进一步探究下去。

原陵选址的真正原因

事实上，汉光武帝的陵墓是从公元 50 年开始修建的，当时刘秀尚且在世，也就是说，陵墓的地址是他自己选择的。刘秀明知"枕山蹬河"的建陵方式有悖风水，为何还要在北邙山与黄河之间修建自己的陵墓呢？

关于原陵选址的真正原因，历史上自然没有确切记载。不过根据史料我们可知，刘秀是一位非常贤明的君主，一向爱民如子，不忍克扣百姓。据说，他曾对负责修建陵园的窦融说过这样一段话，他的陵园要"所制地不过二三顷，无为山陵，陂池裁令流水而已"。意思是说建陵占地不要越过二三顷，不要起山陵，只要能让雨水排出就行了。这完全符合了原陵的规模和位置。临终前刘秀再次下旨强调：我在世时无益于天下平民百姓，丧葬时应像文帝那样陪葬以瓦器，不要用金、银、铜、锡等贵重物品。要因山为陵，不起坟堆。各地刺史及其他官吏要忠于职守，不要来京奔丧，也不要递送吊唁奏章。所以，他的陵园在营造之初，并无任何奢华的建筑。甚至就连现在我们看到的园中柏树，还是在隋唐时期栽植的。

由此可以猜想，光武帝如此修建陵墓的真正原因极有可能是出于节俭开支的考虑。不过说到此处，很多人可能又会提出疑问：从我们现在看到的原陵陵园来看，可看不出任何节俭的痕迹啊！无论是建筑规模还是陪葬，这里都堪称豪华，后来甚至还因此遭到盗墓呢！

关于这一点，是可以解释的。因为从汉朝初期开始，关于皇陵的建制都有一定的制度所遵循，所以即使刘秀不想在自己的坟墓上奢侈浪费，也逃不出传统和后代的孝顺。尽管刘秀生前一再嘱咐"一切从简，不要浪费"，可是在他死后，他的儿子汉明帝又下令重建陵墓，将原陵建造得奢华无比，完全辜负了汉光武帝最初的一片爱民苦心。

"墓现金龙"的盗墓传说

汉明帝替光武帝重新翻修原陵，自以为尽了一片孝心，为父亲赢得了死后风光，却没想到，正是如此奢华宏伟的改造，害得原陵遭受了盗墓贼的侵扰。关于原陵的盗墓故事，自古以来流传下很多版本，其中有一个"墓现金龙"的传说，流传颇为广泛。

据说东汉末年，有个盗墓贼来到邙山。经过多方窥探，了解到原陵右侧铁谢村有个谢家磨坊，有一张丝箩可以帮助人打开刘秀坟。盗墓贼花尽了积蓄，买来丝箩。他将分土剑往坟上一插，坐北面南，墓道赫然出现在眼前。随后，他又将丝箩往青石墓门上一挂，只听得一声巨响，雕刻着天龙、金狮的宽厚墓门竟徐徐打开了。盗墓贼小心翼翼地走进去，却看刘秀正端坐灯下，聚精会神地看书。刘秀听见声响，抬头一望，看到了盗墓贼正毛骨悚然地站在那里，于是便厉声责问来者何人。贼人自然是胡乱找个理由虚与委蛇。刘秀听罢，不露声色，斥退了这个盗墓贼。谁想盗墓贼临走时顺手牵羊，偷拿了一个墓中随葬的锦盒。他退出墓葬后，急忙打开锦盒，想看看里面到底藏了什么宝贝，却猛然听得一声响，一条金龙从盒子里奔腾而出。当时，大雨倾盆，金龙盘旋片刻，飞入天空无影无踪了。盗墓贼吓得面如土色，每跟人谈起此事，都心有余悸。从此再也没人来挖掘过原陵。据说随后就有人倒卖金龙，后被认出是当年下葬原陵的陪葬品，继而被官府收押。

"墓现金龙"的故事是个民间传说，但也不是空穴来风，从中我们还是能够窥见许多真实成分。像原陵这样一座陪葬珍宝无数的陵墓，关于它的盗墓事件自然是屡见不鲜，其中也不乏历史上确有其事的真实记载。比如，在东汉末年，董卓就曾派大将吕布挖掘了北邙山上的皇陵。无论西汉还是东汉王陵，无一幸免。而汉光武帝的原陵也在这次无耻的挖掘下，损失惨重，不但墓中宝藏被劫掠一空，陵上建筑也遭到了严重破坏。我们现在见到的原陵其实已经不是最初明帝为光武帝修建的原陵了，而是宋代开宝六年（公元973年）重新整修的光武帝陵。

原陵中的柏树传说

我们用传说和历史故事讲述了关于原陵的宏伟和奢华，真正的原陵究竟是怎样一番光景呢？根据考古学家探测，现在我们能看到的原陵，由神道、陵园和祠院组成。陵园呈长方形，占地 6.6 万平方米。墓冢位于陵园正中，为夯土丘状，高 17.83 米，周长 487 米。陵冢上下松柏掩映，现存古柏 1500 株。整个陵园郁郁苍苍，肃穆庄严。

陵园侧有光武帝祠一座。其左前方有宋代开宝六年新修后汉光武帝庙碑一块，碑文内容是歌颂光武帝由南阳起事，决昆阳之战、破邯郸之垒、定都洛阳等功业。在祠殿前左、右两侧，还竖有元、明、清、民国时期的石碑四通，分别记录了重修祠庙和原陵沿革的史料，十分珍贵。

陵前有一块穹碑，碑身镌刻"东汉中兴世祖光武皇帝之陵"。殿前甬道两侧，有巨柏 28 株，巍然挺立，排列整齐，各有名讳。它们象征辅佐刘秀打天下、定社稷的云台二十八将，俗称二十八宿柏。

为何要将这 28 棵柏树用来比作云台二十八将呢？这背后流传着一个传说。据说，当初汉明帝把载有刘秀的尸体的棺材投放进黄河时，黄河突然改道，显出一座土丘，土丘周围忽然生长起了密密麻麻的柏树。至于柏树有多少，没有人数过。后来，有位大将军路过此地，一心要知道柏树的数目。他就命令士兵用纸条贴树编码。当快要贴完时，突然狂风大作，正在数柏树的士兵被刮得找不着北。同时失去了算术能力，等他们清醒后，树上的纸条已无影无踪。他们只记得有 28 棵特别粗大的柏树，就是象征那些称得上是开国功臣的"云台二十八将"。

除了这 28 棵宿柏之外，原陵陵园的另两种特殊的柏树"鸟鸣柏"和"苦恋柏"也堪称柏中一绝。仅听这两种树的名字，我们就能猜出其中究竟。所谓"鸟鸣柏"，顾名思义，在"鸟鸣柏"下拍手，林梢就会发出鸟叫声。而另一种"苦恋柏"是自然形成的奇观，一株古柏的树干中，长出了一棵苦楝树。于是富于想象力的人们给这道风景编造了一则关于刘秀和皇后阴丽华苦苦相恋的动人传说。

阴丽华是南阳新野人，是当地有名的美人儿，年轻的刘秀对她一见钟情。

当时还是一介布衣的刘秀有两大人生目标："仕宦当做执金吾，娶妻当得阴丽华。"后来刘秀果然赢得美人芳心，但由于战争，两人天各一方，只能苦苦思念。刘秀当了皇帝，定都洛阳后，派人把阴丽华接来，长相厮守，共度终生，死后合葬在这里。于是人们把"苦恋柏"演绎成千年等一回的千古绝恋，用它来歌颂刘秀和阴丽华的伟大爱情。

"汉陵晓烟"和"汉皇仰卧"的两大奇景

除了柏树的传说外，原陵中还有两大奇景不得不提。其中一处奇景被称为孟津县的"八景"之一，即"汉陵晓烟"。据史书记载，每年在清明节前后，当天朗气清、霞蔚风息、晨曦初见之时，陵园内陡起紫气，状若轻烟，飘若浮云，自西向东，姗姗移动，逐渐使整个陵园被缥缈的云烟所笼罩。云烟之中，翠柏红墙，古碑墓冢，野花芳草，若隐若现，恍若置身于仙境之中。

"昆阳雷雨战犹酣，赤符魂归琐玉函，今日陵园回首处，看他烟树绿毿毿。"这是一位古代诗人曾在"汉陵晓烟"处题下的诗。仔细品味，我们能够从中感受到光武帝在战场上英姿飒爽的气魄，也能感受到后人们对这位千古一帝的仰慕与怀念。

千百年来，在当地还流传着这样的说法——哪年有此景观，哪年农作物就能大获丰收。所以，现在人们每到阳春三月，清明节将临之时，仍企盼紫烟，祈祷祥瑞。

除了"汉陵晓烟"之外，原陵的另一奇景就是"汉皇仰卧"。据说，每逢秋末叶落，当有人站在陵西300米处东望时，整个陵园看起来就像是仰卧的刘秀——头戴皇冠，身穿龙袍，头枕黄河，脚蹬北邙。

此景中的刘秀身长240米，头部由陵北的古柏组成，高50米，脸部的凹凸部分分别由一些参差不齐的柏枝组成，五官和胡子清晰可见。微风吹动柏枝，刘秀的胡须就飘起来。冢上的柏林构成了刘秀的肚子，高60米。冢前甬道旁的两行苍柏恰似刘秀的两腿。汉阙山门外的柏树恰好是刘秀的两只脚。如果将来你到了原陵，不妨去看看，是否有幸看到这一奇景。

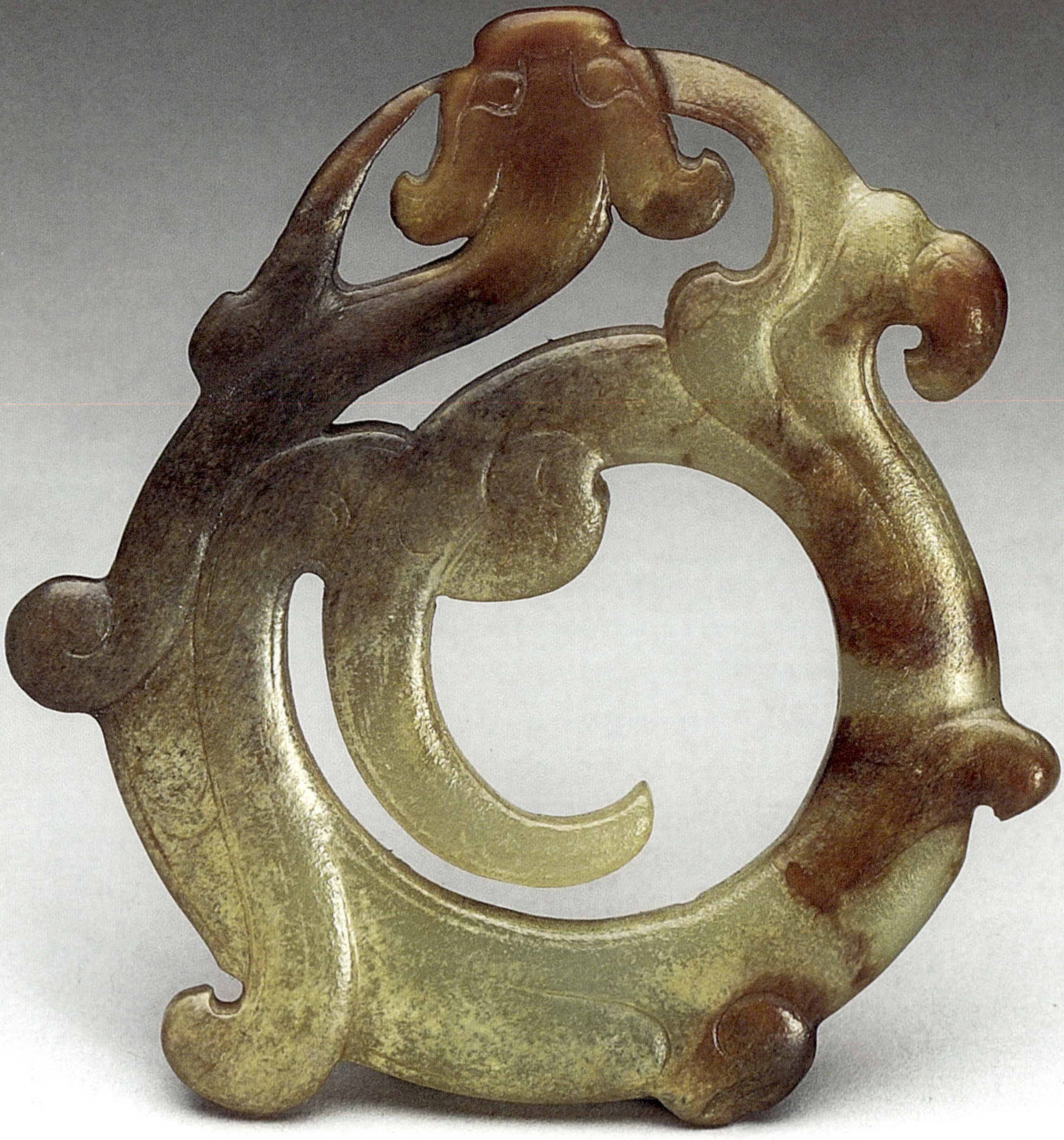

东汉　龙纹　高6.5厘米

东汉　墓葬　陶塔顶　44.5 厘米 × 37.5 厘米 × 38.0 厘米

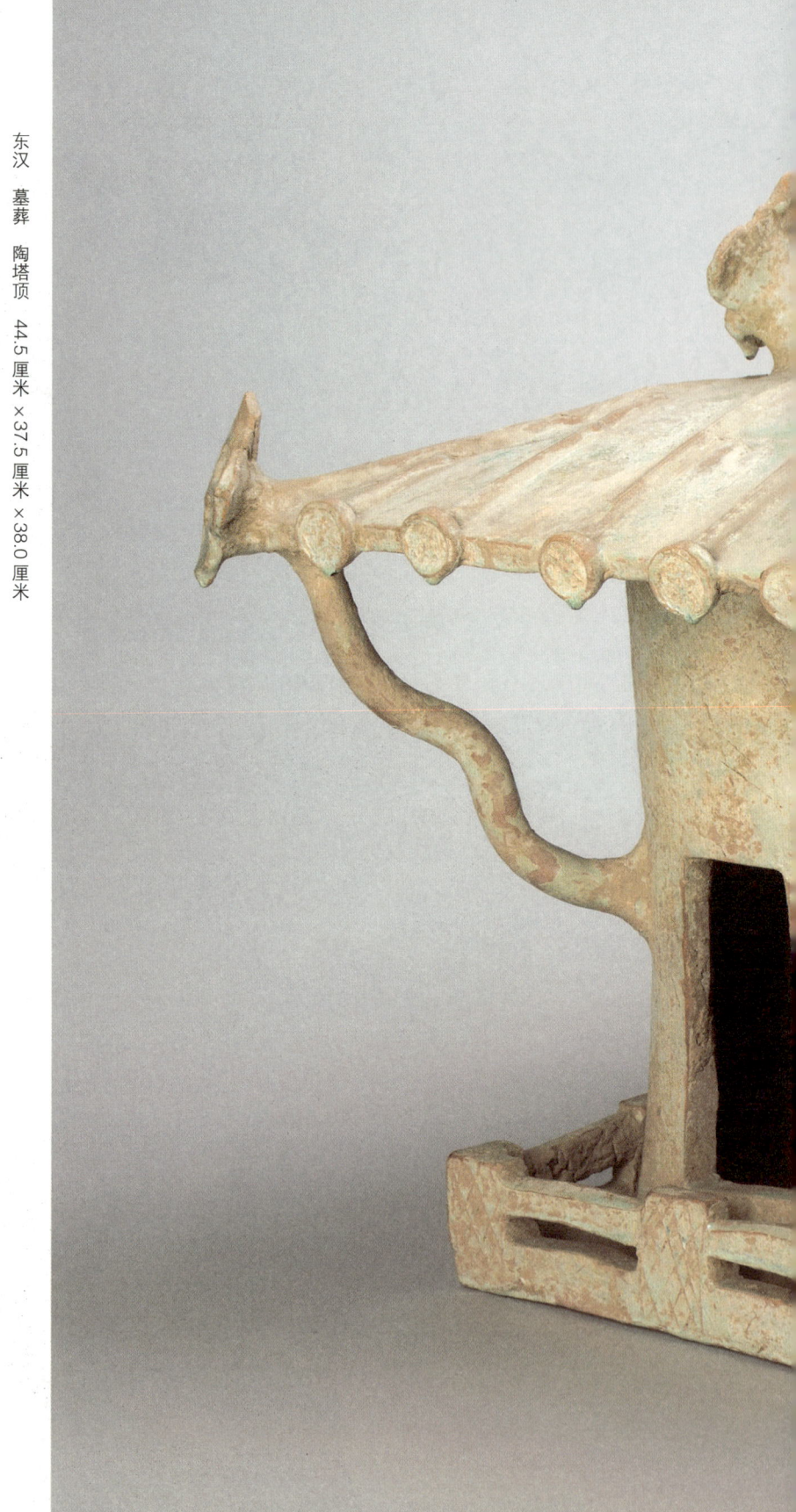

东汉　彩绘陶舞俑　18.4厘米×15.2厘米×9.5厘米

东汉　墓葬陶狗　45.7厘米×25.4厘米×38.1厘米

东汉 艺人俑 墓葬 36.51 厘米 × 17.78 厘米 × 22.54 厘米

汉明帝显节陵：邙山以南有汉冢

显节陵俗称"大汉冢"，位于河南省洛阳市邙山以南，是东汉明帝刘庄的陵墓。汉明帝刘庄是光武帝刘秀的第四子，母亲是刘秀一生最为宠爱的阴皇后。从史学家记载来看，汉明帝刘庄和他的父亲一样是一位英明的君主，他在位期间，一切尊奉光武制度，吏治清明，境内安定，被史学赞誉为"天下安平，百姓殷富"。汉明帝在位18年，48岁葬于显节陵。据说这是一座十分奢华的陵墓，地宫里用虚文画着日、月、鸟、龟、龙、虎、连璧、偃月等，周围的陪陵也星罗棋布，非常壮观。

富含政治意义的"东汉皇陵群"

光武帝刘秀自公元25年建立东汉政权开始便采取了以血缘关系为基础的宗法制度，特别重视丧葬礼仪，祭祀先祖。为了适应政治上的需要，刘秀还想出了"陵寝建制"的高招，把豪族注重祭祀祖先祠堂的办法加以扩大，运用到陵寝制度中。

据东汉官修史书《东观汉记》一书记载：光武帝葬原陵，明帝葬节陵，和帝葬顺陵，殇帝葬康陵，安帝葬恭陵，顺帝葬宪陵，冲帝葬怀陵，质帝葬静陵，章帝陵名缺载，桓帝以下也缺载。南朝范晔著《后汉书》，又补记了章帝葬敬陵，桓帝葬宣陵，灵帝葬文陵，并将和帝顺陵更正为慎陵。原陵、恭陵、宪陵、怀陵、文陵均在洛阳西北，邙山上；而节陵、敬陵、慎陵、康陵、静陵和宣陵则在洛阳东南，洛河以南。今存于汉魏故城遗址西北邙山之上的"三汉冢"，由北向南，大体一字排开，高大雄浑，分别称"大汉冢""二汉冢""三汉冢"。其中的"大汉冢"就是汉明帝刘庄的显节陵。

总体来说，东汉陵园四周的建筑也与西汉相异，不筑垣墙，改用行马。通往陵冢的神道两侧还列置成对石雕。东汉开创了在神道两侧建置石雕的先例，进一步显示了皇帝至高无上的权威。这一建制为以后各朝所沿用并发展。

邙山之上"三汉冢"

上面介绍东汉帝陵群的时候已经提到，在汉魏故城遗址西北邙山之上有三座陵墓，由北向南，大体一字排开，高大雄浑，分别称大汉冢、二汉冢、三汉冢。考古学家对这三座陵墓分别进行了考古调查和勘探，在对大汉冢的考古调查中取得突破性发现：这座墓冢封土直径130米，高19米，在封土西侧发现3座规格很高的陪葬墓冢；封土的南侧、东侧发现了2处规模巨大的建筑遗址，其中一座面积达2100平方米。

大汉冢的东北方向还发现了一片面积大约20万平方米的建筑遗址群，估计是陵庙遗址。考古专家一致认为，此次在洛阳邙山地区发现的墓冢是全国最大的古墓群，其拥有的墓冢之多、面积广大、延续时间之长，世界罕见。有人称之为"东方金字塔"。根据文献记载和考古发现，已确知邙山地区埋葬着东周、东汉、曹魏、西晋、北魏、后唐六朝帝陵及其陪葬群，初步统计，至少有24座帝陵分布其间。除此之外，还汇集了两周、西汉、曹魏、西晋、北魏、隋、唐、五代、宋、金、元、明、清等其他时期、其他类型的墓葬，约有数十万之多，号称"邙山之上无卧牛之地"。不过可惜，由于年代久远、历史变迁、风剥雨蚀及人为破坏等原因，邙山古墓群具有地面标识的墓冢锐减。初步统计，近代以来地面部分遭破坏、被夷平的墓冢有400～700余座。

明帝身旁谁陪葬

与汉明帝同眠于显节陵的陪葬皇后是伏波将军马援的女儿明帝皇后。据说，当年汉明帝刘庄为父亲刘秀重建陵墓，曾命人画云台二十八将像，却唯独不画伏波将军马援，原因是其女为明帝皇后。

据史书记载，明帝皇后马氏，谦虚谨慎，勤奋节俭，具有高超的经营管理能力。她能够合理运用规章制度和激励手段，带领全体妃嫔和太监、宫女勤勤恳恳做好本职工作。她孝顺婆婆、协助丈夫、照顾子女，可谓是一代贤后的典范。

不仅如此，据说马皇后的文化素质也很高，她能背诵十分艰深的《易经》，特别喜欢《春秋》《楚辞》，也很喜欢读儒家的经典书籍。她在国家大事上给了明帝很多帮助。公元70年，楚王刘英企图谋反。事情败露后，明帝不忍按照法律将其处死，只是废黜了刘英的王爵，将其徙往丹阳郡泾县（今属安徽）。刘英到丹阳自杀身死。刘英虽死，案件并未结束。明帝认为是一些小人鼓动楚王造反，下令穷究党羽。有关部门秉承明帝的旨意，严刑拷问。被抓的人受刑不过，胡乱攀引，致使被抓的人越来越多。案件连续审查了几年都没有结果，受株连的人不计其数，下狱和判处流放的官员多达几千人。一些耿直的大臣劝谏皇上，明帝根本不听。马皇后知道被抓的人中大部分是冤枉的，十分忧虑。一天，明帝回宫，她乘机向明帝进言，请求明帝不要把案件无限扩大。她神情悲楚，明帝深为感动，他反复思考马皇后的话后，放了许多人，而案件也很快结案了。马皇后的一番劝谏解救了许多家庭免于灭顶之灾。

可惜，这样一位贤德的皇后一生无子。通情达理的明帝命马氏收养了其外甥女贾贵人的儿子刘炟，并且一直对马皇后敬爱有加。公元75年明帝驾崩，马皇后养子刘炟即位，尊马皇后为太后。刘炟欲给马太后的三位哥哥封侯爵，可是马太后坚决不允。建初四年（公元79年）六月，马皇后病逝，终年41岁，谥号"明德"，与明帝合葬于显节陵。

马皇后的一生谦逊朴实。《续列女传》称赞她："在家则可为众女师范，在国则可为母后表仪。"有这样一位贤德的皇后安葬身旁，应该比那些奢华的陪葬品更能衬托明帝的尊贵吧。

汉献帝禅陵："以汉禅魏"葬禅陵

汉献帝刘协是汉朝最后一位皇帝。凡是看过《三国演义》的人，应该对这个名字都不陌生。汉献帝是汉灵帝的第三子，刘辩之弟。董卓废刘辩后，拥立其为帝。后曹操掌权，将汉献帝迎到许昌，作为傀儡，以令诸侯。曹操死，其子曹丕称帝后，汉献帝便销声匿迹了。关于这位汉朝末代帝王的下落众说纷纭，他到底是被杀了，还是被软禁了？他死后葬在了哪里？陵墓是什么模样？这些疑问一直令世人困惑不已。不过近年来专家们的考古发现，使这些在人们脑海中萦绕了千百年的谜团，正在被一点一点解开。

汉朝末代帝王的行踪探寻

要探寻汉献帝的陵墓埋藏何处，首先要弄清他在历史上"失踪"的那段日子到底去了哪里。据史料记载，在曹操死后，曹丕袭魏王和汉丞相职。一些大臣威逼汉献帝学习唐尧虞舜把皇帝位禅让给曹丕。延康元年（220年）十月，曹丕如愿登上了皇帝的宝座。曹丕从魏王升到了皇帝，皇帝刘协降为了山阳公。这个山阳公还比较尊贵：邑一万户，位在诸侯王之上，奏事不称臣，受诏不拜，以天子车服效祀天地，宗庙、祖腊，皆如汉制，都山阳逐鹿城。据说，在汉献帝离开都城前去山阳的时候，曹丕还非常客气地说：天下之珍，吾与山阳共之。

可是，史书上所载的山阳逐鹿城到底在哪呢？这究竟是一个虚构之乡还是一处真实的存在呢？有人说这个山阳城就是当年秦始皇赐封长信侯嫪毐的封地。这个嫪毐就是与秦始皇母亲赵太后私通而备受宠信的那个人，后被秦始皇车裂而死。即便真有这个地方，那么经历了千百年的变迁后，如今它又在何处呢？

专家们对此进行了考证，了解到史书中提到的山阳县就在如今的河南焦作市区，而献帝居住的逐鹿城则在现在的修武县李固村。现存的山阳故城大部分高出地面，因为地下水位过高等原因，山阳城没有进行过考古发掘工作。山阳城始建于战国初期的魏国，东汉中晚期和三国时期达到最繁荣，隋唐时逐渐沦为残垣废墟。之所以选择此地作为贬地，一是因为此处离曹魏的首都不远，便于监视；二是因为之前汉献帝的一个皇子曾被封为"山阳王"。按此推测，这个地址应该可信。

现在既然已经找到了汉献帝的贬居所在，那么就让我们再来看看这位汉朝末代帝王被贬后的生活以及他的最终归属。后世流传说，献帝到了山阳后"不为良相却为良医"，成了一个悬壶济世的医生。据说，汉献帝虽然是个窝囊皇帝，却是称职医生，深受百姓爱戴，民众敬之如父母。焦作一带的民众为了纪念他，不仅盖了献帝庙，还口编了许多关于他行医救人的传说。人们把他和曹皇后称为"龙凤医家"。焦作老百姓出于对他俩的感激之情，对老中医格外敬重，尊之如君。

"百姓捧土"堆成的帝王陵墓

汉献帝刘协被贬山阳公后在民间行医救人，救济百姓，后病死于此，享年54岁。献帝死后，曹家朝廷还算厚道，仍旧以汉天子的规格和礼仪安葬了他，谥号孝献皇帝，陵曰禅陵——意思是汉献帝"以汉禅魏"。

汉献帝禅陵位于修武县方庄镇古汉村南，南距修武县城约23千米，北依太行山，其余三面皆为平原。陵东南400米处有一低矮山丘，因禅陵在此而得名，曰古汉山。北约5千米的太行山中有一幽静凹区，曰百家岩。内有一高约10米的高台。当地群众相传，汉献帝常来此避暑游玩，于是在高台上建有汉献帝庙。陵北500米处是因陵而得名的古汉村。

禅陵坐北朝南，陵内有两个陪葬墓。一座位于禅陵东北130米处。当地群众云，早年此冢封土略比禅陵小，现封土大部分已被平掉，所剩封土平面直径约2米，高约1米。另一座位于禅陵东南80米，封土呈半圆状，筑夯，现有高度约2.5米。

由于常年自然和人为破坏，禅陵现存封土呈不规则方形土冢，南侧和西侧均已呈直立状。现存每边长约 20 余米，周长 100 余米。封土夯筑，但夯层不明显，夯土中包含有汉代筒瓦、板瓦和鹅卵石。据史料记载，曹魏时期提倡薄葬，陵墓都没有封土堆，那么，何以一代"废帝"的陵墓上反而有这么高的封土呢？据说，献帝死后山阳百姓纷纷前去送葬，人们用帽子、衣服盛着黄土倒入墓穴，堆起了山一样的墓堆。当然，捧土为陵只是传说。可能当时就有封土，汉献帝虽然死在曹魏时期，但他是以汉礼下葬的。

此外，禅陵之上还立有汉献帝陵寝碑，碑为青石质，上圆下方，高 1.55，宽 0.585 米。题首刻：大清乾隆五十二年暮春秋旦；中刻大字：汉献帝陵寝；落款：河北镇总兵方城王普立石。

东汉 「左万」铜印 长 1.5 厘米

东汉　「长乐」璧

东汉 玉辟邪

第二章

魏晋：古墓不祭

魏武帝高陵：奸雄留谜在安阳

集政治家、军事家、文学家、诗人才华于一身的东汉末年杰出领袖曹操无疑是历史上首屈一指的风云人物。"青青子衿，悠悠我心……周公吐哺，天下归心。"这位爱才惜贤，以齐桓公、晋文公为榜样，以"安民定天下"为己任，追求"老骥伏枥，志在千里。壮士暮年，烈心不已"人生境界的一代枭雄，不但生前搅动天下，书写属于自己的历史，死后还要留下谜案，考验世人的智慧。

关于他的死因以及陵墓所在，一直是中国帝王陵墓史上的一大疑案，据传说，曹操设置了"七十二疑冢"。此事到底是真是假？在这"七十二疑冢"中到底有没有曹操的真墓？要想解开这一系列疑问，我们还需一层一层抽丝剥茧。

一代奸雄的死亡之谜

关于曹操的死因，一直是一个不解之谜。史书上说曹操死于头痛，至于其他没有更多记载。

民间流传过关于曹操头痛请华佗治病的传说：曹操经常头痛，因此十分痛苦。他听说华佗医术高明，遂请来医治。华佗给曹操诊断过后认为，要想根治头痛之症，必须打开头颅，取出病灶。一听此话，一向多疑的曹操立刻提高警觉，怀疑华佗别有用心。不但拒绝开颅手术，还命人把华佗关进牢中，害得一代名医病死狱中。而曹操自然也为自己的讳疾忌医付出了代价，最终被这种头痛病带走性命。

上述传说虽然流传广泛，但是其中有很多疑点。首先关于那个时代是否能进行开颅手术，大多数现代人持怀疑态度，所以这种说法一直被后人认为是牵强附会。如果曹操死于头痛的说法不成立，他又到底是死于何因呢？很多人根据《三国演义》中关于曹操死亡的描述，提出了更具体、更深层次的猜测。

在《三国演义》第七十八回中记载：曹操自葬关公后，每夜合眼便是关公，心中惊惧不安，遂准备自营宫室迁居他处。匠人称有一神木可做栋梁。时有乡人劝阻，言树上有神人居住，不可伐。曹操不信，拔剑斩之，即感血溅满身。晚间隐几而寐，睡卧不安，梦见梨树之神拔剑斩其头，醒来后头疼难忍，数日后，夜间惊恐忽见伏皇后、董贵人，二皇子并伏完、董承等二十余人，浑身血污，立于愁云之内，隐隐闻索命之声。次夜，又闻殿外男女哭声不绝，至晓。又次日，觉气冲上焦，目不见物。不久长叹一声，气绝而亡。

关于这段描述，大多数人都以为是古人的迷信以及作者的小说虚构，可是有人大胆猜测，怀疑当年曹操患上的是脑器质性精神障碍。这种病是一种由脑部疾病所致的精神障碍，病发时会产生幻觉，然后头痛难忍，与上述描述基本相似。如果历史记载属实，那么曹操死于这种疾病也是很有可能的。

"七十二疑冢" 的古今探秘

作为一代帝王，曹操死后究竟安葬何处呢？要想解答这个问题，我们还得从历史上流传的"七十二疑冢"之说说起。史载：建安二十三年，曹操预感自己寿数将尽，于是特意颁布一道《终令》，安排身后之事。因曹操对邺城（今河北临漳县附近）有着特殊的感情，敬仰西门豹在邺地投巫开渠的英明果决，他希望自己的墓地与西门豹祠比邻。两年后，这位杰出的风云人物病逝于洛阳。临终前他留下《遗令》："殓以时服，葬于邺之西冈，与西门豹祠相近。无藏金玉珍宝。"魏文帝曹丕遵照曹操的遗嘱，将其遗体运回邺地安葬。从现存的史料看，曹操对自己墓葬的安排得到了认真的落实。于是，曹操"七十二疑冢"之说始传于世。再加上漳河确实罗列着众多小山似的墓冢，即所谓"漳河累累漳水头，如山七十二高丘"，所以这一说法就更加为人们所信。

及至宋朝，这一说法又得到了进一步强化。宋代后期，宋金对峙，宋朝出于政治需要，以蜀汉自居，谩骂金朝为夺权窃国的曹魏。金朝干脆以曹魏为正统，推崇曹操，每年到陵上祭祀曹操。因曹操陵在地面上已经难以辨认，于是，金人就将错就错，以"七十二冢"为曹操的墓葬祭奠之。那么上述史料所载是否可信呢？现代考古学家一直在进行努力探测，试图找到确凿证据。

安阳陵墓的证据挖掘

1998 年，考古学家在西高穴村西北 500 米处出土一块墓志，墓主为卒于公元 345 年的鲁潜。志文中提到鲁潜墓距魏武帝陵的方位与距离，据此推测曹操墓应在西高穴村附近。鲁潜墓的时间距曹操下葬不过百余年，因而考古学界认为这一记载十分可信。

2008 年 12 月，经报国家文物局批准，河南省文物局组织河南省文物考古研究所开始进行发掘工作，在高穴村南发现了一座大墓，位置与文献记载、出土鲁潜墓志等材料记载完全一致。这座东汉大墓平面为"甲"字形，坐西向东，是一座带斜坡墓道的双室砖墓。它主要由墓道前后室和四个侧室构成，总长度近 60 米，占地面积 740 多平方米。考古人员在墓室中发现人头骨、肢骨等部分遗骨，初步鉴定为一男两女。其中墓主人为男性，鉴定年龄在 60 岁左右，与曹操终年 66 岁吻合，推测是曹操遗骨。

考古学家指出，该墓的墓葬规模巨大，结构复杂，砖券墓室的形制和结构与已知的汉魏王侯级墓葬类似，这与曹操魏王的身份相称。文献记载曹操寿陵"因高为基，不封不树"，墓地未发现封土，情况亦符合。出土的器物、画像石等遗物具有汉魏特征，年代相符。而曹操本人主张薄葬，曾写下"古之葬者，必居瘠薄之地"，临终亦留下"殓以时服""无藏金玉珍宝"等话语。如今发现的大墓虽规模不小，亦出土了 200 多件器物，但墓内没有壁画，装饰简单，十分朴实。随葬的兵器、石枕等，有文字证明是曹操平时常用之物，与他的丧葬观念一致。

虽然种种迹象都表明，考古学家们在河南省安阳县安丰乡西高穴村发现的高陵极有可能为曹操真墓，但是要真正下定结论，还需要更加确凿的证据。于是，考古学家们又对高陵进行了进一步考察，并且从墓葬中发现了更有说服力的确切证据。这些证据是 8 件分别刻有"魏武王常用格虎大戟"等铭文的随葬物品。曹操生前先受封为"魏公"，后晋爵为"魏王"，死后谥号为"武王"，这些石牌、石枕所称"魏武王"正是曹操下葬时的称谓，是确定墓主人身份最重要、最直接的历史依据。

墓志铭引发的疑问

按照上述所说，专家们在安阳县发现的高陵即为传说中失踪的曹操墓。可是为何，人们对该陵墓的真假还会存在疑问呢？

关于这一点，专家解释说，墓志的起源与发展存在一个漫长的过程。究竟什么可以叫作"墓志"，怎么区别墓志的前身或祖型，学者之间存在不同理解。埋入墓中的石刻，自称为"墓志"或"墓志铭"的始见于南北朝初期墓。

目前已知最早的有两例：一是早年在山东益都出土的刘宋大明八年刘怀民的墓志铭，方形志石上首题"宋故建威将军齐北海二郡太守笠乡侯东阳城主刘府君墓志铭"。二是辽宁辽阳出土的北魏承平至和平年间的刘贤墓志，碑形螭额上题"刘戌主之墓"。此后，"墓志"一名才开始迅速普及，志石的形式也由过去的碑形竖立变成了方形平置。孝文帝迁都洛阳后的北朝，开始出现带盖的墓志。隋唐以后，志盖相合，遂成定制。志文内容也逐渐规范化。

可是魏晋时期，严禁在墓前立碑，因而出现将小型墓碑埋入墓中的情况。而真正在墓中设置并形成定制是在北魏以后。曹操高陵年代属东汉末年，正好处在废除墓碑、墓志还没出现的过渡期。再加上曹操掌权后禁碑，主张薄葬，因此曹操高陵没有墓志也是正常的，这也并不能够成为否定高陵是曹操陵墓的理由。

孔明

劉備

曹操

選自《无款清末京剧一百人物像册》 绢本 26.4 厘米 ×21 厘米

汉昭烈帝惠陵：苍山难掩武侯祠

汉昭烈帝刘备是蜀汉开国君主，历史上称颂他"弘毅宽厚，知人待士，盖有高祖之风，英雄之气"。生前，他与曹操、孙权三分天下，死后，他安眠惠陵，被后世祭奠，真可谓是"赢得生前事，留下身后名"。"三顾茅庐""联吴破曹""死后托孤"……刘备生前的事迹我们通过史书和演义中都已略知一二，那么，他死后的安葬之所——惠陵，又是怎样一番模样呢？这一节就让我们一起感受一下汉昭烈帝惠陵的庄典肃穆。

为何君墓落臣祠

惠陵位于今天成都市武侯祠内正殿西侧，陵墓占地2000平方米，呈圆锥形，封土高12米，有一道180米长的砖墙环护。茔上树木参差，墓边古柏森森。陵墓建筑，由照壁、栅栏门、神道、寝殿等组成。照壁长10米，高5米，正中镶嵌菱形石雕。陵前有"汉昭烈皇帝之陵"碑，清乾隆五十三年（1788年）立。据史书记载，章武三年（223年）四月，刘备病死白帝城永安宫（在今重庆奉节县），五月梓宫还成都，八月葬惠陵。后主从诸葛亮之意，先后将甘、吴两位夫人合葬于此。

"丞相祠堂何处寻？锦官城外柏森森。"杜甫这首《蜀相》家喻户晓，而武侯祠正是千古名相诸葛亮的祭祀之地。那么，刘备的惠陵怎么也位于此呢？难道是刘备死后无处安葬，只能"借宿"于此？这也太辱没一代蜀汉君主的英明了。那么，真相到底如何呢？

原来，所谓"君墓落在臣祠内"根本就是一个误会。武侯祠又称昭烈庙，前殿祭祀刘备，后殿祭祀诸葛亮。昭烈庙早于武侯祠就存在这里了，是惠陵地面建筑的一个重要组成部分。据考古发现，早在龙山文化时期，就存在崇拜祖先的现象。他们认为祖先的灵魂既可以保佑子孙，又可以祸及子孙。因此，古人便说"冢以藏形，庙以安神"。冢就是墓，只用于收殓死者形骸；庙就是"宗庙"，是祭祀祖先灵魂的场所。

关于古代宗庙制度，东汉蔡邕在《独断》中介绍过，古代宗庙仿生人的宫室，设前"庙"后"寝"，庙中安放祖先神主，定时祭祀；寝中陈设祖先享用的衣冠用具，定时供奉新鲜食品。到秦时有了变化，庙在城内而不在陵前。汉初，承秦制，"庙"在城内，"寝"在陵旁。汉惠帝时，又将汉高祖的"庙"迁回陵侧，认为死者的灵魂保存在墓中，要祭祀死者灵魂就必须在陵墓附近。这种观念逐渐成为一种全民的习俗。刘备惠陵前的昭烈庙，便是这种观念的产物。而武侯祠是从异地迁来的。据载：明初蜀王朱椿出于"君臣宜为一体"的思想，拆毁从少城迁来在昭烈庙旁的武侯祠，并入昭烈庙。但老百姓只认诸葛亮，不认刘备，反而将昭烈庙称之武侯祠。正因为如此，才造成了"君墓落在臣祠内"的误会。

真墓在奉节的猜测

许多人提出过疑问：既然众人都知道刘备的陵墓所在，那么为何千百年来，他的陵墓没有被盗呢？要知道，纵观中国历史，很少有皇帝的陵墓是没有被盗的，所以，人们怀疑，惠陵根本不是刘备的真正墓穴，它只是纪念刘备的衣冠冢。

如果武侯祠内的惠陵不是刘备的真墓，那么，刘备的真正墓穴又在哪儿呢？两宋的时候就有人得出结论，认为刘备的真墓在他病死的白帝城处。20世纪60年代郭沫若路过奉节时也说过，刘备真墓不在成都，而是在奉节。到了1895年，又有考古学家提出刘备尸体葬在奉节说，并且为此提出了三个充分的理由。

第一，奉节四月份后天气炎热，此时尸体最易腐烂发臭，要将它送到千里之遥的成都，实在不易。第二，据元以来典籍和地方志记载，甘皇后葬于奉节。而据《三国志》，甘皇后是与刘备合葬的，但她没有葬在惠陵。可见，刘备也是葬在奉节的。第三，刘备葬在奉节，在历史上多有传说。近年奉节城里多处出现人工隧道口，很像墓道。文物控测队使用超声波开展物探，发现地底深处埋藏有两个建筑结构，有专家认为它很可能就是刘备和甘夫人的真正墓葬。

难道刘备的真墓真的在奉节吗？这种观点并没有得到广泛赞同，很多专家纷纷对此提出反对意见，他们坚持认为，刘备葬于惠陵是不容置疑的，因为这在史志上有明确的记载。

《三国志·先主甘皇后传》有详记："后卒，葬于南郡（湖北江陵），章武二年，追谥皇思夫人（甘皇后），迁葬于蜀，末至而先主殂陨。丞相亮上言：……会大行皇帝崩，今皇思夫人神柩已到，又梓宫在道，园陵将成，安厝有期。……故昭烈皇后（甘皇后）宜与大行皇帝合葬，臣请太尉告宗庙，布露天下，具礼仪别奏。制曰可。"刘备是蜀汉章武三年（公元223年）4月，死于白帝城永安宫的。翌月，他的尸体自永安宫护运到成都，8月安葬于惠陵，此处称"梓宫在道，园陵将成"，是指刘备之柩正在由永安运往成都的途中，成都的惠陵正在加速修建中。这份奏章是在白帝城（或正在途中）的丞相诸葛亮给成都的后主刘禅的，可见刘备和甘皇后确是合葬于惠陵的。

刘备真墓的第三种可能

尽管已经有了史料的明确佐证，可是关于刘备葬于何处的说法还是不断有人提出质疑。这一次他们从天气原因给予否定，他们认为刘备死时，正是四川夏天最热之时。古代四川交通不便，从白帝城（今四川奉节）运尸到成都又全是逆行而上的山路和水路，即便是单程也要花费一个月的时间，所以再花费这么长的时间把刘备的尸体运回成都，按照当时的尸体保护技术，要使尸体不腐烂是完全不可能的。

在中国古代确实还没有很好的尸体保鲜技术，所以照此推理，上面的反驳是有一定道理的。可是，如果刘备的真墓不在成都，那么它又在哪儿呢？对此，这部分专家也提出了自己的看法，他们认为刘备的真墓极有可能在他曾经的养马场——四川彭山的莲花村。

位于牧马山的莲花村依山傍水，自古就有皇坟的传说。很多人都知道村子附近的皇坟有100多亩，这些地方全是石灰、黄泥和灌县石等混合物夯筑而成。

由于墓建筑中混合有石灰，所以皇坟的半山腰以上，根本看不到蚂蚁虫豸之类的东西。此外，皇坟之外，还有九座小山丘环抱，它们被当地人称为莲花的九片花瓣，而皇坟正处在中心，因此被称为莲心。站在皇坟顶端，可以把几座山丘尽收眼底。所以古代的风水先生把这一代叫作"九龙回头望"，而这种"九龙回头望"只有封建时期的帝王才能享用。不仅如此，人们还在莲花村中发现了另一件奇怪的事情，他们发现该村竟然80%的人家都姓刘。这么看来，刘备葬于莲花村的说法真有一定道理。

对于这个观点，有人支持也有人反对。很快就有专家提出质疑：彭山牧马乡莲花村离成都只有半天的时间，那么，如果说尸体从奉节运到成都会腐烂，难道运到莲花村就不会腐烂？关于这一点专家们也没法自圆其说，所以，刘备真墓在莲花村的说法也有待考证。

魏晋『关外侯印』铜印

魏『之宋言事』铜印

三国　鎏金铜龙头勺　36.8厘米 ×9.8厘米

东吴大帝蒋陵：东吴帝墓藏佳人

"何处望神州？满眼风光北固楼。千古兴亡多少事？悠悠。不尽长江滚滚流。年少万兜鍪，坐断东南战未休。天下英雄谁敌手？曹刘。生子当如孙仲谋。"这首词是北宋词人辛弃疾所作，其中最后一句"生子当如孙仲谋"赞誉的就是三国时期的东吴大帝——孙权。孙权，字仲谋，孙坚子，孙策弟，是东吴的开国之君。他的政治谋略、军事才能过人，能在与曹操和刘备的周旋之中"自成一统"，立于不败。孙权在位24年，神凤元年崩，时年71岁，葬于钟山之南的小山上。是山遂名孙陵岗，史称蒋陵。

南京最早的六朝陵墓

《三国志》记载："夏四月，权薨，时年七十一，谥曰大皇帝。秋七月，葬蒋陵。"蒋陵俗称孙权墓，又名吴王坟。遗址在明孝陵的梅花岗内，方圆31平方千米。现仅存一小型墓冢，不见碑表，仅存一个石碑、一座石桥、一个注释牌、一座石像，是南京地区最早的一座六朝陵墓。

孙权墓位于明孝陵正南300米。孙权的夫人步氏和后妻潘氏，宣明太子孙登也葬于此。明孝陵是以明太祖朱元璋和其夫人马皇后合葬墓为核心的皇家陵寝。相传，明朝开国皇帝朱元璋在营建陵墓时，中军都督府准备把孙权墓迁走，可朱元璋却说："孙权也是一条好汉，留着他为朕守门。"于是仅命人将孙权墓前的一对石麒麟迁移，孙权陵仍在原地完整地保存了下来。故此在建明孝陵时孙权墓没有被破坏，而明孝陵的神道绕过孙陵岗。后蒋陵仅存一小型墓冢，不见碑表。

1993年，人们为纪念孙权葬于梅花山这一史迹，特意在梅花山东麓新建了一座孙权故事园。园中心是一尊高大的孙权石像，高 5.1 米，石像西南侧，有一座扇形孙权故事画廊，嵌有 12 幅孙权故事浮雕石刻，生动再现了东吴大帝纵横驰骋的一生。

如今，孙权墓坐落在梅园之中，山水相依，林陵辉映，外延苍茫，内涵深邃。孙陵岗也因广植梅花而被人称为梅花山。山上梅花怒放，簇簇锦团，游人纷至。南京人去梅花山赏梅迎春，已成为一种习俗。

孙权墓究竟在哪儿

虽然史料以及后人们的发现都显示，孙权的陵墓遗址在明孝陵的梅花岗内，但人们在此仅仅发现一个小型不见碑表的墓冢，并且没有找到充分有力的证据显示此处就是孙权墓冢所在，所以很多人对孙权墓的真正所在产生了怀疑。

为了进一步寻找有力证据，专家们开始翻阅史料，试图通过历史记载进一步确定孙权墓的所在。《三国志·吴主传》记载："夏四月，权薨，时年七十一，谥曰大皇帝。秋七月，葬蒋陵。"南朝山谦之的《丹阳记》则解释了"蒋陵"命名的由来："蒋陵因山以为名，吴大帝陵也。"南京钟山古时曾被称作"蒋山"，这一信息表明，蒋陵大概位置就在钟山一带。至于蒋陵的具体位置，北宋张敦颐在《六朝事迹编类》里提供了重要线索："大帝崩，葬蒋陵。按乐史《寰宇记》，在县东北蒋山

八里，《丹阳记》云蒋陵因山为名。今蒋庙相对向西有曰孙陵冈是为蒋陵。"

在确定了蒋陵的大概方位后，专家们采用精密磁测（GPM）技术进行地下勘测。据了解，GPM是一种浅层探测技术，其原理是未经扰动的地层磁力线较为正常，如果地下空间曾被人工开凿，或是有金属、砖瓦等随葬品，磁力线就会出现明显波动。

利用GPM技术，专家们在梅花山西坡发现了一个地下通道。该通道一处为东西走向，从山脚延伸至山顶处，斜长度35～40米。专家初步判定，这处通道应该是人工修筑的墓道。墓道前段的开口部位呈喇叭口状，推测为墓道入口。墓道中段有一处磁力线异常区域，推测为封门墙。这条斜坡通道在山顶处隐入一个面积较大的地下空间，平面规模至少为225平方米。种种迹象显示，这处地下空间可能是一处大型墓室。于是，专家们在通道前段的开口处挖了一条探沟，沟中不停冒水，后来发现有喇叭形路口，上层是夯土，下层是黄土，明显是人为构筑物，这种往山里开挖的构造和汉代帝王陵墓的建造方式相似。可是仅仅据此尚且不能断定梅花山西坡地下的异常空间就是蒋陵。看来，要想找到孙权墓的确切所在地，还需进一步的考古发掘。

晋武帝峻阳陵：鏊子山前峻阳陵

峻阳陵，是晋武帝司马炎的陵墓，位于今偃师市南蔡庄北2500米的山坡上。峻阳陵的陵主司马炎是西晋开国后的第一代皇帝。晋初，他尚能勤政，灭吴后，他骄奢淫逸，声色犬马，荒于政事，使社会秩序开始混乱。太熙元年，他崩于含章殿，时年55岁，葬于峻阳陵。目前，人们关于峻阳陵的考古发现还不太完全，但是，我们可以通过晋武帝的生平以及峻阳陵的概况先来预览一番。

荒淫皇帝的生前功过

司马炎是司马懿之孙，司马昭的长子。曹魏末年，其祖父司马懿、伯父司马师、父亲司马昭相继控制朝政，司马炎曾出任中抚军。虽然司马炎是司马昭的长子，但是起初司马昭却有意让幼子司马攸继位。无奈重臣反对，他只好封司马炎为晋王太子。公元265年，司马昭过世，司马炎继承晋王爵位，担任相国之职。次年2月，司马炎逼迫魏元帝曹奂禅让，代魏称帝，国号晋，史称西晋。

西晋成立之初，晋武帝为了收买人心，大封功臣，许多大家族都被封为公侯。短短几年时间，晋武帝封了57个王，500多个公侯。蜀汉灭亡不久，晋武帝为了稳定巴蜀人心，又任用了一批原在蜀汉供职的官吏为朝官。晋武帝没有采取"一朝天子一朝臣"的惯用手法，而是采取拉拢、收买人心的办法，稳定各级官吏，以确保社会稳定地过渡。因为，蜀汉虽亡，东吴未灭，全国还未统一，于是他开始运筹帷幄，准备击灭东吴，结束全国分裂的局面。

为了完成灭吴大业，晋武帝在战略上做了充分准备，并且选择了恰当的时机，前后仅用了四个多月，便夺取了灭吴战争的全部胜利。从此，东吴的全部郡、州、县正式并入晋国版图。公元280年，三国鼎立的局面完全结束了。晋

武帝司马炎终于统一了全国，结束了长达近百年的分裂局面。

全国统一后，西晋政治上趋于安定，但由于多年战争的创伤，老百姓生活艰苦。为了缓解百姓的经济压力，晋武帝开始着手为百姓解决土地问题。他鼓励开垦荒地，兴修水利，并且制定了新的经济制度。他还提倡厉行节俭，反对奢侈，为百姓减免徭役，设立"常平仓"，打击那些趁火打劫、投机倒把的富豪奸商。

在晋武帝采取了一系列有力的经济措施后，国家农业生产年年上升，赋税收入逐年充裕，人口逐年增加。平吴之后不到三年时间，全国人口就增加了130多万户，出现了"太康繁荣"的景象。不过可惜的是，好景不长，当天下稳定，国家日盛之后，司马炎露出了其荒淫的嘴脸，对朝政日疏，欲望日增。

晋武帝司马炎天生贪财好色。在统治后期，他用重金修建富丽堂皇的太庙和豪华宫殿。资金不足，便采取买官办法。他根据地位高低、职位肥瘦来标定官爵的价钱。除了大肆敛财之外，司马炎还是好色之徒。他曾经于公元273年禁止全国婚姻，以便挑选宫女。灭孙吴之后，将孙皓后宫的五千名宫女纳入后宫，使得其后宫达到万人规模。司马炎为临幸的方便，自己乘坐羊车在后宫内逡巡，停在哪个宫女门前便前往临幸。宫女为求皇帝临幸，在住处前洒盐巴、插竹叶以引诱羊车前往。此等荒淫行为，令朝廷上下乌烟瘴气。

鏊子山前的帝陵初探

公元 290 年 4 月，在位 25 年的晋武帝司马炎病死于含章殿，终年 55 岁，安葬于峻阳陵。峻阳陵位于河南省偃师市首阳山镇南蔡庄北 2.5 公里的山坡上，面对低平、开阔的伊洛平原，背靠海拔 252.8 米高的鏊子山（也称首阳山）。鏊子山山顶平坦，东西长约 200 米，由南望去，兀立如屏。鏊子山两端，各有一独立山头，它们分别向南伸出一条较为平缓的山梁，对墓地形成三面环抱之势。这里确实是一块难得的风水宝地。

关于峻阳陵的资料，史料上记载得并不丰富，目前也未对其进行考古发掘，只是进行了探测。1930 年 12 月，从南蔡庄北侧"峻陵儿地"出土的晋武帝贵人左棻墓志称："左棻……葬峻阳陵西徼道内。"1982 年秋至 1983 年年初，中国社会科学院考古研究所洛阳汉魏城队以此为线索钻探调查，晋武帝司马炎的峻阳陵即位于左棻墓志出土地。

目前在此地已发现 31 座古墓，8 座为汉唐墓葬，另外 23 座位于一布局规整的墓区。这 23 座西晋墓，分布集中，自成一区，规划有序，此即峻阳陵墓地。墓一律坐北朝南，墓道方向 167～172 度，形制统一，皆为长斜坡墓道的土洞墓。墓地内诸墓布局主次分明，透露出死者生前相互间的依存和尊卑关系。

在整座布局规整的墓区中，位于墓地最东部的陵墓规模最大，墓主无疑是全墓地生前地位最高者，因此专家推测此墓即为晋武帝司马炎峻阳陵。这座陵墓由墓道、墓室两部分组成。墓道长 36 米，宽 10.05 米；墓室长 5.5 米，宽 3 米，高 2 米；地面无封土，也无陵园建筑。

另外 22 座陵墓分布在墓地西部，距离峻阳陵约 40 米，分前后四行排列。一排 2 座，二排 6 座，三排 4 座，四排 10 座。越是后排，各墓间隔越小。这些墓葬规模都小于峻阳陵，墓道一般长 17～22 米，宽 6～8 米；墓室一般长 4.5～6 米，宽 2.5～3 米，高 1.5～2 米。墓主生前的地位似乎是居前排者地位高，居后排者稍次。由于左棻墓志出土于其中，故而专家推测这 22 座墓可能皆为晋武帝后宫女性的陪葬墓。

西晋　镇墓兽　陶器　高 25.4 厘米 × 宽 11.4 厘米

头生三角，似牛非牛，巨尾卷于背上，古代传说中祥瑞之兽，有吉祥、瑞应之兆。

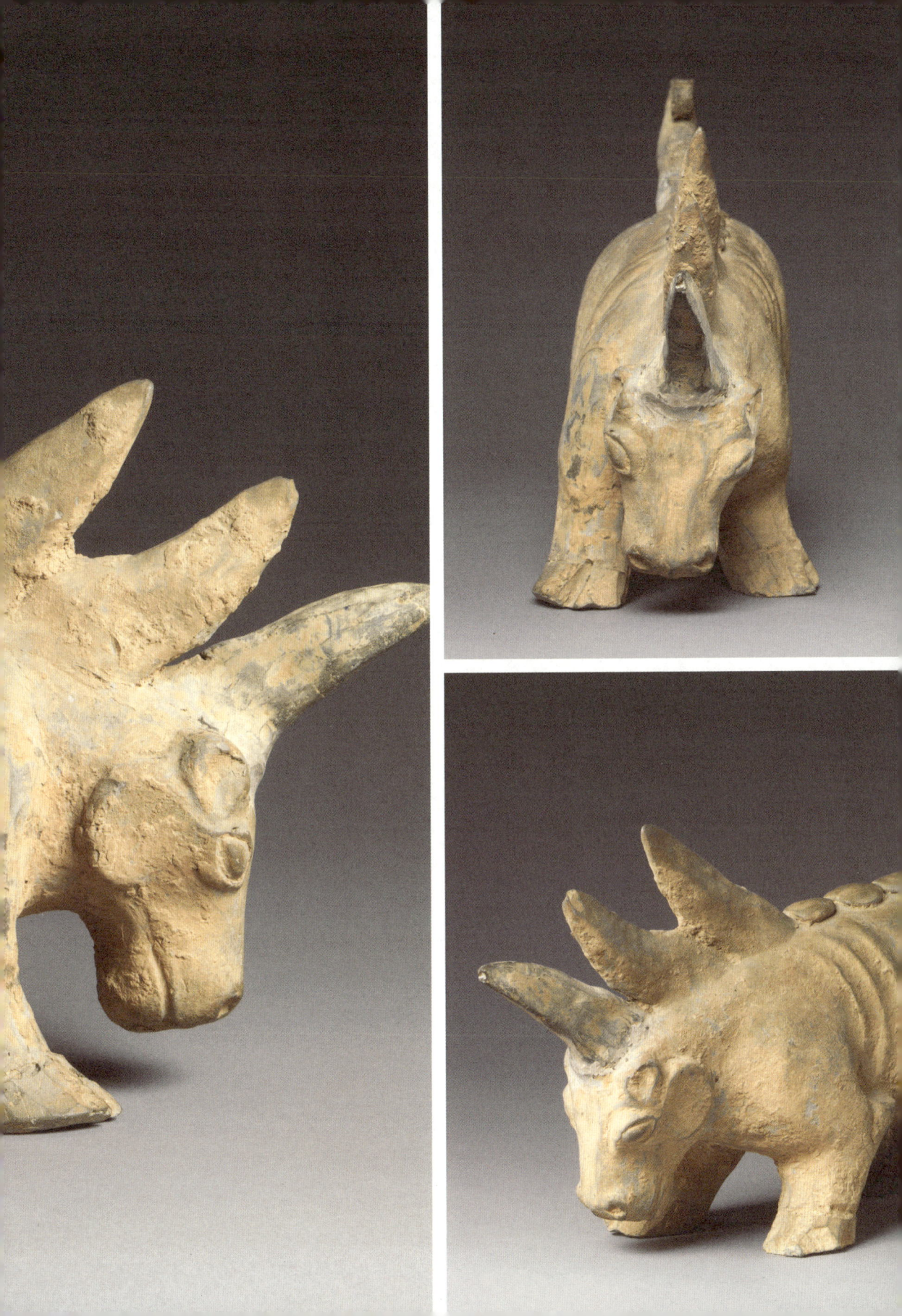

第三章

隋唐五代：依山为陵

隋文帝泰陵：独孤皇后不孤独

泰陵是隋文帝杨坚与文献皇后独孤伽罗的合葬陵墓。隋文帝杨坚是隋朝的开国皇帝，其父是西魏大将军杨忠。15岁时因父亲功勋被授官封爵，后入宫辅政，担任丞相，封隋王。公元581年，杨坚代周称帝，建立隋朝，建都长安，年号开皇。

隋文帝是一位非常有作为的皇帝，他在位期间，灭掉了陈，疆域东、南皆至海，西至青海，北至五原，结束了近300年的分裂局面，实现统一全国的大业。不仅如此，他还勤于政务，体恤民间疾苦，推行均田制，创立了科举制度，建立了一套比较完善的中央集权制度，使得中国成为盛世之国，而隋文帝自己也被西方人美誉为"圣人可汗"。

然而，不管生前多么荣耀，死后都要归于一抔黄土。据说，英明一世的杨坚竟是被其次子杨广害死的，而死后也并没有像其他开国帝王那样得到风光大葬，而是冷落地长眠于泰陵之中。不过，值得欣慰的是，他的身旁还有他宠爱的独孤皇后相伴，所以，他应该也不会太孤独吧。

历经沧桑的古老帝陵

隋文帝安眠的泰陵，又名杨陵，位于今陕西省咸阳市杨凌区王泉乡五泉镇王上村以北100米处，如今已经经历了1400多年的风雨洗礼。陵园四周还保存有阙楼的基址，陵园外有隋文帝庙遗址，是后裔及百姓祭祀的地方。

泰陵的陵园内墓葬封土尚存，整体呈覆斗形，底部东西横距166米，南北纵距160米，高27.4米，夯筑而成。陵冢顶部平坦，呈长方形，东西长48米，南北宽38米，底部面积为26560平方米。陵冢周围原筑有夯土城垣，现已基

本毁坏，唯北城尚有残墙，长约 130 米，最高处 1.2 米，残存宽 5.5 米。经初步钻探，陵垣东西长 756 米，南北宽 652 米，总面积 49.29 万平方米。垣墙的四角及中部都发现有大量的砖瓦残片，应是当时建阙楼和城门的残迹遗存。

历史已经化为陈迹，对着这些断壁残垣，如今我们也只能凭借探索和猜测尽力去还原当时的泰陵面貌。虽然很多真相如今我们已经没法知晓，但从民间流传的一些传说故事中，我们还是能对当年的盛况窥见一斑。

文帝是一位励精图治，爱民如子的好皇帝，据说他到了晚年仍为国事操劳，不时出巡疆域。就在出巡回归大兴都的路上，他不幸病逝了。车队不得不拉着棺，艰难地在崎岖不平的道路上行走，可是刚走到现在泰陵所在的这个地方，车辕就折坏了。时值炎暑，骄阳如炽，别无他法，只好就地埋葬。闻知此讯，当地的百姓们纷纷披麻戴孝，赶来帮忙。他们用鞋兜，用衣襟包，用手掌掬，每人三趟，愣是把黄土堆成了巨山似的陵墓。至于泰陵今日为何变得如此低矮了？人们解释说，是因为周围农民开辟田地，取土不止的缘故。

传说虽不能尽信，却由此可以看出百姓对隋文帝的热爱以及当年泰陵的规模。除了上面所说的"众人捧土成冢"外，据说在泰陵中还经常发生奇怪的事情。

相传每到午夜时分，人声寂静之时，陵墓里就会跑出七匹金马驹，它们在陵顶追逐戏耍，清脆悠扬的铃铛声在静寂旷远的月夜里被夜风传得很远，远到可以传到农人们熟睡的梦中。可是突然有一天，这深夜里的清脆铃声不见了，取而代之的是凄厉的嘶鸣。经过多番调查，人们才得知，原来是可恨的盗墓贼偷走了其中的六匹骏马，剩下的那匹孤零零的金马驹在夜晚出来寻找同伴时，发出凄厉的嘶鸣。最后，这一匹神驹也被盗走了。从此，泰陵的夜晚恢复了平静。

很显然，陵墓中跑出神驹在夜半嬉戏的传说是人们丰富想象力的产物，不过盗墓者盗走墓中神驹的事情应该不是空穴来风。盗墓的行为在历朝历代都没有断绝过，看来泰陵也没能逃脱被盗的宿命。据说如今泰陵顶部残留的一处凹坑就是当年墓贼盗马时留下的。

独孤皇后"同坟"陪葬

考古学家对泰陵进行考察后认为隋文帝当年是根据秦汉时期的墓葬制度来建造陵墓的。按照西汉墓葬制度规定，皇帝即位的第二年，就开始每年从全国税收中抽取三分之一营造皇帝陵墓，即寿陵。帝王陵园占地七顷，陵穴占地一顷，陵高40米，深43.3米，墓室高5.67米，有四个墓道，都能通过六匹马驾的车子。四门还要埋设暗箭、伏弩机关以防盗墓，死者身穿金缕玉衣、口含玉蝉……那么，隋文帝的陵墓是否真如汉室墓葬制度规定的那般奢华呢？

虽然上面讲述了一则关于"泰陵七骏马"被盗的传说，不过并不能以此作为历史依据，断言泰陵中陪葬丰富。事实上，据历史资料显示，文帝自奉甚俭，体恤百姓，特意立下"薄葬"的遗嘱，所以泰陵可谓是根本"无宝可盗"。据说军阀、土匪，均至此徘徊，然而却从来未有收获。民国时军阀樊老二、张白英等盗掘法门寺地宫珍宝未成，转而来到泰陵掘洞以盗，在终无所得之后，悻悻离去。历代帝王都为防止盗墓费尽心思，其实不如学学隋文帝的淡泊。若死后陵中"空无一物"，那还有什么值得盗墓者垂涎呢？

隋文帝的清简薄葬为后人树立了好的榜样，可惜能效仿者不多。大多皇帝生前惯于享乐，死后当然也耐不住寂寞。不过，隋文帝应该不会感到孤独，因为在他身旁还有生前十分受他宠爱的文献皇后相伴。

这位与隋文帝同坟安葬的文献皇后姓独孤，名伽罗，隋朝云中（今内蒙古）人，周大司马独孤信第七女。当年独孤信见杨坚相貌奇伟，气宇轩昂，便将女儿伽罗许配给他。后隋文帝即位，独孤氏被封为文献皇后。

据说文献皇后柔顺恭孝，谦卑自守，生活俭朴，不好华丽，专喜读书，识达古今。一次幽州总管阴寿献给皇后一匣珠宝，皇后却让将其换成金钱，分给边疆将士。正因为她自律甚严，所以宫中上下都十分敬重她。文帝治政稍有不妥之处，她也会忠心苦劝，为百姓做了很多益事。因此人们把她和文帝并称为"二圣"。

隋　石僧　高 88.9 厘米

隋　陶制双峰驼　墓葬品　27.9 厘米 × 29.2 厘米

隋　烛台　高 20.1 厘米　直径 19.6 厘米

隋　带环花瓶　高 21.9 厘米

隋炀帝陵：扑朔迷离炀帝陵

隋炀帝杨广是隋文帝与独孤皇后的次子，初为晋王，后立为太子。公元604年，弑杀其父文帝即位，成为隋朝第二代皇帝。隋炀帝是历史上著名的昏君、暴君。自从他即位后，每年征发重役，营建东都洛阳，开运河，筑长城，修驰道，十余年间被征发扰动的农民不下一千万人次。此外，他还三游江都，两巡塞北，三次进攻高丽，穷奢极欲，穷兵黩武，荒淫昏乱，致使天下愤怒，农民起义不断。

公元618年，在其部下宇文化及等人的煽动下，隋炀帝被军士缢杀。据说，这位生前威风凛凛的帝王，死后连个像样的棺椁都没有。萧后与宫人用床板做成小棺材，将其偷偷葬在江都行宫的流珠堂下。后来，唐高祖即位，才以帝礼将其葬于现在的"隋炀帝陵"。

隋炀帝陵的历史误判

弑父即位，奴役天下，荒淫暴戾，最终缢死行宫，无棺椁下葬，隋炀帝可以算是历史上一位引人注目的皇帝了。那么，这样一位帝王，他死后究竟葬于何处呢？

据史料记载，大业十四年（618年）三月，隋炀帝在南巡中，被禁军将领司马德戡和宇文化及缢弑于江都宫。萧皇后与宫人用漆板床板做成棺材，将其葬于江都行宫西院流珠堂内。后陈棱集众缟素，为炀帝发丧，备仪卫，改葬于吴公台下。唐军平定江南之后，又以帝礼改葬于雷塘。唐朝统一以后，唐高祖李渊令李世民于武德五年（622年）将其迁葬在武功西原上，使其能与其父隋文帝之陵遥遥相望。

据说，隋炀帝陵里的墓门和石刻都是向北。按照古代陵墓修建规矩，墓门和石刻都应该是向南的，可隋炀帝陵的墓门和石刻却是向北的，这一点非同寻常。之所以要如此设计，据说是因为隋文帝泰陵在南面。炀帝亡国无颜面对文帝，故而要背对着泰陵。虽然无法判定这一说法是否属实，其解释却很是合情合理。

关于隋炀帝的安葬地，在民间还流传着一段传说。据传唐高祖李渊命人将隋炀帝从雷塘迁往武功的隋文帝泰陵附近重葬，当行进到距泰陵不远处的陕西省武功县西塬上一村庄附近时，突然电闪雷鸣，大雨瓢泼，道路泥泞，几根轿杆猛然断裂，轿绳滑落，灵柩无法行进。有人说文帝嫌炀帝荒淫无道，不愿自己的不肖儿子和自己葬在一起，因此显灵断了绳索，而抬灵柩的杂役嫌路远、太累，因此便就地将其掩埋。"落炀村"由此得名，时间久了，就演化成了"洛阳村"。

真墓在扬州西湖镇

尽管自古以来人们一直把陕西省武功县的陵墓默认为隋炀帝陵，可事实上，人们并没有确凿的证据能够加以证明，而后世对隋炀帝陵真正的陵址所在也一直质疑不断。

隋炀帝画像

113

在清代的时候，人们曾提出隋炀帝陵的陵址在扬州市邗江区槐泗镇槐二村。在此处，清代巡抚阮元和扬州知府立碑题字，斗大的"隋炀帝陵"四个正楷字至今仍位于陵区高大的石碑楼横梁之上。

位于此处的帝陵占地3万平方米，石牌楼、陵门、城垣、石阙、侧殿、陵冢等组成。整个帝陵形制独特、气势雄伟，城垣、石阙、陵冢是世界上罕见的帝王的葬式，是典型的隋唐建筑风格。

根据上述资料可以看出，以上种种迹象都表明位于邗江区槐泗镇槐二村的陵墓即为隋炀帝的真墓所在。所以多年来，人们曾多次对此处加以翻修，并且对外开放，可是不曾料想的是，近来最新的考古发现却表明，原来邗江区槐泗镇槐二村的隋炀帝陵与之前陕西省武功县的陵墓都不过是一个美丽的误会，其实隋炀帝陵的真正陵址是在扬州市邗江区西湖镇。

2013年4月，考古专家们在扬州市邗江区西湖镇一处房地产项目工地发现了两座残存的古墓。经过抢救性清理，人们发现两墓为隋末唐初砖室墓，西侧墓中出土一方墓志，铭文中有"隋故炀帝墓志"等字样。由此人们猜测，该墓墓主极有可能为隋炀帝杨广。除了墓志外，墓志铭文记载墓主去世时间为"大业十四年"，即公元618年，与史实相符。此外，有关专家还在墓穴中发现了鎏金铜铺首、金镶玉腰带等文物，这些都证明墓主身份显赫。以上种种证据显示，此墓应该是隋炀帝真墓所在。而根据史料推测，两座古墓中的另一座墓即为萧皇后墓。

由于在扬州西湖镇发现的这两座陵墓中找到了最有力的墓志作为证据，所以专家们果断推翻了之前对隋炀帝陵陵址的种种猜测，认定此处才是隋炀帝的真墓所在。确定这一事实后，专家们对这两座古墓进行了开凿探测。

据资料显示，这两座古墓的占地面积分别只有二三十平方米，远远达不到帝陵所应有的规模和气势，更不符合杨广好大喜功的个性，人们估计这主要与他的死因有关。虽然墓室略显简陋，但是专家们还是在其中发现了三环蹀躞金玉带、鎏金铜铺首及大量文官俑、武士俑、骑马俑等高规格随葬品，都与文献的记载相符。所以，这一次应该可以确定，位于扬州市邗江区西湖镇的这座古墓，即为隋炀帝的真墓。这道让人们困扰不已的谜题，终于有了明确答案。

唐高祖献陵：质朴浑厚是献陵

唐代是中国封建社会的鼎盛时期，政治开明、经济发达、思想开放，到处都洋溢着一派盛世气象。这个时期的陵墓风格多是依山而建，气势恢宏。雄伟的陵园主峰，广阔浩大的陵园，庞大的皇亲勋臣陪葬墓，威武雄壮的神道石刻……这一切都使得唐代皇陵与唐朝盛世一样，让人瞠目结舌。

可惜，上述壮丽豪华的气派在今天我们要参观的这座陵墓里很难看到，因为唐高祖李渊的献陵修建于唐代初期，其陵墓风格还没有体现盛唐时期高坟大冢的特点，而是更多地保留了质朴浑厚。不过，作为关中唐十八陵之首座，献陵陵园建筑的规模、神道列置石仪的基调和设置陪葬墓的制度、形式，奠定了以后唐代帝王陵园的营筑风格。献陵可以说是唐代帝王陵中积土为陵的代表，也是帮助我们走近唐代皇陵的一条重要通道。

依照汉制修建的初唐陵墓

唐高祖李渊是唐朝的开国皇帝，是隋炀帝的表兄，7岁袭封唐国公，后任太原留守。李渊素有大志，在隋末大乱之际，他趁机起事，自立为帝，国号唐，定都长安，年号武德。李渊即位后，逐步消灭割据势力，统一全国。公元626年，其次子李世民发动玄武门之变，他被迫退位，被尊为太上皇。70岁时李渊病死，葬于献陵。

献陵位于陕西省三原县东北约20千米处的徐木原上，是唐太宗李世民依东汉光武帝原陵的规格为其父修建的。据史料记载，唐高祖曾下过遗诏："其陵园制度，务从俭约，斟酌汉魏，以为规矩。"《通鉴纲目》云："初诏山陵依汉长陵故事……（虞）世南又奏：'汉天字即位即营山陵，远者五十余年，

唐　菩萨头　砂岩　40 厘米 × 20.3 厘米 × 19.1 厘米

唐　茶杯　高 4.9 厘米　直径 7.9 厘米

今以数月之间为数十年之功，于人力有所不逮。'……房玄龄等以汉长陵（西汉高祖刘邦陵）高九丈，原陵（东汉光武帝刘秀陵）高六丈，今九丈则太崇，三仞则太卑，请依原陵之制，从之。"

据今天考古学家考察发现，献陵的高度与史书记载基本一致。陵冢坐北朝南，封土堆成，呈覆斗形，陵台高 19 米，底部东西长 139 米，南北长 110 米，顶部东西长 30 米，南北长 10 米。夯土而筑，层次明显，夯层厚 12～20 厘米不等。

献陵修建之初没有陵邑，分为内、外二城，规模宏大壮观。陵园平面呈方形，东西 781 米，南北 710 米。内城四周墙垣东、西 467 米，南北 710 米。四面神墙正对陵台处各辟一门，以四神命名。四门各有石虎一对，南门外矗立着一对高大的华表和石犀。

具有浓郁初唐艺术风格的献陵石刻

献陵陵园内的石刻建筑是其一大特色。在四神门外有硕大威武的石虎，高近 2 米，身体浑圆，姿态凝重，虎头硕大，颈粗短，北平阔，四肢伫立，垂尾，腹部镂空，造型凶悍，令人望而生畏。《说文解字》中载，"虎，山兽之君也"，所以献陵内设置石虎，可能是欲借兽君之威，以避邪镇恶。

在南神门外石虎南约 400 米处，东、西分立着两座 8 米高的华表。华表由上、中、下三部分构成，上蹲披鬃阔口石狮，下雕收尾相接螭龙，中间的八棱形的柱体上刻满了花纹，显得庄严肃穆。

在华表北 70 米处，东、西对立着石犀牛一对。石犀牛作走步姿态，通体长 3.35 米，身高 2.12 米，体态硕大，浑圆雄伟。犀牛鼻上独角，瞠目，闭口，通体遍饰麟纹，古人称之为"皮有珠甲"。将犀牛用于陵寝石刻，这在古代帝陵的建筑中是从未有过的，大概是想取祥瑞之意。

总览先陵陵园内的石刻，总体风格是古朴、雄浑、生动，造型刚毅，健壮粗犷，豁达昂扬，与初唐时期的艺术风格相符，但雕刻艺术价值很高。

开启"功臣密戚"陪葬皇陵的传统

参观过献陵的陵园和石刻后，接下来再让我们把目光转换到献陵旁边的庞大陪葬墓区。据史料记载，在唐高祖李渊去世后，太宗李世民在为其父制定造陵规制的同时，也继承了汉代将相死后陪葬帝陵的制度，制定了功臣密戚陪葬皇陵的制度。从唐初的高祖献陵开始，历代的唐帝陵都沿用了这一陪葬制度。

作为"功臣密戚"陪葬制度的开启者和最先试用者，李渊的献陵旁边陪葬冢数目不菲。"荆山原头四季青，松柏苍苍映太空。狐兔竞窜百鸟鸣，墓冢嵬嵬罕人迹。"这段民谣说的正是皇家陵园墓冢成群的景象。

据《唐会要陪陵名位》载，"唐高祖献陵袝陪各氏：楚国太妃万氏、馆陶公主、河间王孝恭、襄邑王神府、清河王诞、韩王元嘉、彭王元则、郑王元懿、虢王元凤、鄮王元亨、徐王元礼、滕王元婴、邓王元裕、鲁王元夔、霍王元轨、江王元祥、密王元晓、并州总管张纶、荣国公樊兴、平原郡公王长楷、谭国公邱和、巢国公钱九陇、刑部尚书刘德威、刑部尚书沈叔安"，合计 25 墓。《长安志》中则记为 23 座。而目前据考古工作者调查，献陵陪葬区地面现存封土 26 个，已夷为平地，封土不存者 20 座，已遭破坏及发掘清理者 6 座，合计 52 座，与史料记载不甚相符。由于陪葬墓的墓葬名今天已经难考，所以陪葬墓的具体数目也无从得知。

唐太宗昭陵：明君昭陵驭六骏

　　唐朝的第二位皇帝——唐太宗李世民是中国历史上最伟大的皇帝之一。在他统治的时代，大唐几乎成为世界上最为强盛的大一统帝国，其威名世界远播。那么，这样一位文治武功都出类拔萃的英明君主，他是如何为自己安置陵寝的呢？是依从旧制？还是独具创新？众所周知古人都有"事死如事生"的思想，那么，太宗皇帝要如何把他苦心经营得来的大唐恢宏气象带入陵墓呢？下面就让我们带着这些疑问，一窥昭陵天机。

依山为陵的真正原因

　　唐太宗的寝陵昭陵在今咸阳城西北 40 千米处礼泉县烟霞乡九嵕山上，依九嵕山峰，凿山建陵，开创了唐代封建帝王依山为陵的先例。众所周知，秦汉时期的建陵制度是积土为陵，之后君主大多依此制度，包括上面讲到的唐高祖

李渊的献陵，也是积土为陵。那么，为何太宗皇帝却一改常例，要凿山建陵呢？难道仅仅是为凸显陵墓的巍峨，标榜自己的千秋伟业吗？如果只考虑到这一层面，我们未免把太宗皇帝想得过于肤浅了。下面就让我们追随历史来逐层剖析。

据史料记载，唐太宗贞观十年，唐太宗的皇后长孙氏病危，临终之时，对唐太宗叮嘱后事说："今死，不可厚费。且葬者，藏也，欲人之不见。自古圣贤皆崇俭薄，惟无道之世，大起山陵，劳费天下，为有识者笑。但请因山而葬，不须起坟，无用棺椁，所须器服，皆以木瓦，俭薄送终，则是不忘妾也。"唐太宗遵照长孙皇后的遗言，在皇后逝世后，把她临时安厝在九嵕山新凿之石窟，陵名昭陵。他还决定把昭陵作为自己的归宿之地，等自己驾崩后与皇后合葬。

按照这些记载来看，似乎唐太宗因山建陵是遵照了皇后的遗言，其实不然，事实上是唐太宗早已选定九嵕山作为自己与皇后日后的陵墓，只不过是皇后先逝，先说出了她与太宗商量的归宿之地。之所以这样说，是因为在埋葬长孙皇后不久，唐太宗曾自道玄机。他说："皇后节俭，遗言薄葬，以为'盗贼之心，止求珍货，既无珍货，复何所求'，朕之本志，亦复如此。王者以天下为家，何必物在陵中，乃为己有。今因九嵕山为陵，凿石之工才百余人，形具而已，庶几奸盗息心，存没无累。当使百世子孙奉以为法。"由此不仅能看出选择九嵕山为陵正是他本人的想法，而且选择依山建陵的主要原因一方面是为了凸显帝王至高无上的地位；而另一方面则是为了防止盗墓。

金赵霖绘　《昭陵六骏图》卷

选址九嵕山的背后玄机

虽然已经找到了唐太宗依山为陵的真正原因，但是现在还有另一个疑问没有答案。那就是，为什么唐太宗偏偏看中了九嵕山，要以此作为自己的陵墓。关于这个问题，历史上说法不一。

有人说，唐太宗之所以对九嵕山情有独钟，是因为他当年征战、狩猎经常来此，对这里感情深厚；再加上九嵕山山高万仞，孤耸回绝，左有五峰山，右有嵯峨山，背有黄土高原，南临渭河，与太白、终南山诸峰遥相对应；加以泾水环绕其后，滑水映带在前，显得气势十分雄伟，所以才被太宗认为是极佳的安葬之地。

当然，也有人认为唐太宗之所以选址九嵕山跟风水之说有关。对此，民间还流传了一则非常离奇的传说。据说，九嵕山是一块风水宝地，汉武帝生前就很看好此处，可是却遭到了东方朔的强烈反对。东方朔对武帝说："选陵址要看三个因素，一是龙，即地脉之行止起伏，也就是看山脉，观察山脉走向，形势；二是砂，看主要山与周围山的朝迎关系；三是水，就是看水口、流向形态与山形的关系等。从东南方向看九嵕山是一笔架，中间山峰高，两边低，陛下要选陵址，必选在中间峰上，因为中峰乃皇帝峰。但三峰高低不均，主以前、以后君王势弱，难道陛下不希望自己的后代才华胜于自己，而使刘氏江山更加稳固吗？另外，九嵕山水向也不佳，前有渭河自然美妙，但后有泾水，割断九嵕山龙脉，大会引起江山易手，小则注定国势不兴。"汉武帝因此就弃九嵕山

另选坟址了。

东方朔的这一风水解说对后世影响很大，所以在唐以前，历代帝王都没有在九嵕山选址，那么为何唐太宗最终选址于此呢？难道他不知道割断龙脉之说吗？

据说当年李世民要李靖为他挑选陵址，而李靖早就知道唐三代以后有武氏乱国，这是命中注定的事，但他一直未敢详告唐太宗。当他来到九嵕山南麓时，见九嵕山三峰相连，中峰突兀，其余两峰低矮不平，恰似唐高祖、太宗以及后代国势，他便知道这是《推背图》中的预言在现实中的再现，所以想让李世民在此建陵。他知道，唐太宗肯定也知道东方朔对此地的评价。于是，为了说服唐太宗，李靖苦思冥想，编出这样一番言辞：虽然有汉武帝传说在先，但汉武帝不可与陛下相论，陛下功高汉武帝。再说，汉武帝选址是在山选，而陛下今选址在山上。一则因山而建气势雄伟，二则风水之地，不美者可以用补的办法来改善。汉武帝时选址没讲求穴址重要性，但依臣看来，陵址实质就是棺址，也就是穴址。穴也是风水要素之一。九嵕山是风水宝地，不足就是与周围山势有隔断，但比周围山势高出不少，可以一览众山小。九嵕山帝气内聚，周围山不沾王气。再说陛下陵在中峰，既可俯视周围众山，还可远眺长安，天下都在陛下荫护之中。唐太宗听信了李靖的分析，认为九嵕山是风水宝地，便将陵址定于此处。

史上最大规模的陪葬墓群

上面提到的唐太宗选陵址的传说多半为后人附会，不可尽信。不过，传说

可以有假，可真实的考古发现却无法骗人。据考古专家发掘，唐太宗与长孙皇后的昭陵附近，有陪葬墓180余座，这个数目可以堪称是史上规模最大的陪葬墓群。

据考察，在昭陵的陪葬墓有四种类型。第一类是依山为墓，如魏征墓和新城公主墓。第二类是覆斗形墓，如长乐公主墓和城阳公主墓等，墓前均存有石人、石羊、石虎、石望柱。第三类是圆锥形墓葬，此类陪葬墓所占比例最大，文武大臣们的陪葬墓大多是这种形制。第四类是像山形，如李靖墓等，象征阴山、铁山、乌德鞬山，在墓前同样有石人、石虎、石羊、石碑。这种特殊形状的墓葬封土，是对有特殊功勋重臣的特殊奖赏。

除了皇亲国戚和有功之臣之外，在唐太宗的陪葬墓中还有一些身份非常特别的少数民族将领。例如东突厥处罗可汗的次子阿史那社尔，他在东突厥被唐灭后归降唐朝。太宗爱才，将其妹妹衡阳公主许配给他为妻，还派他率兵征灭龟兹。由于阿史那社尔战功显赫，所以他死后，唐太宗特意将他的尸骨运回长安，陪葬昭陵。通过这些陪葬陵墓，我们也可以从中看出大唐盛世的繁荣与开放，强大与包容。

昭陵六骏盼团圆

有浩浩荡荡的180余座陪葬陵从旁陪衬，昭陵的气派自然让人一目了然。作为承载着盛唐文化的太宗陵墓，昭陵不仅外观雄伟，其内在的设置和陪葬也是令人耀目。且不说那些价值连城的丰厚陪葬，单看昭陵之中这幅昭陵六骏，

就已经让世人赞叹不已。

　　"天将铲隋乱，帝遣六龙来。森然风云姿，飒爽毛骨开。飙驰不及视，山川俨莫回。长鸣视八表，扰扰万驽骀。……腰间大白羽，中物如风雷。区区数竖子，博取若提孩。手持扫天帚，六合如尘埃。艰难济大业，一一非常才。维时六骥足，绩与英术陪。功成锵八鸾，玉辂行天街。荒凉昭陵阙，古石埋苍苔。"这首宋代大诗人苏东坡的《昭陵六马，唐文皇战马也，琢石象之，立昭陵》写的就是唐太宗昭陵前的一组骏马浮雕——昭陵六骏。

　　昭陵六骏是唐太宗在削平群雄建立唐王朝的征战中所乘六匹坐骑的写真石雕，唐太宗为了夸耀自己在创建大唐江山中的武功，特意请来当时著名的工艺师把他在初唐征战骑过的六匹马绘成图样，用大块青石刻成浮雕，陈列在陵山北阙。这些浮雕姿态神情各异，线条简洁有力，威武雄壮，造型栩栩如生，显示了我国唐代雕刻艺术的成就，是代表中华文明的稀世珍宝。

　　不过可惜，这些珍贵的艺术品在中国封建社会腐朽没落的时代遭到了巨大的破坏。1914年，一个姓黄的古玩奸商，买通了袁世凯的儿子袁克定和陕西将军陆建章，将六骏中最出色的飒露紫和拳毛䯄盗走卖给了美国人。它们被运到美国后珍藏在美国费城宾夕法尼亚大学博物馆。1917年，这位奸商又企图盗窃其他四骏。为掩人耳目，这伙盗窃分子竟丧心病狂把四骏浮雕打成碎块，企图装箱运走。在西安民众竭力抗争下，陕西官方出面追回了四骏。如今这些艺术珍品被珍藏在西安碑林博物馆。

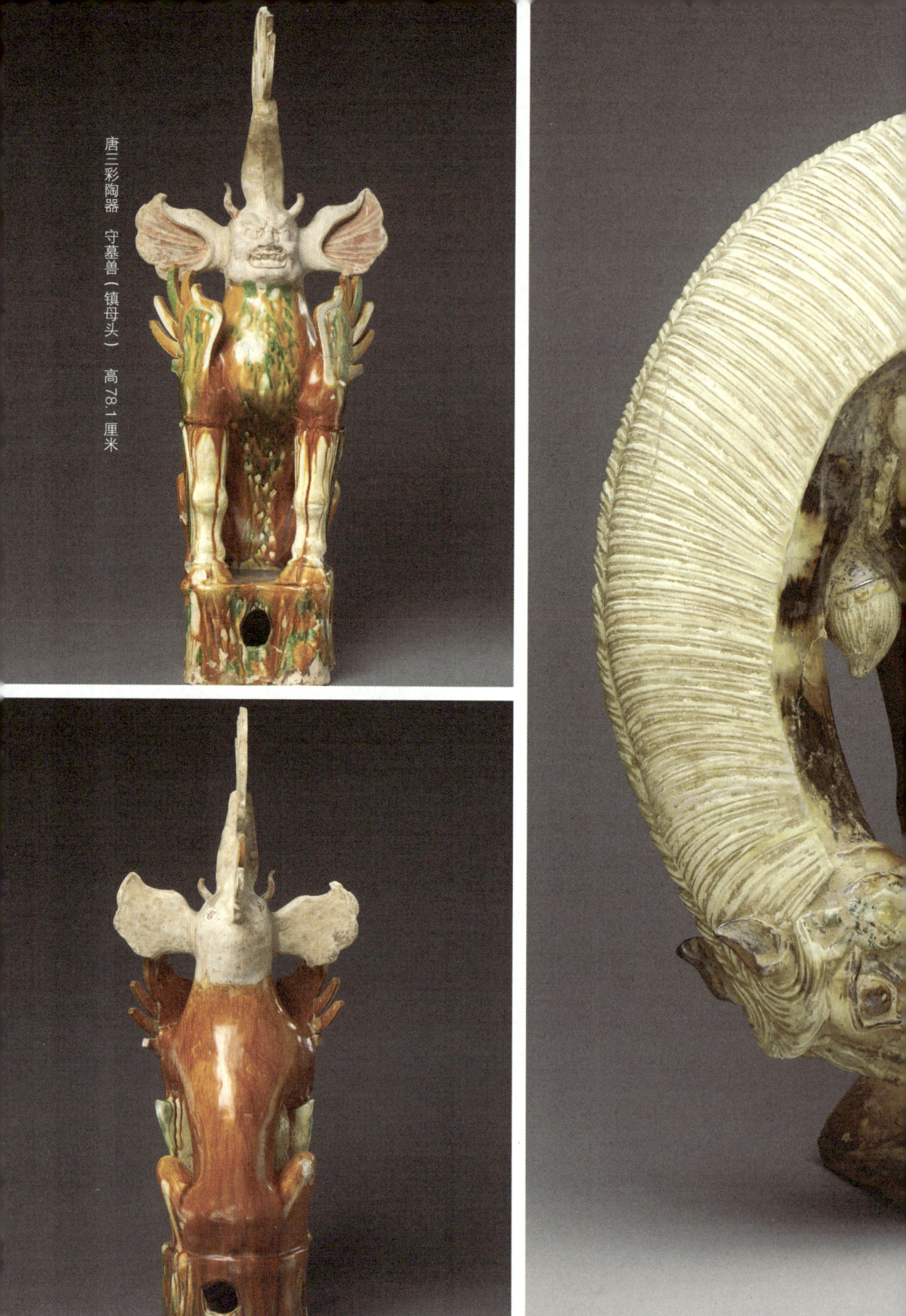

唐三彩陶器 守墓兽（镇母头） 高78.1厘米

唐三彩马　墓葬俑　62.9厘米×78厘米

头颈为后世修复

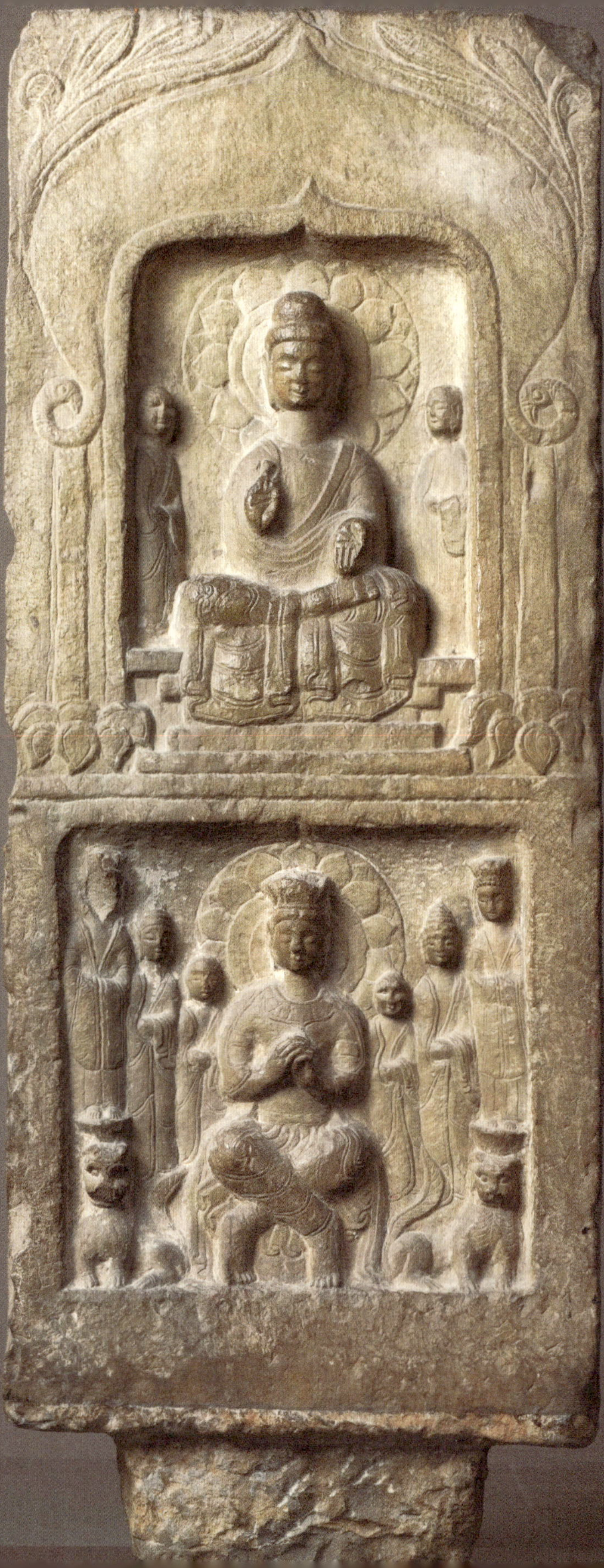

隋唐　佛教石碑　70厘米×30厘米×9厘米

唐　大理石狮子　高 78.8 厘米 ×49.6 厘米 ×41.8 厘米

唐高宗乾陵：一陵两帝谜团多

大唐盛世，气魄非凡，不寻常之事自然也是其他朝代不可比拟的。比如，在唐朝诞生了中国历史上第一位，也是唯一一位女皇——武则天，这件开天辟地的事在其他朝代是根本不可想象的。在男尊女卑的封建社会，武则天能在生前称帝，已属创举，而她死后居然还能与其夫唐高宗合葬在一座陵墓之中，这更是令世人震惊。

那么，在唯一一座埋葬着两位帝王的乾陵之中，到底藏着怎样惊心动魄的故事呢？为何这座陪葬丰厚的帝陵迄今仍能保存完好？它究竟凭借着怎样的本领逃过那些盗墓者的毒手呢？让我们带着心中的疑问，一起去还原历史的真相吧。

女皇为何选址梁山

乾陵是唐高宗李治和女皇武则天的合葬陵墓，位于陕西省乾县城北6千米的梁山上，距古城西安76千米，修建于公元684年，历经23年才基本完工。它是中国乃至世界上独一无二的一座两朝帝王、一对夫妻的皇帝合葬陵，也是唐代帝王依山为陵葬制的典范。

乾陵所依之山梁山是一座自然形成的石灰岩质的山峰，三峰耸立，北峰最高，海拔1047.3米，南二峰较低，东西对峙，中间为司马道，故而这两峰取名叫"乳峰"。从乾陵东边向西望去，梁山看上去很像一尊仰卧大地的女性躯体。故而从风水学的观点来看，乾陵的阴气偏重，不利于阳。所以后人猜测，当年武则天将陵址选在此处，其野心已经昭然若揭。

那么真相是否如此呢？乾陵的选址到底和武则天有没有关系呢？到底是女

皇野心勃勃，还是天命所归呢？我们不妨从下面这则传说中寻找一下答案。

当年唐高宗在洛阳病逝后，陈子昂等人力主在洛阳设置陵寝，但武则天为了遵照高宗"得还长安，死亦无恨"的遗愿，决定在关中渭北高原选择吉地。星相家袁天罡和太史令李淳风受命四处寻找。

袁天罡沿着黄河两岸寻找，一路来到关中，并无所获。当他半夜子时出来观看天象之时，却发现不远处有一座山峦紫气冲天，恰好与北斗相交。袁天罡认定是块宝地，于是急忙奔上山峦，找准方位。因一时找不到东西做记号，就摸出枚铜钱放到地上再盖上浮土。之后，他赶紧下山回朝复命去了。

再说李淳风在接旨后沿渭水东行寻找宝地。一天正午艳阳高照之时，他忽然发现一座奇怪的山峰：从南向北看，好像一位裸睡在蓝天白云之下的少妇，这少妇五官齐全。一对乳房坚挺对称，连乳头、肚脐都具备。更让他吃惊的是：这少妇稍稍分开的双腿间还流淌着一淙清泉！李淳风赶紧爬上山，以身影取子午，以碎石摆八卦，拔出发针在二鱼相交处扎入土中，然后下山回朝复命去了。

武则天听他们二人说在同一方位选中吉地，派人再去复查。大臣来到梁山后，找到这块地方扒开浮土，惊得半天没站起来，原来李淳风的那根发针正扎在袁天罡那枚铜钱的钱眼里！

世间竟有如此巧合之事？武则天认为定是天命所归，于是立即下令开工，修建乾陵，安葬高宗。后武则天病故，中宗皇帝遵循母后生前归陵的意愿，再度开启乾陵，将其安葬于此。

缘何乾陵能够保存完好

不管后世流传的乾陵选址传说是真是假，无疑它们已为这座空前绝后的大唐帝陵蒙上了一层神秘面纱。众所周知，营建乾陵之时，正值盛唐，国力充盈，以致陵园规模宏大，建筑雄伟富丽，堪称"历代诸皇陵之冠"。不仅如此，据说乾陵中的陪葬品更是丰富异常，让人垂涎。

按理说，这样一座引人注目的帝陵，自然不会逃过那些盗墓者的毒手，可是，让人不可思议的是，一直到目前为止，乾陵仍然是历代帝王陵寝中保存最好的一座。那么，这到底是什么原因呢？

据说唐朝末期，农民起义军首领黄巢因缺少军资，曾动用40万将士盗挖乾陵，但是直到挖出一条40余米深的大沟，也没有找到墓道口。后因官军追剿，黄巢不得不悻悻撤兵。至今在梁山主峰西侧仍有一条深沟被称为"黄巢沟"。

及至五代，后梁耀州节度使温韬曾将"唐诸陵在其境内者，悉发掘之，取其所藏金宝"，可是他却没有盗成乾陵。当时，天空响起一声惊雷，接着一道闪电直插地宫门口，60个挖掘乾陵的士兵惨叫着，倒在地上化成了灰烬。之后，从地宫中冒出两股烟，慢慢升上天空，不一会儿化作两条巨蟒，张牙舞爪，扑向温韬。温韬吓得倒在地上，滚下了台阶。不久，天降暴雨，犹如江河水从天而降，很多士兵竟被雨水冲下山去。温韬被吓得魂飞胆裂，两眼竟向外流血，大叫不好。他倒在地上后，被众士兵抬下山去。经过此番惊吓后，温韬再也不敢打乾陵的主意了。

民国初年，军阀混战，盗掘古墓成风。国民党将领孙连仲以保护乾陵为幌子，率部下驻扎乾陵，用真枪真炮演习的办法掩护一个师的兵力盗掘乾陵。士兵们用炸药炸了许多处地方，却没能找到墓道口。当士兵们盲目挖掘时，忽然雷雨大作，数日不歇。军中一时传言四起，称武则天显灵了，云云。盗掘不成，孙连仲匆匆率部离开了乾陵。

由此可见，这数千年来不是没人打过乾陵的主意，而是从来未打成功过。上述这些传说都带有很多神秘色彩，不过由此我们也可以看出乾陵确实是有其神奇之处，才能让它一次又一次地幸免于难。那么，乾陵未曾被盗的真正原因到底是什么呢？

据史料记载："乾陵元宫，其门以石闭塞，其石缝铸铁以固其中。"据近年实地勘探，结果与文献记载相符。乾陵地宫隧道为斜坡形，方向正南正北，长65米，宽3.9米。隧道全部用石条封死，由南向北顺坡一层层砌筑，共39层。从平面看有419块石料，实用4100块。每块石料长1.25米，宽0.4～0.6米。石条上有凹槽，用铁栓左右拉固，上下之间有铁棍穿连，然后用熔化的铁水浇灌，使叠压的石块浑然一体，坚固至极。可想而知，在没有爆炸手段的古代，要打开这样封闭的隧道，的确是很难做到的。这也就不难解释，为何至乾陵能够至今仍然保存完好了。看来，一代女皇不但治国有道，就连修建陵墓也是高人一等，这真是不得不让人赞叹。

无字碑与无头石像之谜

虽然乾陵还未开发，人们无法细数地宫内的奇珍异宝，但是仅从乾陵墓前与众不同的石像和石碑，就足以让人们对这座帝陵想入非非了。皇家帝陵前一般要竖立石像和石碑，这不足为奇，但是奇就奇在，乾陵墓前的石像竟然没有脑袋，而石碑上竟然也一字未书，这就有点让人摸不着头脑了。

下面先从无头石像说起。在乾陵正门的两侧，共有61尊石像，虽然石像上的文字，经过一千多年的风吹雨淋，大都磨灭不清了，但是经过专家鉴定，基本可以判定这些人都是大唐周围的藩臣。在大唐统治时期，国力昌盛，统一了许多少数民族，因此在陵前有藩臣的石像倒是不难理解。可是，为何这些石像都没有头呢？关于这个问题，民间比较流行的一种说法是：明末清初时，一个外国使节后代到乾陵来游玩，发现他的祖先在给大唐的皇帝守灵。他们认为这有失国格，有辱人格，便设下一条诡计：他先是每晚偷偷去糟蹋附近的农田，然后再散布谣言，说这些石像晚上成精，会出来糟蹋庄稼。当地的农民们信以为真，一气之下便砸碎了石像的脑袋。当然，民间传说只供参考，至于石像头颅被毁的真正原因还有待进一步考证。

除了无头石像之外，乾陵前的无字碑也是人们心中的一大困惑。自古立碑都要题字，以示生前功德，为何一代女皇竟然要为后世留下一块没有字的石碑呢？

对此，后世自然是猜测纷纭。有人认为无字碑上本是有字的，但碑上的文字被唐玄宗令人磨去了，目的是彻底消除武周政权给李唐政权带来的耻辱。也有人猜测武则天留下无字碑的意思是说自己功高德大无须说；还有人认为是她自知罪孽深重不便说；还有一种说法是武则天临终时曾说过"功过由后人评述，不必自撰"的遗言。不管哪种说法是真，武则天留下的无字碑确实受到了万众瞩目，更是达到了"不着一字，尽得风流"的绝佳效果。这真可谓是"此碑无字胜有字了"。

唐义宗恭陵：太子冢里葬帝王

恭陵是唐义宗李弘的陵墓。李弘是唐高宗李治的第五子，母亲是武则天。他初封为代王，在原太子李忠被废后，又被立为皇太子。李弘其实是个有名无实的皇帝，因为他在还没有继承皇位之时便因病弱早夭。太子的英年早逝让高宗万分悲痛，因此下令将李弘谥为"孝敬皇帝"，并且使用皇帝之礼为其举办后事，葬于恭陵。故而，人们习惯将恭陵称为"太子冢"。

洛阳唐陵第一冢

唐义宗李弘的太子冢位于河南省偃师市缑氏乡滹沱村西南景山白云峰之巅，是洛阳唐陵中规模最大的一座。恭陵的陵园坐北朝南，平面正方形，长宽约440米。陵园内有大、小二冢，大冢居陵园中部偏西，葬李弘，俗称太子冢；小冢在大冢东北隅，葬太子妃裴氏，即哀皇后，俗称娘娘冢。两冢的位置处于陵园正中，同茔而不同墓。

恭陵两冢都呈长方覆斗形，现存太子冢底部东西长150米，南北宽130米；顶部东西46米，南北50米；残高22米。陵冢封土堆为高黏度红褐色生土夯筑而成，坚硬密实，虽经千余年风雨剥蚀，其高度仅损失5米左右。娘娘冢距太子冢约50米，现存形状已很不规整，底部方锥形，长宽均50米，上半部呈圆形，残高13米。

恭陵的陵冢四周原有夯筑的围墙，每面围墙的中部各辟一门，以四神命名。门外筑双阙，四隅角筑角楼。据考察，今围墙已夷为平地，现存的墙基宽仅1米。门外双阙以北门保存较好，长23米、宽20米，两阙相距30米。四隅角楼的遗址尚有残存，高3～4米，长、宽10余米。

此外，在陵园南神门外双阙南 10 米处，左、右分置两头石狮，皆面南而立，略呈奔跃之态。东边雄狮高 2.64 米，狮头较大，昂首前视，小耳，犬齿外露，下颚三绺须毛，颈后鬃毛卷曲成螺状，胸肌丰健，前肢略直立，后肢略屈作前驱状，两腿间有明显的性别标志，长尾向右甩出达于腹部，四肢与石板相连，腹下镂空。西边雌狮高 2.40 米，形体与雄狮基本相同，唯长尾向左甩出，腿际间无性别标志。两头石狮分别置于基座之上，基座分两层，下层长 2.76 米，宽 1.75 米，高 0.45 米；上层长 2.22 米，宽 1.34 米，高 0.55 米；石板长 2.01 米，宽 0.98 米，厚 0.27 米。

　　值得一提的是，在帝陵四门前摆放石狮是恭陵的首创，这对以后的帝陵修建产生了一定的影响。

恭陵内的石刻建筑

　　除了前面提到的两头石狮外，人们还在恭陵的陵园内发现了许多具有艺术价值的石刻。其中有很多石刻都是首次使用在帝陵之中。可以说，恭陵在石刻方面做出了很大创新。

　　首先要介绍的是距南神门 300 米处的一对石望柱。它们高约 6.50 米，由基座、柱身和莲花顶三部分构成。基座方形，分上、下两层，下层东西 2.14 米，南北 2.30 米，裸露地面高 0.9 米；上层东西 1.58 米，南北 1.7 米，高 0.8 米。其上雕置覆盆莲花础，高 0.12 米，直径 1.5 米。莲花础上竖八棱形石柱，高 3.75 米，径 0.85 米，各面向上收刹，素面无纹。柱顶压八边形顶盖，上置仰莲托摩尼珠。

　　位于石望柱北不到 100 米处，放置着天马一对。这种设置和石狮一样，是恭陵中的首创，在之前的帝陵中都未出现过。这对天马高 2.4 米，置于双层石座上。石座上层长 2.21 米，宽 1.01 米，高 0.41 米；下层长 2.65 米，宽 1.95 米，高 0.76 米；底板长 2.1 米，宽 0.86 米，厚 0.2 米。天马四肢及垂尾与底板相连，昂首站立，肌丰骨健，头顶鬃毛竖立，颈侧鬃毛斜披，前肢两侧刻有卷云纹羽翼，带有一种神秘祥瑞之感。

　　在距天马不远处，立有石人三对。石人高 2.73 ～ 3.30 米，头戴平巾帻冠，身穿宽袖袍，内着长裙，外着裆，腰束宽带，足蹬云头靴，双手握剑举于胸前，挺胸侍立于仰覆莲花座上。其下为方形基座，长 1.5～1.53 米，宽 1.50～1.56 米，高 0.56～0.90 米，莲台高 0.30～0.44 米。从装束来看，他们的职位应该是中郎。

除了上述雕刻精美的石刻之外，在恭陵陵园内还立有一块高 7 米左右，宽近 2 米的"睿德纪碑"。这块石碑上的《孝敬皇帝睿德纪》是唐高宗李治亲自撰写的，碑文洋洋洒洒四千多字，字字都抒发着白发人送黑发人的深深哀恸。可惜的是，由于年代久远，如今碑文大部分已漫漶不清。不过，从唐高宗史无前例地命人以皇帝之礼安葬太子的举动，我们已经能够感受到一个父亲对死去儿子的深深悼念。

唐　彩绘陶持锄女俑　高 21.9 厘米 × 宽 12.7 厘米

唐中宗定陵：凤凰山上栖帝陵

　　唐中宗李显是唐高宗李治的第七子，唐朝的第四位皇帝。他一生之中曾两度为帝，可是由于其政治无能，贪图享乐，所以不但毫无作为，还受尽其妻子韦后和女儿安乐公主的摆布。他不但把朝廷弄得乌烟瘴气，甚至把自己的性命都赔了进去，真是贻笑大方。不管他生前多么无能，死后朝廷仍旧遵从唐代帝王的礼数，将其葬于定陵。

凤凰山中建帝陵

　　唐中宗的定陵是按照唐代"因山为陵墓"的帝陵葬制营造的，玄宫深凿于凤凰山腹之中。凤凰山位于陕西省富平县宫里乡狮子窝村村北，海拔751米，由东、西相连的三座山墨玉色石灰岩山梁组成。在山峰的北面围绕着一道半圆形的高俊山梁，东、西两端各连一峰，中锋恰巧从山梁正中向南伸出，形似凤头，左、右两峰东西对峙，恰似凤凰展开的两翅，做展翅欲飞状，故而得名"凤凰山"。人们在这座美丽的凤凰山的正中山梁中凿石穴为墓，修建了定陵。

　　定陵的陵园坐北朝南，呈长方形，东西宽4千米，南北长约3千米。陵园内地形不平，由北向南逐渐变低，分为多层台地，陵墓的寝宫位于山峰的最高处。陵园的城垣上原有四门，东为青龙门，西为白虎门，南为朱雀门，北为玄武门。园内建有诸多建筑，可惜在历经了千百年的风雨侵蚀和兵戈战火之后，现在陵园内的许多遗址都已不复存在。据考古学家考证，现今陵园仅存的遗址只有东南和西南阙址，残高1.5米。鹊台二阙基址，东西分列，间距约180米。在鹊台二阙基址以北约2000米处，有乳台二阙基址，东西分列，间距175米。东鹊台遗址残高6米，底长约14米，宽约12米；西鹊台遗址残高约7米，底长约 19 米，宽约 11 米。目前发现的建筑遗址只有这些，其他的还有待进一步发掘。

虽然陵园内的建筑现今已存不多，不过却留下了许多有价值的石刻。陵园内城东、西、北三门外各有石狮一对，北门外另有石立马 6 匹。沿着朱雀门神道两侧，从南往北依次还有石望柱、石鸵鸟、石仗马、石人像、石狮和无字碑。这批石刻造型高大雄伟，雕刻艺术精湛，堪称是唐代石刻艺术中的瑰宝。

陪葬墓中故事多

关于定陵的陪葬墓，不同史料中的记载各有不同。《旧唐书》中记载，定陵的陪葬者有和思皇后赵氏、节愍太子李重俊、宜城公主、长宁公主、成安公主、永寿公主，以及定安公主与其驸马王同皎等。《唐会要》卷记载，定陵的陪葬墓有 8 座，而《长安志》中说有 6 座。至于哪份史料中的记载更接近真实，目前还不得而知，因为目前考古工作者所挖掘和确定的陪葬墓只有太子李重俊墓，其他墓穴还难以考证。

李重俊是唐中宗李显的第三子，神龙二年被立为皇太子。由于当时韦后干政，中宗宠爱的安乐公主一心想成为第二个武则天，在这母女二人的怂恿陷害之下，昏庸的李显便废黜了李重俊。而骄横跋扈的安乐公主则以"皇太女"自居，常呼李重俊为"奴"。神龙三年，不堪受辱的李重俊发动宫廷政变，意欲剿灭韦氏集团，可是寡不敌众，最后兵败被杀。后来唐睿宗李旦即位后，为其昭雪，追赠"皇太子"，谥为"节愍"，陪葬定陵。

据目前勘测，皇太子李重俊的墓位于今陕西省富平县宫里乡南陵村西北，是距定陵最近的封土堆最大的一座陪葬墓。现存的墓冢封土呈覆斗形，高约 26 米，陵园东西长 120 米，南北宽 150 米，设有门阙、角楼，墓前还立有石狮、石人等。陪葬墓的地下部分由天井、过洞、壁龛、甬道和前后墓室等部分组成。甬道和墓室全部由砖砌成，壁龛内出土了大量的三彩器物和粉彩俑、彩绘武氏立俑、陶器以及能够体现太子身份的玉质哀册。此外，人们还在墓道两侧首次发现了长达 10 余米的山水奇石树木长卷，从墓道至墓穴也都画满壁画，仙鹤、凤凰、孔雀等瑞禽栩栩如生，堪称墓葬壁画中的精品。

唐 文人俑头像 高21厘米

除了太子李重俊墓外，史书中记载的其他人的陪葬墓至今都还没有发现。不过关于这些人的身份以及生平不妨在这里介绍一下。和思皇后赵氏是中宗的妃子，由于其父赵瓖反对武则天临朝改制，发动政变，她受到牵连被诛。中宗即位后，追封赵氏为恭皇后。中宗驾崩后，考虑到韦后有罪，不宜祔葬，所以又追谥赵氏为和思顺圣皇后，让其祔葬定陵。

除了和思皇后外，据史料记载，另外陪葬定陵的还有李显的五位女儿：宜城公主、长宁公主、成安公主、定安公主和永寿公主。关于她们的记载史料不详，要想有进一步了解，还有待考古学家们的进一步努力。

唐睿宗桥陵：绕山筑城开桥陵

桥陵位于陕西省蒲城县西北坡头乡安王村的金帜山，占地1993.3平方千米，是一座规模宏大、修建豪华的帝王陵墓，堪称盛唐帝陵的代表。

桥陵的陵主是唐睿宗李旦，是唐高宗的第八子，是唐朝的第五位皇帝，生母为武则天。唐睿宗李旦生性"身嘉清闲，宽厚恭谨"，是一位非常懂得在夹缝中生存的皇帝，他深知母亲的勃勃野心，因此为了不重蹈几位兄长的覆辙，他多次主动让位，对显贵的封号也固辞不受，最终凭借着自己的睿智得以在险恶的宫廷斗争中急流勇退，保全自身。在经历了武则天驾崩、中宗即位、韦后乱政等一系列事变后，李旦再次即位。可惜天性温和的睿宗缺乏政治才能。为了不让太平公主篡位，他主动让位太子李隆基，自称太上皇。55岁时，他病死宫中，安葬桥陵。

桥陵是由唐玄宗李隆基修建的。可能是为了报答父亲的禅让之恩，也可能是因为当时唐朝正值开元盛世，国力充足，所以这座桥陵被修建得格外宏伟。那么，这座稀世罕见的建筑到底有着怎样独特的构造？其中又埋藏着多少稀世珍宝呢？

唐十八陵之冠

唐玄宗李隆基在开元盛世为其父唐睿宗李旦修建的桥陵规模宏大，耗资不菲，堪称"唐十八陵之冠"。

桥陵的陵园地面几乎包括了整个金帜山，地面城垣绕山筑成，整个陵园平面呈规矩的刀把形。《蒲城县志》中记载，桥陵"陵园占地二十九顷九十亩四分"。现考古学家勘测，其东墙全长2640米，西墙和南墙均长2800米，北墙

隋唐　大理石佛陀像　144.5 厘米 × 34.8 厘米 × 15.5 厘米

残唐十六国时期　骆驼俑　墓葬品　高 39.5 厘米 × 宽 30.5 厘米

唐　狮子食羊　大理石　长 14 厘米 × 宽 7.6 厘米

全场 5080 米，占地总面积为 85 万平方米。桥陵陵园的城垣四面各开有一门，同唐中宗的定陵一样也分别以四神命名，东曰青龙门，西曰白虎门，南曰朱雀门，北曰玄武门。各门门前两侧筑有门阙，并竖有若干大型石刻。

在桥陵的陵园之中，还有许多宏伟的地面建筑。据史料记载，在朱雀门内建有九间献殿，此外还有阙楼、宫殿和陵署。在陵区西南，内建有供墓主灵魂起居生活的寝殿，陵园内还设有陵台令及主文、主乐、主辇、典事等官员 23 人，陵户 400 余人，此外还有专门负责陵园护卫工作的折冲府。其规模庞大，气势恢宏。可惜的是，在历经千年沧桑之后，现在桥陵陵园内的诸多建筑已经所剩无几。现在我们只能从一些古代文献以及现存的断壁残垣中去想象当年的桥陵盛况了。

接下来再来看桥陵的陵墓。桥陵的陵墓位于金帜山的半山腰，以其主峰为陵冢，剖凿山腹修筑地下墓室，建制与乾陵大体相同。据考古资料显示：桥陵寝宫墓道长约 70 米，宽 4 米左右，以阶梯状深入山腹 20 米，全部用大小不一的石条填塞，石条上皆有编号，并按"天地玄黄、宇宙洪荒"的千字文顺序整齐排列，约莫共有四千块之多。石条分上下层排列，在石条之间铺有约 0.1 米厚的黄土，以石灰灌缝。根据目前勘测出的石条排列的整齐程度以及墓道周围未发现扰动的痕迹来看，桥陵的地宫应该未遭到盗掘。

桥陵石刻甲天下

后人之所以把桥陵推荐为唐十八陵之冠，并不仅仅因为其有规模宏大的陵园以及坚固气派的地宫，还有一个重要理由就是其陵园内雕刻华美、工艺精致的石刻。据说看过的专家都对其赞赏不已，认为桥陵的石刻艺术，简直与我国的桂林山水一样，堪称"甲天下"了。那么，桥陵中这些经历了千年风雨依旧栩栩如生的获得中外专家一致赞赏的石刻究竟有哪些出众之处呢？

首先看看朱雀门外神道南端的一对华表。其中位于东侧的华表已经倾倒，西侧完整保存的华表由顶盖、柱身和础座三部分组成。整个华表通高 8.64 米，堪称唐陵中的华表之冠。础座为方形，边长 2.50 米，上雕覆莲十二瓣，中央凿有直径 0.70 米的圆榫，用来承载柱身。柱身呈八棱形，周身用线雕缠成枝卷叶纹和天马行空的图案。在华表的顶盖分三层，最上层是一朵仰莲，中间盛着桃形球；中层是八颗莲珠；最下层为覆莲。整个华表造型质朴雄浑，是唐代华表的普遍样式。其莲花象征女阴，火珠有乞求生殖繁盛的寓意。将其放在陵墓首位，寄予了乞求后世子孙繁盛，大唐江山万世一系的寓意。

除了气势磅礴、寓意深刻的华表之外，陵园内还有许多动物造型的石刻，也是雕刻精美，内涵丰富。位于华表北面的石獬豸，用一块完整青石雕凿而成，体态丰硕，威严雄伟。獬豸是古代传说中能够识善恶、明是非的灵兽，因此将其置于陵前，让其镇守陵寝。在石獬豸以北，还置有一对高浮雕鸵鸟。鸵鸟雕于两米高的石屏之上，羽翼丰满，双目有神，造型十分逼真，雕工更是细腻精致，意境幽深，令人叹为观止，堪称唐代石刻中的精品。

最值得一提的是桥陵陵园东门的两头回望狮，它俩都歪着头，相互对视，看上去就好像刚刚一起戏耍过的小伙伴，各自蹲在自己的石凳上，左顾右盼，摇头摆尾，悠闲自得。这座雕塑惟妙惟肖的造型风格，代表了唐陵石雕中的独特艺术风格。陵园中的石刻种类丰富，样式多变，不能一一尽数。

唐玄宗泰陵：龙盘凤息金粟山

位居关中唐十八陵中最东边的泰陵是唐朝六位代皇帝唐玄宗李隆基的陵墓。唐玄宗是唐睿宗李旦的第三个儿子，起封楚王，后改封临淄郡王，受禅即位。

唐玄宗即位后，首先平定了太平公主阴谋发动的宫廷叛乱，接着又任用贤臣，整顿吏治，革除了武周以来的弊治，带领唐朝进入了"稻米流脂粟米白，公私仓廪俱丰实"的开元盛世。

可惜，唐玄宗的英明统治未能一以贯之，到了晚年，他开始骄奢怠惰，生活淫逸，宠信宦官佞臣、妃子外戚，不理国政，不辨忠奸，沉迷在歌舞升平的假象之中，直到爆发安史之乱，始才觉醒。

后来，在众将士的奋战之下，安史之乱得以平息，可唐玄宗的皇位却被太子李亨继承，而他自己则"荣升"为坐享清闲的太上皇。这位太上皇的晚年过得相当凄凉，不但处处受到唐肃宗的挟制，身边更是一个亲信也没有。

他在78岁的时候病逝于长安神龙殿，死后被安葬在同州奉先县北10千米的金粟山，即泰陵。

尖山山尖建泰陵

泰陵的陵园位于今陕西省蒲城县东北约15千米处的金粟山。这座山因"有碎石若金粟然"而得名。金粟山由三座山峰组成，主峰又名尖山，高耸居后，东、西二峰与之环拱。泰陵的玄宫凿造于尖山南麓山腹之中，并以玄宫为中心，就山麓之形势绕筑陵垣。

据史料记载，泰陵的陵园地址是唐玄宗生前亲自选定的。《旧唐书·玄宗本纪下》载，开元十七年十一月丙申，玄宗亲谒桥陵，见金粟山岗有龙盘凤翥之势，复近先茔，谓侍臣曰"吾千秋后宜葬此地，得奉先陵，不忘孝敬矣"。上元二年四月，玄宗驾崩，始"追奉先旨以创寝园，以广德元年三月辛酉葬于泰陵"。由此可见，唐玄宗选择在金粟山修建泰陵，一方面是中意这里的龙盘凤翥的地势；另一方面是为了孝敬先父唐睿宗。

唐玄宗虽然晚年骄奢淫逸，但在他即位之初，却一度克己奉俭，宣扬薄葬。可能是出于这个原因，泰陵的陵园规模远远不及桥陵和乾陵宏大。据《蒲城县志》记载，泰陵的陵园占地仅 165 平方千米，封内 38 千米，规模尚不及其父唐睿宗桥陵的十分之一。据勘察，陵园平面略呈方形，东西 1680 米，南北 1700 米，分内、外两城，内城城垣夯筑，四周各辟一门，四门上皆着阙，门前皆竖石刻。整个陵园内有下宫、阙楼、回廊等多处富丽建筑，神道自南而北依次有华表、翼马、鸵鸟、仗马、翁仲等石刻。这些石刻虽然不及乾陵和桥陵的石刻高大，但在艺术方面更加精湛，同样是不可多得的艺术佳品。

凄清陵园陪葬少

唐太宗李世民大力提倡功臣陪葬制度，并且认为这是体现君臣友好的一种象征，因此我们可以看到昭陵旁有着诸多陪葬墓。但从唐高宗李治开始，唐朝宫室之内明争暗斗，君臣之间离心离德。所以，曾经一度繁荣的帝陵陪葬制度也逐渐衰落。至玄宗，由于其经历了安史之乱的动荡，他的泰陵陵旁更是无限凄凉。据说除了其生前极其宠信的内侍宦官高力士以及元献皇后杨氏祔葬之外，就再无其他人陪伴了。

据史料记载，祔葬泰陵的元献皇后杨氏是唐肃宗李亨的生母，在李隆基还是太子的时候便入选宫中。其为人温柔敦厚，不妒不悍。她生前册封为杨妃，死后初葬于长安细柳原。其子李亨即位后，杨氏母凭子贵。李隆基以太上皇诏诰，追册杨氏为元献太后，移葬于泰陵。由此可见，杨氏能够陪葬泰陵其实并非唐玄宗李隆基本意。由于其晚年已经失势，所以此举多半是为了满足唐肃宗的孝心。后人都知道，唐玄宗生前最为宠爱的女人是那位差点让他江山尽失的杨玉环。所以，如果他死前有自主选择的机会，恐怕他最希望陪在他身边的一定是那位"回眸一笑百媚生，六宫粉黛无颜色"的倾城贵妃杨玉环吧！

唐　玛瑙兽首杯

唐 文官彩陶 65.8厘米×19.0厘米×15.9厘米

　　据专家考证，杨玉环的墓位于今陕西省兴平市西12千米处的马嵬坡上，也就是当年六军不发逼死蛾眉之处。据史料记载，安史之乱平定之后，玄宗自成都回京，"曾密遣中使者具棺椁它葬"。由此说来，现在的马嵬坡处的贵妃墓可能是杨贵妃的衣冠冢。不管这位倾国倾城的绝代佳人死后安葬何处，唯一可以确定的是，她未能陪葬泰陵旁。这段长生殿里的爱情只能空余一首《长恨歌》。

　　虽然玄宗泰陵墓旁陪葬墓少，又未能得最爱之人杨贵妃陪伴，但在泰陵陵旁还有一位玄宗生前十分宠信的内侍宦官高力士墓陪伴。高力士墓位于泰陵东南2千米处，现存墓冢呈圆锥形，高约7米，周长40米。据考古学家考察，该墓坐北朝南，由墓道、过洞、天井、甬道和墓室组成，墓室四壁均画有壁画。西部放置石棺床，由11块石板拼成，上面雕刻有花草、怪兽，技艺精湛，造型生动。

　　高力士生前位极一品，权倾一时，所以他的墓是迄今发现并发掘的官职最高的宦官墓，但是此墓的规格等级以及建造质量显得过于粗糙简陋。目前考古学家已经在该墓附近出土了高力士墓碑石，因此可以确定此陪葬墓是高力士墓无疑。

唐肃宗建陵：精雕细琢的建陵

　　建陵位于咸阳城西北 50 千米处，礼泉县城东北 15 千米，海拔 783 米的武将山南麓，是中唐第一位皇帝唐肃宗李亨的陵墓。李亨是唐玄宗李隆基第三子，其母为元献皇后杨氏。他初封陕王，后被立为皇太子。安史之乱爆发之后，玄宗西逃四川，太子李亨受众推于灵武城南楼即皇帝位，遥尊玄宗为"太上皇"，改号"至德"，并且在大将郭子仪的辅助下，很快平定了叛乱。天下安定后，李亨派人自蜀中迎回玄宗，但丝毫没有让位之意。直至上元二年（761 年）末，李亨患病，不能朝视。宝应元年（762 年）四月，玄宗病逝。李亨闻讯后病情加重，13 天后，驾崩于东内大明宫长生殿。他享年 52 岁，葬于建陵墓。

中唐第一皇帝陵

　　作为中唐第一位皇帝的陵墓，建陵的修建延续了初唐和盛唐时期因山为陵的传统。它所依的武将山位于陕西省礼泉县城北约 15 千米处，海拔 981 米，主峰像竖起的佛指，挺直陡立。建陵背依武将山主峰，东与九嵕山之昭陵遥相对峙，西与梁山之乾陵隔川相望，北面群山叠嶂，南面是层层梯田和广阔的沃野。它面临泔河，居高临下，气势壮观。

　　除了地势巍峨之外，建陵的陵园建设也同样具有皇家风范。建陵陵区"周四十里"，由内城、神道和陪葬区三部分组成。陵园为夯土城垣，平面呈不规则矩形，以四隅尚存角楼基址间距计，陵园东墙长 1524 米，北墙长 879 米，西墙长 1373 米，南墙长 1050 米，面积 15 万平方米。城垣四面各辟一门，以四神命名。门外各置石狮 1 对，筑阙台 1 对。南神门外设神道，长 763 米，其南端筑乳台 1 对。神道自南而北依次排列华表、翼马、鸵鸟、仗马、翁仲等石

清 挂毯 郭子仪祝贺图

刻造像。

城垣内自然地貌复杂，沟壑纵横交错。其中两条略偏东南、西北南走向的深约 100 米，宽约 500 米的大沟将整个城垣切割为三节。由北向南俯视，好像一条平铺在地的裤子，故当地群众称之为"裤儿裆"。

建陵自建成以来，屡遭自然和人为破坏，其城垣现已不复存在，唯有陵园内四隅角楼遗址尚存。陵园东南角阙高 2.5 米，底径 12 米；西南角阙高 3.5 米，底径 12 米；东北角阙高 3 米，底径 12.5 米；西北角阙高 3 米，底径 14 米，宽 12 米。

此外，与其他唐帝陵一样，建陵陵园内也同样设有许多石刻，其品类与位置都与此前的乾陵、泰陵大体相同。位于四神门前的 8 只石狮，每只高 1.50 米、宽 0.90 米，雕刻极为精细。神道石刻东西列间距 160 米。华表位于乳台阙址北 95 米。华表高 5.5 米，石座上雕刻有微凸圆盘环座，与桥陵华表石座上所雕刻的十二瓣覆莲环座有所不同。

除了石狮和华表之外，建陵内的石雕还有翼马、鸵鸟、石马和石人。翼马位于华表北 28 米处，身长 2.40 米，身高 2.45 米，形制与其他陵的基本相同，唯其翼翅的三长翎尾端卷云纹更为突出，翼马身躯变得较小。它除了和其他陵墓石刻的翼马一样在前肩雕双翅外，再无别的雕饰。从侧面看，其屹然而立；从正面看，其跃然欲驰。其雕刻之精致在诸唐陵中最为突出，使人不能不叹服，诚为高超的艺术品。

鸵鸟位于翼马北 32 米，鸵鸟身高 1.19 米，身长 1.40 米，头颈弯曲折于翅外中部，其毛羽清晰，犹如鳞状，头较大，眼凸出，尾发达。石马位于鸵鸟北 32 米，每对石马南北间距 30 米。石马身长 1.90 米，身高 1.80 米。其颈下系一圆球状铃，这在唐陵的石刻中是罕见的。每马前左方各有牵马石人一个，均系武士装束，现均已残。石人位于石马北 32 米，每对石人南北间距 30 米，石人身高 2.5 米。

从建陵的石刻风格来看，普遍较以前唐诸陵的体形小，制造稍显粗疏，与陵墓的比例也不相称。这反映了安史之乱后的唐朝经济由盛而衰的状况。

陪陵汾阳王墓

据文献记载，建陵的陪葬墓一共有 3 座，一是汾阳王郭子仪墓；二是沂国公李怀让墓；三是肃宗章敬皇后吴氏墓。

肃宗章敬皇后吴氏是太尉吴令珪之女。她"容止端丽""性多谦抑"，故赐予李亨后，"宠遇益隆"，次年便生下一子李俶。李俶后改名李豫，即为唐代宗。吴氏 33 岁卒，葬于长安城春明门外。其子李豫即位后，准以先太后祔陵庙。

除肃宗章敬皇后吴氏外，另外一位陪葬建陵的是沂国公李怀让。此人在史书中无传，生平只散见于《唐书》及《资治通鉴》等文献中。据记载，李怀让在唐中宗时期曾任左台监察御史，后因弹劾崔湜被黜；至玄宗当政时转任检校工部尚书；及代宗掌权后，遭宦官程元振诬陷，恐惧自杀。现李怀让墓仍未发掘，陵址待考。

最后一位陪葬建陵的是平定了安史之乱的大唐功臣郭子仪。据史料记载，郭子仪少时身材魁梧，相貌英俊，武艺高强，喜读兵书，后以武举高异补授左卫长史，历任诸军使，左卫大将军，朔方节度右厢兵马兼九原太守、副元帅等职。安史之乱爆发后，郭子仪尽心尽力，屡建奇功。战乱历经八年，他有六年身在军营，指挥作战，战功卓著。洛阳大捷之时，肃宗曾亲自率百官于灞上列队迎接郭子仪，并感激地慰劳说："虽吾之家国，实由卿再造。"他功加司徒，被封代国公，食邑千户。后又因功勋卓著，而进封汾阳王。

现今发现的郭子仪墓位于建陵西南约 2 千米处的坡阳村，残冢高约 3 米，墓前立有明万历年间巡按陕西监察御史毕懋史康所立"汾阳王郭子仪之墓"墓碑一通。碑高 2.2 米，宽约 0.60 米，厚 0.5 米。碑下龟座长 1.10 米，宽 1.17 米，厚 0.5 米。墓未发掘，尚有待考证。

唐代宗元陵：代宗病逝归元陵

　　唐元陵的陵主是唐朝第八位皇帝唐代宗李豫。李豫是唐肃宗李亨的长子，母为章敬皇后吴氏。他15岁封广平王，好读礼、易，仁孝温恭，深受玄宗喜爱。安史之乱爆发，玄宗仓皇奔蜀，李亨称帝，封李豫为"天下兵马大元帅"。他与郭子仪一同收复长安、洛阳等地，晋封楚王，后改封成王。公元758年，李豫被立为皇太子。张皇后图谋废立，事败，被囚，肃宗惊恐而死。宦官李辅国和程元振乘机拥立李豫即位，是为代宗。

　　代宗即位后，彻底平定了安史之乱，却并未掌握兵权。李辅国和程元振二人自恃有功，专权用事。后代宗与程元振合力铲除了李辅国的势力。由于代宗昏懦，李辅国死后，军政大权旁落到程元振一人之手。由于宦官专权，再加上战火之灾，唐王朝元气大伤。随之又出现了藩镇割据、吐蕃入侵、回纥勒索、黄河泛滥等一些问题。面对这些，代宗显得无能为力。

　　公元779年，李豫病重，死于长安城之紫宸内殿，终年53岁，葬于京兆富平县西北15千米的之檀山。其陵曰元陵。

檀山之上从俭葬

　　元陵位于今陕西省富平县城西北约15千米处的檀山之上，东北距文宗章陵3千米，东南距中宗定陵5.5千米，陵区周围20千米。檀山海拔851米，东有支家沟，西有三条沟，元陵依檀山自然山势而筑。

　　据《唐大诏令集·代宗遗诏》记载：大历十四年五月，代宗驾崩，遗诏"其丧仪制度，务从俭约，不得以金银锦彩为饰"。而《旧唐书·令狐峘传》又载：德宗即位后，曾诏立代宗元陵，"应缘山陵制度，务从优厚，当竭帑藏，以供

160

奉费用"。

从这上面两段文献的记载可以看出，代宗是希望丧葬从俭的，但德宗出于孝心及皇家体面则要求元陵的修建"务从优厚"。从现今的元陵遗址来看，元陵的陵区规模与建筑已经远远不及之前几代的唐朝帝陵了。这又是怎么回事呢？

据史料记载，德宗提出厚建元陵的主张后，遭到了刑部员外郎令狐峘的上书劝谏："臣读《汉书·刘向传》，见论王者山陵之诚，良史称叹，万古芬芳。何者？圣贤之心，勤俭是务，必求诸道，不作无益。故舜葬苍梧，不变其肆；禹葬会稽，不改其列。周武葬于毕陌，无丘陇之处；汉文葬于霸陵，因山谷之势。禹非不忠也，启非不顺也，周公非不悌也，景帝非不孝也，其奉君亲；皆从微薄……秦始皇葬骊山，鱼膏为灯烛，水银为江海，珍宝之藏，不可胜计，千载非之……汉文帝霸陵皆为瓦器，不以金银为饰。由是观之，有德者葬逾薄，无德者葬逾厚，昭然可睹矣。"

令狐峘洋洋洒洒的长篇谏文，既举了舜、禹、周武王、汉文帝等古代先贤丧葬从俭的正面例子；又举了秦始皇压榨民脂、奢华厚葬的反例，目的就是想劝说德宗从朝廷和百姓的角度出发，放弃大修元陵的想法。结果，德宗采纳了他的建议，从简安葬了代宗。元陵规模大不如先帝，这其实也反映了安史之乱后，大唐王朝的社会经济已经每况愈下，大不如前。

睿贞皇后陵右

虽然比起之前的帝陵，元陵在规模和建筑上都逊色了不少，但麻雀虽小，还是五脏俱全的。元陵的修建还是依照了唐代帝陵的建造传统，依山而建，且陵园、角楼、神道、石刻一应俱全。

元陵的内城平面呈不规则矩形，四面各辟一门，以四神命名。东、西二门相距 2500 米，南、北二门相距 2700 米，陵园四隅建有角楼；南门外设有神道，长约 600 米；其南筑有乳台、鹊台。现今陵园内地面建筑已不可考，只留有四门外几处阙台及部分角阙基址。

元陵陵园内的石刻大小、形制与建陵相同，现仅存残损石刻 36 件。在陵园东、西、北神门外有石狮残块，北神门外有石马残块。石狮有 5 件，形制、大小与泰陵相同。其残高 1.1 ～ 2.5 米，长 0.8 ～ 1.2 米。仗马有 3 对，残高 0.6 ～ 0.69 米，长 1.40 米。

走进元陵陵园，另外一个让人关心的问题就是，元陵到底有没有陪葬墓。据《旧唐书·代宗睿真皇后沈氏传》记载，唐宪宗永贞元年十一月，将睿真皇后祎衣祔葬于代宗陵寝右侧。

据文献记载，睿真皇后沈氏是秘书监沈易直之女。开元末，她以良家女子选入东宫，被肃宗赐给长子广平王李豫。天宝元年，沈氏生子李适，即为后来的德宗。安史之乱爆发后，沈氏和众多妃子一起被拘于东都洛阳掖庭，直至李豫收复洛阳后，夫妇二人才得以重逢。后叛军再次作乱，而在此处战乱中，沈氏失踪，不知去向。代宗即位后，一直派人四处寻找，但直至他去世前，始终杳无音信。德宗即位后，遥尊生母沈氏为皇太后，继续下诏寻找生母，但仍无所获。

及至宪宗即位，下诏命有司为沈氏造祎衣一套，供奉于宫室。后又册谥曾祖母沈氏为睿贞皇后，将祎衣奉迎于代宗元陵，置于代宗皇帝陵寝右侧。这也算了却了祖父德宗皇帝和曾祖父代宗皇帝的一番心愿。

唐　顶梳　珍珠母贝　长 10.2 厘米

唐德宗崇陵：嵯峨山南有崇陵

公元779年唐代宗病死，太子李适继位，史称唐德宗。他是大唐第九位皇帝。公元762年，他任天下兵马大元帅，奉代宗命讨伐叛军，平定河北。安史之乱平定后，代宗驾崩，时年38岁，李适即位太极殿。即位之初，他励精图治，立志变革。他罢免地方岁贡，释放宫女，加强中央集权，支持杨炎推行两税法，增加国家财政收入，裁抑藩镇割据势力。虽急于求成导致叛乱，但德宗一朝，选贤任能，未酿成全国藩镇大乱。公元805年正月，太子患风疾不能言语，德宗因悲伤过度而卧床不起。正月二十三日，他于长安会宁殿驾崩，被葬于京兆云阳县北之嵯峨山。其陵称崇陵。

"莲花穴"内建崇陵

唐德宗李适的崇陵位于今陕西省泾阳县城北约20千米处的蒋路乡蒙家沟村的嵯峨山之阳，陵园横跨泾阳、三原两县。嵯峨山古称荆山，地势高亢，气势恢宏。此山有五座形似笔架的山峰，因此又名笔架山，是关中名山之一。嵯峨山的主峰海拔955米，登山峰巅即可将泾、渭、黄诸河尽收眼底。嵯峨山南麓中峰的山间腰是九条山脉的交汇处，形状宛若一枝九瓣莲花的中央，谓之"莲花穴"。崇陵的寝宫即建于此。纵观崇陵全景，其玄宫居高临下，山环水抱，墓冢高突。隧道以方形和长方形青石块叠砌，嵌凿石槽，卡以铁栓板，并以生铁汁浇灌，十分坚固。

崇陵的陵园分为内、外两层，内置四门，以四神命名。据《长安志》记载，"崇陵封内四十里"，内城总面积约4243.3万平方米，周长约8.2千米。崇陵的城垣依山势构筑，平面布局近似梯形。其中南城墙沿嵯峨山南麓东南方向直

唐三彩骑骆驼的人　86.3厘米×66.0厘米×25.5厘米

唐 大理石马头 15.88 厘米 × 7.62 厘米 × 17.78 厘米

线构筑，横跨五条山谷，全长 2850 米，墙基宽 6 米，现存最长的一段约 350 米。北城墙沿嵯峨山北麓东西向直线构筑，全长 1300 米。由于自然破坏严重，现基本无存。东城墙依山梁峡谷的自然走向构筑，全长 1870 米。现存地面最长的一段约 60 米，残高 1.5 米。西城墙依山势的自然走向构筑于西边山梁上，全长 2220 米，现存最长一段约 800 米。东、西、北三面城垣基均宽 3.5 米，夯筑层厚 8 ～ 13 厘米。

崇陵陵园的各种设施都十分合乎礼制。考古学家对现存的崇陵建筑进行了考察，结果显示：内城中南、北两门门址相对，南门位于城墙正中，东西宽约 16 米；北门位于北城墙偏西部位，东西宽约 15 米。东门位于西城墙偏北，门址宽 13.70 米，与西门遥遥相对。在城内的四门之外，均有对称的阙楼基址。其中南门前有土阙两对，第一对位于神道南端。东侧阙址残高 5.4 米，北距内城南城垣 660 米；西侧阙址残高 2.7 米，北距南城城垣 668 米。两阙东西相距 120 米。第二对阙址位于朱雀门外，均呈覆斗形。东侧阙址残高 4.75 米，北距城垣 42 米；西侧阙址残高 4.3 米，北距城垣 52 米。两阙东西相距 56 米。

除了南门外，其他三门外也都存有阙址，不再分别详述。另外，在内城内南门正南 80 米处，还勘探出了祭坛遗迹，不过大部分已沦为废墟。现存的部分位于司马道西侧，南北 37 米，东西约 8.0 米。在遗址内，还发现了数尊石雕残像，并堆积有大量板瓦、筒瓦、莲花纹瓦当残片等建筑遗物。

陵园石刻及陪葬

崇陵陵园的石刻设置在品类与形式上与之前的唐帝陵一脉相承，据说还曾对日本奈良时代的文化产生过深刻影响。奈良时代的嵯峨天皇之名即来源于此。崇陵陵园内现存石刻 38 件，其中包括玄武门外石狮 1 对，石人 3 件；白虎门外石狮 1 对；祭坛存石人 6 件；朱雀门外司马道两侧石蹲狮 1 对，石人 9 对，石马 7 件，鸵鸟 1 件，翼马 1 对，华表 1 对。

沿着司马道看过去，位于首位的是高近 8 米的一对华表。它们分立东、西两侧，相距 82 米。东侧华表顶呈桃形，高 1.80 米，柱身呈八棱柱形，高 5.32 米。各陵面线刻伎乐飞天和蔓草纹饰。整个华表位于底座之上。华表的底座是一个长 1.57 米，宽 1.54 米，厚 0.42 米的平台。其上为一凸出圆台，直径 1.58 米，高 0.18 米。底座之下为基座，长宽各 1.84 米，裸露地面高 0.34 米。西侧华表与东侧华表尺寸基本相同，只是础座埋于土中。

位于华表北约 28 米处，是一对翼马。两马东西相距 82 米，相对而立。东侧翼马立于两层石座上，马长 2.50 米，高 2.85 米，保存完整。西侧翼马立于三层石座上，马长 2.65 米，高 2.70 米，同样保存完整。崇陵的翼马形制与玄宗泰陵翼马相似，但马头之处略显清瘦，颈较长，披有鬃毛。其身更短了，腿更高了。整个形体比泰陵的翼马显得卑小。

除了华表和翼马之外，崇陵陵园内的其他石刻总体与泰陵内石刻相似，只是规格偏小，雕琢技艺略显粗糙。这也是唐王朝的政治、经济、文化由盛渐衰的真实写照。

一场安史之乱让唐王朝大伤元气，再加上后来几任君主政治才能有限，所以盛唐的豪华气派再难重演。这一点，除了在崇陵内的石刻上面有所反映，从其陪葬方面也同样能够看出端倪。

大唐建朝之初，太宗皇帝制定了陪葬制度，旨在改善唐王朝的君臣关系，可是该制度在唐高宗之时，由于君臣关系不和，未能很好地执行，直至代宗、德宗，几乎已经发展到了无人陪葬的地步。据考古学家考察，现今在崇陵内并未发现陪葬墓的痕迹。不过，根据《旧唐书·本纪第十三·德宗李适下》记载："永贞元年十月己酉，（德宗李适）葬于崇陵，昭德皇后王氏祔焉。"

据史料记载，昭德皇后王氏是秘书监王遇之女，德宗李适为奉节郡王时纳为媵，后生顺宗皇帝李诵，从此宠幸日隆。由于当时政局不稳，所以德宗并未封王氏为后。后长安发生叛乱，王氏随德宗逃往奉天，一路奔波，不幸染病。战乱平息后，王氏已病入膏肓，德宗在此时册封其为皇后。但封后之日，也是佳人归西之时，王氏成了中国历史上在后位时间最短的一位苦命皇后。

王氏死后，谥号"昭德皇后"，葬于靖陵。后又从靖陵迁出，祔葬于崇陵，与德宗地下相伴。

唐宪宗景陵：薄命明君葬景陵

　　景陵是"中兴之主"唐宪宗李纯的陵墓。李纯是唐顺宗李诵的长子，庄宪皇后王氏所生。他初封为广陵郡王，开府仪同三司。公元805年被立为皇太子，改名为纯。当年八月，顺宗病重，宦官俱文珍等逼迫顺宗退位禅让，拥立李纯即位。他时年28岁，年号"元和"。李纯虽为宦官所立，但年轻气盛，光明果断。即位初期，重用贤臣，削平藩镇势力，让日渐衰退的唐王朝重新出现了短暂的统一。史学家称这段时期为"元和中兴"，并且赞誉宪宗为"中兴之主"。

　　可惜的是，在平定割据势力后，宪宗皇帝自以为立下了不朽功业，开始忘乎所以，日益骄纵。他亲佞远贤，迷恋起炼丹求仙，并且性情暴躁，经常斥责左右。这引起宦官陈宏志、王守澄不满。于是，他们于元和十五年正月庚子日潜入大明宫之中和殿杀害了宪宗李纯，伪称皇帝"误服丹石，毒发暴崩"，并假传遗诏，拥立庸弱无能的太子李恒继位。李恒即唐穆宗。

　　唐宪宗李纯终年43岁，在位15年，死后葬于京兆奉贤县之金帜山。其陵称景陵。

凿山为陵四月成

　　景陵位于陕西省蒲城县西北7千米处的金帜山，西距睿宗桥陵3千米，东北距穆宗光陵7千米，距玄宗泰陵19千米。据《旧唐书·令狐楚传》记载，元和十五年正月宪宗驾崩，其第三子李恒即位，诏令宰相令狐楚为山陵使，柳公绰为山陵副史，在金帜山为宪宗修建景陵。

　　金帜山为一座青石结构的山峰，海拔872米。其山势突兀挺拔，犹如一面旗帜悬挂空中，故而得此名。金帜山的东、南二面地势平缓，西南为深沟大壑，

唐　石柱　50.2 x 40.4 厘米

北面群山蜿蜒。景陵依金帜山主峰而筑，坐北面南，陵区封将域20千米。据说由于金帜山的山峰是青石结构，所以开凿地宫时十分艰巨。尽管如此，整个陵园的修建仅用了四个月的时间即告完工。

景陵建成后，穆宗李恒和太子李忱亲自护送宪宗灵车至奉贤县，为宪宗举行葬礼。据说，在护送途中，突遇风雨，百官见状皆散去避雨，唯有山陵使令狐楚一直扶着灵枢没有离开，以显示他的忠心。宪宗入葬后，有人告发令狐楚

唐　骑狮文殊像　砂岩　高 0.68 米　费城宾夕法尼亚大学博物馆藏

唐三彩骑马俑　38.1厘米×10.8厘米×33.7厘米

在担任景陵山陵使期间，与众同僚贪污工徒钱，克扣伙食，还以冶炼银子有损耗之名扣压15万余贯工钱不发，致使工徒"怨诉盈路"。为此，穆宗不得不将其贬职。由此看来，这位甘愿冒风雨扶灵柩的"忠臣"的"忠心"之中掺杂更多的是谄媚和功利之心吧。

说完这段插叙的故事，下面接着让我们回到金帜山，参观景陵。金帜山的地势北高南低，景陵坐北面南，地下玄宫从山南开掘一直深入到山腹之中。景陵的陵园布局与京城长安相似，分为内、外两重城。内城四边皆设有城门，门前皆置石狮等大型司仪。四角置阙阁建筑。内城设有寝殿、宫阙、卫所、祭坛等建筑物。

据考古专家考证，现今景陵陵园内，四门门阙和角阙遗址保存比较完整。在朱雀门内北约50米处，还发现了献殿遗址，东西长200米，南北宽150米，其上有书"唐宪宗景陵"青石碑一通。在朱雀门外另有两道门址，第一道门为鹊台，距南神门2876米。鹊台二阙遗址间距63.0米，其西阙尚存，残高1.0米，底长7.0米，宽6.0米；东阙遗址已被平掉。第二道门为乳台，距南神门526米，其东、西二阙遗址间距195米。

据文献记载，景陵建成后，广植松柏，因此曾被称为柏城。可惜，这些昔日美景今日都已不复存在了。不只时间磨灭了景陵的昔日繁华，那些历史上的千古罪人——盗墓贼更是造成陵墓损坏的重要原因。

在五代时，后梁军阀温韬曾掘开景陵寝宫，盗走金银财宝，并焚烧下宫。到了北宋时候，宋太祖赵匡胤下诏修茸历代帝陵，景陵也在其列。不过，至民国初年，陵园内的千年古柏都被砍伐一空，内城四门外的石刻亦多被损毁。

石刻精美陪葬丰

景陵陵园内的石刻设置组合形式与玄宗泰陵基本相同，唯有北门外增加了小狮子2对，有点突破唐帝陵陵园内的常规。据专家考察，景陵陵园内的现存石刻有40余件，其中朱雀门外长达600多米的司马道两侧林立着石刻25件，其余的散布在陵园各处。

沿着司马道从南向北依次望去，可以看见高八米多的华表1对，位于乳台阙址北 79 米，形制同崇陵。在华表北约 24 米处，可以看见翼马 1 对，马身长 2.35 米，身高 2.76 米，头顶独角，颈上竖毛，身躯肥硕。东列垂尾，独角较小；西列缚尾，独角较大。两匹马雕工简陋，与崇陵相比，两肋的翼翅下端的雕刻手法进一步简化，有欠精美。

参观完这两匹翼马，再往北走 24 米，可以看见一座鸵鸟雕刻。鸵鸟身高 1.35 米，身长 1.75 米，头颈弯曲，身躯肥硕，尾小，腿短，腹下衬以山石，前后同高。此外，距鸵鸟北 24 米还有仗马 5 对。每对仗马南北间距 24 米，建制同建陵。

除了以上介绍的几种主要石刻外，景陵内还设有石人、石狮等雕刻，它们的建制与之前唐陵中出现的无甚差别，因此便不再尽述。总而言之，与此前的唐帝陵相比，景陵内的石刻虽然体形不甚高大，但造型仍然呈精美俊秀之态，雕造技法虽然略显简拙，但其中也不乏娴熟之工。这也从侧面反映出"元和中兴"时期唐王朝在政治、经济、文化方面的回升和发展。

当然，除了陵园石刻之外，还有一个不得不说之处，就是景陵的陪葬墓。据史料记载，景陵的陪葬墓共有 4 座，分别是惠昭太子李宁、懿安郭后、孝明郑后和王贤妃墓。虽然与初唐和盛唐时期阵容豪华的陪葬墓相比，景陵的 4 座陪葬稍显逊色，可是比起仅有一座，甚至没有陪葬墓的皇帝来说，景陵的 4 座陪葬可以堪称丰厚了。

现在这 4 座陪葬墓还未经发掘，因此关于墓主的身份还有待进一步确认。相信只需假以时日，这些墓中的谜团将会一一解开。

唐敬宗庄陵：平地起冢是庄陵

庄陵是唐敬宗李湛的陵墓，位于陕西省三原县城东北约 15 千米处的荆原上，是唐十八陵中第二座堆土成陵的陵墓，也是中唐最后一座陵墓。其陵地"封城周四十里，下宫去陵五里"，陵冢居地附近海拔 500 多米，气势浩然。庄陵是这一时期堆土为陵的代表。由于唐朝传至敬宗，经济、政治、文化各个方面都已经大不如前，所以庄陵的建制及石刻、陪葬已无法与初唐和盛唐时的帝王陵墓相比。而且据说敬宗曾留下遗诏，吩咐丧葬从简，这也让后人在修建陵墓的时候有所收敛。

尽管比起之前那些辉煌奢华的皇家帝陵，庄陵似乎毫无看点，但是，相信读者一定还是很好奇，在这座陵墓中到底安葬着怎样一位皇帝，他死后的安葬又与前人有何不同之处呢？

鞠迷皇帝荒诞之死

唐敬宗李湛是唐朝第十三任皇帝，于唐宪宗元和四年六月七日生于长安东内之别殿。其父唐穆宗李恒即位后，封其为景王。穆宗长庆二年十二月，在宰相李逢吉和左仆射裴度的再三请求下，被册封为皇太子。长庆四年正月，即公元 824 年 2 月，穆宗驾崩，李湛即位，时年 16 岁，改元"宝历"。

敬宗的父亲穆宗是一位贪图享乐的君主，他给敬宗留下的是一个千疮百孔的大唐。据史料记载，唐敬宗无心打理国计民生，终日沉迷击球、蹴鞠等嬉乐游戏。当时穆宗尸骨未寒，他却于"御中和殿击毬"，不久又"击球于飞龙院"，丝毫没有丧考之痛。

敬宗当政之后，荒疏朝政，国柄倒持，社会动荡。公元 824 年发生叛乱时敬宗正与宦官玩球，闻变仓皇逃入军营。战乱后，他丝毫不考虑从中吸取教训，仍是一如往昔耽于玩乐。

敬宗平时爱玩徒手格斗，常常把小太监摔得头破血流，致使宦官怀恨在心，也因此埋下祸根。宝历二年（公元826年）十二月，敬宗与众人饮酒作乐后酣醉，入内室更衣，宦官趁机下手，将敬宗杀死，并对外谎称其暴病而亡。

唐敬宗李湛就这样结束了仅仅两年的短暂帝王生涯，他死后由宰相裴度为其设冢建陵，裴度最后选定京兆三原县西北2.5千米的土塬。这即是今日的庄陵。

中唐"堆土成陵"代表

唐敬宗的庄陵位于今陕西省三原县城东北约15千米处的荆原上，陵前乡柴家窑村东250米处。东南距武宗李炎端陵5千米，北距懿宗李漼简陵21千米。它采用"堆土成陵"的方法建造，是这个时期堆土成陵的代表。庄陵的陵冢居地近海拔515～520米。陵台南1200米处为断崖，崖深约420米。陵园平面呈方形，东西长431米，南北宽480米，陵南较陵北宽47米。陵冢封土呈覆斗形，高17米，底部边长57米。

庄陵虽然没有像之前几代唐帝陵依山建陵，但是其陵园内的规格、建筑等与其他唐帝陵几乎一致。据考古学家勘测，庄陵陵园内现存的遗址有四门、四角阙、神道以及288件陵园石刻。其中石刻包括四门外石狮各1对；排列在神道两侧的翼马1对，华表1对，鸵鸟1对以及石人7个。另外，在神道东列的石人北还发现了很特别的小石人像8个。它们立于长0.67米、宽0.34米、厚0.12米的石座上，底座有榫，直径0.18米，长0.11米。石人头有残缺，残高0.67～1.56米。石人身着圆领窄袖袍，双手拱握，足着小靴，腰系环带，饰有具、佩刀等物。有人怀疑这些石人代表的是敬宗击鞠的伙伴，但是，关于这一说法还有待进一步考证。

关于庄陵的陪葬，据史料记载，仅有悼怀太子李普一人。李普是敬宗李湛的长子，其母为郭妃，在他5岁时便因病薨亡。李普因受文宗抚念，被册赠为"悼怀太子"，陪葬于庄陵。现在庄陵东北800米处发现一个土冢，疑为李普之墓。

唐　佛像　大理石　54.6厘米×22.2厘米

唐晚期 佛像石碑

唐僖宗靖陵：积土为冢起靖陵

靖陵是唐僖宗李儇的陵墓，也是我国目前唯一被发掘的一座唐代帝陵。靖陵的陵主李儇是唐懿宗李漼的第五子，唐代第十八任皇帝。他初封普王。公元873年懿宗病危，宦官刘行深、韩文约为了便于控制朝政，伪造遗诏立年仅12岁的李儇为太子。不久，懿宗病死，李儇被拥立为帝，时年12岁，是唐代即位年龄最小的皇帝。

李儇即位后，朝政由宦官操纵，而他则终日外出打猎，游玩嬉戏。被宦官把持的政治集团奢侈无度，朝政日非。此时南诏及岭南战事日剧，再加上黄河泛滥成灾，各地百姓无以为生，纷纷揭竿而起。其中王仙芝和黄巢领导的农民大起义攻破长安，僖宗被迫出逃四川，躲避了整整五年才返回。但此时的唐王朝已是分崩离析，名存实亡。文德元年（公元888年）三月，唐僖宗李儇病死于宫中武德殿，在位15年，终年27岁，葬于靖陵。

唐十八陵的"收官之作"

靖陵陵园位于陕西乾县城东北约10千米处的丘陵台地上，铁佛乡南陵村东南约150米处，西距唐高宗与武则天的乾陵4.5千米，东北距肃宗建陵15.5千米，是陕西唐十八陵墓中年代最晚建的一座帝陵，也是唐帝王陵墓中最后一座以"堆土为陵"形制建造的陵墓。

据文献记载，文德元年僖宗驾崩于长安后，以韦昭度摄冢宰，负责山陵的营建工程。由于僖宗在位期间昏庸无能，朝廷里宦官专权，国内战乱不断，所以国家财力极度匮乏。而一心只知享乐的僖宗由于曾在黄巢起义期间出逃四川，尝到了颠沛流离之苦，感受到了百姓的疾苦生活，所以，他在临死之前特意留下遗诏："约锦绣金银之饰，禁奢华雕丽之工，皆例作空文，而并违先旨。今者流离若是，毒病堪悲，仗百姓即百姓一空，捐国用则国用无取，不可蹿从前之计度，困此日生之生灵，俾朕厚颜下见先帝。应缘山陵事务，宜令中外商量，比从来每事十分各减六七。铜棺瓦器，朕所幕之，况在今晨，勿欺大业。"

僖宗这段遗诏的大致意思就是，现在国库空虚，百姓疾苦，所以丧葬不宜奢费，只需要比对前人帝陵制度，按照"十之减六七"的标准从俭朴修建即可。荒嬉一生的僖宗在临终之前还是有所醒悟的，所以才特意留下遗诏，命令丧事从简，以免劳民伤财。尽管靖陵的规模和建制比起前人帝陵有所缩减，但是在当时国库衰竭，民不聊生的情况下，这座唐十八陵的收官之作还是颇显奢侈的。

首先，靖陵虽然是积土为冢，但其陵园居地海拔 800 多米。陵园呈方形，边长 480 米。陵园内有陵台，呈覆斗形，夯土而筑。底呈方形，边长 40 米，高 8.6 米，顶亦方形，边长 8 米。东西居中，陵台距南神墙 264 米、距北神墙 176 米。陵园现存东北、西北和西南角阙址。东北角阙址高 3 米，底长 16.1 米，宽 8 米；西北角阙址高 3 米，底长 5.5，宽 4.5 米；西南角阙址已被平掉，现存角阙址残迹长 6.7 米、宽 5.5 米。

陵园内有石刻，风格建造与唐中期各陵相同。位于陵台南 264 米的南神门外石狮已残。神道石刻也已残损，现存华表、翼马、石马和石人，东西列间距 60 米。华表位于乳台阙址北 24 米，已倒伏，另一华表仅存底座。翼马位于华表北 26 米，石马现存 3 匹——东面 2 匹、西面 1 匹。

总体来看，靖陵的石刻体态卑小，雕刻技术流于程式，缺乏内在底蕴，没有生机和创意，似乎到处充满了衰靡之气。这与当时唐朝社会的真实情况非常契合。

唯一被发掘的唐代帝陵

靖陵是唐陵中唯一一座进行考古发掘的帝王陵。事实上，在考古专家发掘之前，靖陵早已经经历过数次浩劫。《旧唐书·僖宗纪》载，"僖宗李儇葬靖陵后，曾参与镇压黄巢起义的宣武节度使朱温叛乱，杀入长安，废哀帝，代唐称帝，建后梁"。从此中国历史进入兵连祸接的五代十国时期。而在这个时期，各代帝陵横遭劫难，靖陵自然未能幸免。据《新五代史》记载，后梁温韬曾将位于其境内的诸唐陵"悉发掘之"，"取其所葬金宝"。

及至20世纪90年代初，靖陵先后七次遭到不法之徒觊觎，甚至有人利用炸药炸开靖陵封土堆，直接进入墓室。

为了避免文物进一步损坏，考古学家对靖陵进行了发掘。通过发掘可知，靖陵地宫由墓道、甬道、墓室三部分组成，全长44.18米。墓道位于封土堆南侧正中，南北走向，长35.6米，宽2.4～2.9米，呈45度阶梯形。其腰部留有二层台，修有整齐的土阶，墓道东、西两壁绘有壁画。

甬道长3.8米，宽2.4米，顶部被盗墓者破坏，其入口处两侧绘有执戟武士壁画，北部东、西壁各开二龛，壁龛内绘制兽首人身的生肖图案。

靖陵的墓室为土洞，穹隆顶。底部东西5.8米，南北4.5米，东西壁各对称开有三个壁龛，壁龛内绘画与甬道内壁龛绘画基本相同。墓室的地面以石碑、石块、方砖、条砖砌成，地面之上置有东西4.4米，南北3.1米的棺床。棺床与北墙之间放有两个石函，由于该墓多次被盗，进水严重，原置于棺床周围的棺椁、箱、陵帐早已被破坏，棺木也已全朽。

除以上发现外，靖陵墓室内还出土了100余件文物，主要有石碑、石函、龙凤玉璧、玉佩、哀册玉残片、鎏金铜锁、鎏金宝石铜花等。

通过对靖陵的挖掘可以看出，靖陵的地宫修建已经不如之前，出土的陪葬品也比之前的帝陵少了许多。这固然与靖陵多次被盗有关，不过，还是不能否认，其最主要的原因是唐王朝当时的现实处境已经到了山穷水尽的地步。这座于万难之中修建起的唐十八陵中最后的陵墓，用自己的衰颓为唐王朝的败落奏响了悲歌。

唐　铸造玉饰（五件）

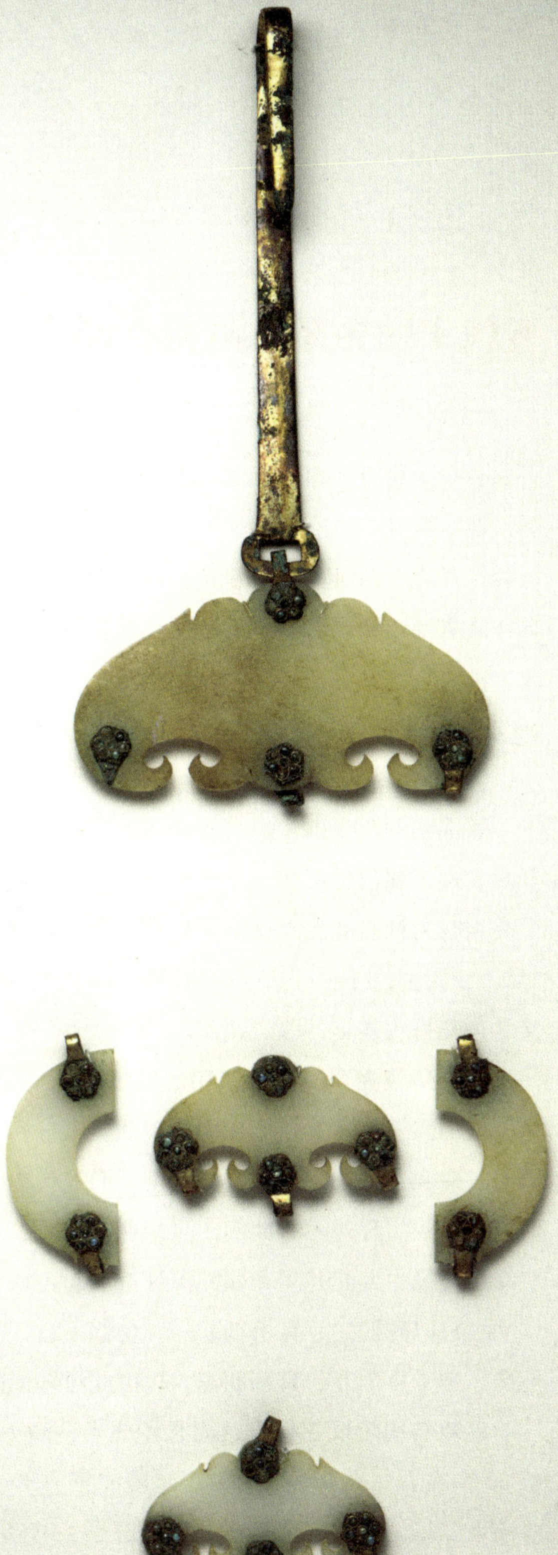

五代十国帝陵：战乱帝陵多灾难

五代十国是中国历史上一个分裂割据的时期，当时中原地区的王朝不断更替，前后有梁、唐、晋、汉、周五代，而其他地区则有十个割据的王国。由于这些政权存在的时间都是昙花一现，加上当时恰逢乱世，因此，其帝王陵墓大部分没有详细的记载。这一节，就让我们来看看这时期的帝陵。

地处中原的后周帝陵

郭威是邢州尧山（今河北隆尧）人，于公元951年代汉，建立后周，定都开封。这个朝代虽更换了三位帝王，但是存在的时间只有十年。后周时期的帝王在当时为社会的发展做出了贡献，比如，将官田归民耕种，减轻农民徭役，等等。周世宗在位时先后占领后蜀的秦、凤、阶、成四州和南唐的江淮十四州，又北攻契丹收复莫、瀛二州。

后周诸陵在今河南省新郑市城北18千米的郭店附近。周庄村南一座为太祖郭威的嵩陵，陵上村西、南和东北三冢分别为世宗柴荣的庆陵、世宗皇后符氏的懿陵和恭帝柴宗训的顺陵。据《旧五代史·周书·太祖纪》载，郭威临终前谓柴荣："我若不起此疾，汝即速治山陵，不得久留殿内。陵所务从俭素，应缘山陵役力人匠并须和雇，不计远近，不得差配百姓。陵寝不须用石柱、费人功，只以砖代之。瓦棺纸衣……勿修下宫，不要守陵宫人，亦不得用石人、石兽……千万千万，莫忘朕言。"由此可知崇陵修建时的情形。

崇陵与庆陵坟丘较大，周长103米，高19米。懿陵与顺陵坟丘较小，周长30米左右，高3～4米。庆陵陵园正方形，每边长约200米，南部设门，陵前设祭坛。顺陵墓室砖砌，平面圆形，穹隆顶，直径6.2米，高约7米。墓室及甬道壁面彩绘壁画。墓顶绘星象图，甬道东侧有"文吏迎侍图"，墓室西侧残存"武吏端斧图"。

宋代周采用了禅让形式，因而对后周陵墓明令保护。宋史载：太祖乾德四年（966年），"诏给守陵三户，岁一享"。金元时期逐渐荒废。明代初年曾对庆陵进行大规模修缮。如今园中古柏参天，陵前留有历代碑刻40余通。

几无史载的南唐二陵

937年，李昇灭吴，建立南唐，建都南京，占据有今苏、皖、赣、鄂以及两湖部分地区。南唐继承者们以唐室子孙自居，在典章制度上尽力模仿唐代，君主更换了两代，后为宋所灭。

历史上关于南唐二陵地点的文献记载并不多，也不详尽。直到1950年，经过考古学家的调查后，才得以发现陵墓的所在并对其进行了发掘。

南唐二陵位于南京市江宁县牛首山南麓，背后为牛首山的双峰，左右群山环抱，前面为农田。所谓"背依天阙，面矗云台"，形势极为优胜。二陵的形制保存了汉唐以来陵墓建筑的传统，细部结构、装饰和随葬品也大多模仿唐代作风。陵向南，东西并列，相距约50米。建筑形制、规模、用材大致相同，都是倚山为坟，在山的缓坡上凿出一片平地，再建墓室，然后周围填筑。钦陵坟冢圆丘形，直径约30米，封土厚6.5米。最下一层铺着覆置的瓷碗，排列整齐，上面用石灰、碎石、黄沙层层夯打，既增加强度，又起隔水作用。顺陵西、北两面与山坡相连，形成斜坡形，封土中夹有平铺的青石板。建造都是砖石并用，钦陵用石料较多。砖的形制可分为长方形、楔形等五种。

二陵都有前、中、后三个大小相似的主室。两旁各附侧室，钦陵13个，顺陵11个。钦陵全长21.48米，宽10.12米，高5.3米；顺陵全长21.9米，宽10.45米，高5.42米。后室建石制的棺床。钦陵后室及侧室用长方形石条砌筑，顶作覆斗形。其余用砖建的墓室，顶部为四方合拱形。钦陵中、后室用石板铺地，其余各室用砖铺地。墓门均用巨石封塞。墓室四壁均仿木建筑形式做出倚柱、阑额、斗拱、柱头枋等。斗拱都是简单的一斗三升式。钦陵的这些部位及后室顶部都施彩画。底部墁一层厚2.5厘米的糯米汁和石灰混合的泥浆，其上

五代秘色青瓷洗　高 10.3 厘米　口径 30.7 厘米

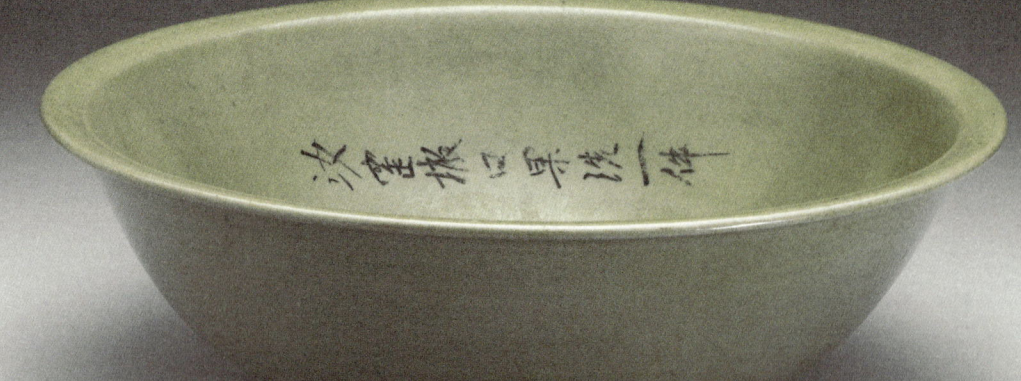

用灰粉刷，然后彩绘。所用颜色有朱红、赤黄、石青、石绿、赭等色。彩画用工笔技法，内容多为缠枝牡丹、海石榴花、宝相花、柿蒂、仰覆莲、蕙草等花卉。后室顶绘星座图，与后室底部雕刻的河流图上下辉映。顺陵原有类似彩画，大部已脱落。钦陵中室北壁两侧为整块青灰岩，各有一尊高浮雕披甲持剑武士像，上方横额浮雕双龙戏珠图像。棺床上部边缘雕刻海石榴花，座侧浮雕八条舞龙。后室两扇门用整块青石板制成，高 2.24 米，厚 0.15 米，共宽 2.4 米。面上刻有装置门钉和门环的孔。

不幸的是，二陵均已被盗，考古学家们仅挖出少量陶俑、陶制动物、玉石哀册、铜器、铁器以及陶瓷器碎片。这些陶俑造型生动，装饰、表情各异，有拱立、持物、舞蹈的男女俑，持剑、持盾的男俑以及人首蛇身、人首鱼身的俑，其身份包括妃嫔、贵妇、侍女、舞姬、内侍等，哀册内容为歌功颂德之词。

"以王礼葬" 的吴越王墓

唐末，钱镠在今浙江一带的十三州之地建立割据政权。他于公元 902 年称吴王，后梁时被封为吴越国王，公元 978 年被宋灭亡。吴越历经三代五王，共80 多年。钱镠卒于后唐长兴三年，明宗"以王礼葬，仍赐神道碑"。

吴越王墓分布在杭州市郊和临安县两地，均建于背山面江的山坡上。钱镠墓位于临安县城东北太庙山下。人们在附近还发现了几座吴越王室墓。在县西约 2.5 千米的明堂山发掘了钱镠之父钱宽墓，在县南功臣山下发掘了其子钱元玩墓。这几座墓修建于吴越早期，墓室结构基本一致，都是多耳室券顶砖室墓，前室长方形，后室呈船形。

第二代吴越王钱元瓘墓在杭州市郊玉皇山下，墓前有明嘉靖年间所立"吴越国文穆王墓"碑。东面施家山南麓为其次妃吴汉月墓，两墓相距约 400 米。西面玉屏峰下为其子钱弘佐墓，墓前有清乾隆年间杭州太守李公亨所立神道碑，墓已被毁。钱元瓘和吴汉月墓于 1958 年和 1965 年被发掘。

钱元瓘、吴汉月两墓结构、用材、彩绘、雕刻、随葬品基本一致，皆为石椁墓。钱氏墓分前、中、后三室，吴氏墓仅前、后二室，前室两侧有耳室。石椁均用红色沙砾岩厚石板制作，此种石料不产于杭州附近，系从外地采运而来。

封门和门框用大块石灰岩凿刻，连接处都做出榫卯。前室原施彩绘，后室四壁雕刻图像，表面施朱、红、绿等色彩绘。上层为宽带状牡丹图案，中层为四神，下层为十二生肖神像。后室石椁顶部刻天文图，以北极为中心，星象位置相当准确，星和星之间用线连接，构图简明，星象连线及周围贴金装饰。它比现存苏州石刻星图早 300 多年，直径约大一倍，具有较高的科学价值。

力士石雕护驾的前蜀王墓

前蜀是王建在四川一带建立的割据王国。王建于公元 907 年唐朝灭亡后在成都建立蜀国，史称前蜀。王建在位 12 年，死后由子王衍继位，7 年后被后唐所灭。

王建墓名永陵，在今成都市老西门外高地上。1942～1943 年，我国考古工作者进行了发掘，使这座湮没千年的陵墓重现在人们面前。

永陵封土为陵，封土圆丘形，夯筑，基部周围用条石垒砌，直径约 80 米，高约 15 米。其外有间隔 1.5～2.5 米的三道砖基，似为陵垣遗迹。正南面砖基之间有包砖夯土墩台 1 对。陵前原有石刻。1971 年，在陵南 300 米处出土一躯巨大的文官石像，头戴冠，身佩剑，双手执笏，线条粗犷。石像保存完好，高 3.8 米，连座通高 4.1 米，用整块青石雕琢而成。陵前设置高大石像在五代十国其他陵墓中尚未发现。

墓室南向，无墓道，全长 23.4 米。由 14 道红砂岩砌筑的拱券组成，分为前、中、后三室，每室装木门一副，室间有甬道相通。室壁面上涂抹细泥、白垩，上施天青色和朱红色彩绘。中室为主室，面积较大，中央偏后建须弥座式石棺床，高 0.84 米，长 7.5 米，宽 3.35 米，上置棺椁。棺床东、西、南三面浮雕 24 名乐伎，其中舞者二人、奏乐者 22 人，表情生动，姿态互异。乐器组合属燕乐，有琵琶、拍板、鼓、笛、笙、筝等共 20 种，组成一支完整的宫廷乐队。棺床两侧排列托棺床的 12 个力士半身石雕，戴盔或冠、着甲，神态沉着勇武。后室建石床，上置王建圆雕石像，表面残存粉彩痕迹。像高 0.86 米，头戴折巾，身着帝王常服，比例匀称。《五代史记·前蜀世家》载，王建"为人隆眉广颡，状貌伟然"，《册府元龟》记载他"隆眉广颡，龙眼虎视"。此像面貌浓眉深

186

目、隆准高颧、薄唇大耳，与史籍记载相符，是一座写实的佳作。

该墓早年被盗，出土随葬品仅 30 余件。棺内出的玉、铊尾和银扣玉大带，后室出的宝盝及谥宝、册匣及玉册、银盒、银钵、金银胎漆碟、银平脱朱漆镜奁，都是非常珍贵的文物。

夫妻同穴的后蜀王墓

孟知祥在公元 925 年后唐灭前蜀以后被任命为成都尹、剑南西川节度使，在蜀整顿吏治，减少课税，训练甲兵，颇有作为。后唐应顺元年（公元 934 年）元月自立为帝，国号蜀，史称后蜀，同年七月病卒，葬和陵。和陵史书无载，1971 年考古工作者才发现并对其进行发掘。

和陵是孟知祥夫妇合葬墓，位于四川成都市北约 7 千米的磨盘山南麓，地面有高大的坟丘，下部围砌青石，周长 77.4 米。全墓由羡道、甬道和墓室三部分组成，全部用青石砌筑，以石灰做黏合剂，建筑风格特殊。羡道有 22 级台阶，甬道为券顶、设闸门和双扇墓门，地面有覆马槽式排水沟一道，两者总长 12.5 米。墓门为牌楼式建筑，屋脊两端的鸱吻上面刻龙凤，四根门柱上分刻青龙、白虎，左、右各有一尊圆雕武士。武士高 1.1 米，身披甲胄，手执剑斧。

墓室中间为主室，东西两侧各有一个耳室，三室均为圆形，穹隆顶，三室之间有门互通。主室直径 6.7 米，高 8.16 米。顶部正中以浮雕蟠龙结顶，下方四角各有一个小铁环，正对棺床四角，推测为牵挂罩棺锦帐所用。耳室直径 3.4 米，高 6 米。地面用长 1.7 米、宽 1 米、厚 0.3 米的石板铺墁。耳室一部分石块上刻有上交石料的地名、时间和尺码。主室壁面彩绘男女宫人，线条流畅，造型丰满。主室有陈放棺椁的须弥座式棺床，长 5.1 米，宽 2.75 米，高 2.1 米，形制与王建墓棺床近似。上层一周浮雕双龙戏珠，中层四面各凿长方形孔数个以作插放罩棺帐柱之用，底座一周线刻莲瓣。前后面各有高浮雕的裸身发力士五人，四角各有高浮雕身披甲胄的力士一人，皆作跪地负棺状，表情各异，形象生动。

东、西两山共建闽王墓

闽的建立者为今河南人王潮和王审知兄弟。唐昭宗任命王潮为威武军节度使，王潮死后，王审知自称福建留后，后梁封为闽王。公元925年，王审知卒，其子延翰继立，次年被弟延钧所杀。公元933年，王延钧称帝，两年后被杀。此后，闽内讧不已，公元945年，被南唐所灭。

王审知在位期间，"每以节俭自处，选任良吏，省刑惜费，轻徭薄敛，与民休息，三十年间，一境晏然"。死后葬福州城北凤池山，公元932年迁葬莲花峰下。莲花峰上锐下圆，形若莲花，东、西两山称东、西室山，附近是闽王族葬地之一。王审知及子王延钧、孙王继鹏等均葬于此。据宋人王继先《开闽忠懿王氏族谱》载，五代时特在山南麓建莲花和永兴二寺，由八僧人守冢。

王审知墓在东、西室山中间，封土为陵。今陵园内仅存三层阶式陵台及石翁仲、石兽等。《历代陵寝备考》记载："明宣德五年（公元1430年）种屯军三十人盗发闽王冢，冢门坚甚，而窍上隅。入之，圹广如屋，前祀王绘像，几列五供，悉用金玉珍宝器。后寝红棺二，王、夫人也。"

王审知墓东约500米的东室山南坡上有两座并列坟丘，均南北向。1965年，考古工作者对其进行了发掘，东边一座出土墓志一方，为王延钧夫人刘华墓。西边一座所葬可能是王延钧或其另一夫人。墓建在依山势辟成阶梯状的台地上。最下第一层台地平面呈凸字形，第二层台地正中有马蹄形土阜，表面散布砖瓦，可能是墓的附属建筑遗址。

两墓封土圆丘形，下层铺石，周围砌砖，上填杂土及碎石。两座墓墓室结构、大小相同，当为同时建造的。墓室全部用宽0.2米，长0.5米左右的花岗石块叠砌。平面长方形，全长8.4米，分为前、后两室，前面各有一门。前室平面近方形，后室平面长方形。两室均为拱顶，用石板铺地。后室中部为长方形棺台，占总面积三分之二之多，后壁正中辟一个放墓志的长方形龛。两座墓都因早年多次被盗，随葬品残留不多。刘华墓出土有男女陶俑、镇墓兽、残陶瓷器及墓志等。陶俑姿态有拱手、执物、弯身、扶杖等，比例准确，神态生动，承袭了唐代写实风格。

割据两广的南汉王墓

南汉是两广地区的一个割据政权。公元 917 年，刘龚称帝，史称南汉。公元 942 年，刘龚卒，其子刘玢即位，次年，刘玢弟刘晟杀兄自立。公元 958 年，刘晟死，其子即位。公元 971 年刘降宋，举族迁京师。《旧五代史》记载，刘龚墓称康陵，刘晟墓称昭陵，在今广州近郊。

根据 1972 年调查，康陵位于广州郊区北亭，为砖室墓，顶部五层券拱。墓室长约 12 米，分前室、过道和后室三部分。后室近方形，前室稍窄而长，每边各有八个壁龛。墓门用大石板横砌封堵。

关于昭陵，《五代史记·南汉世家》载："卜葬域于城（兴王府，今广州）北，运甓为圹，晟亲临视之。是秋卒，年三十九。"1954 年，广州市东北石马村发现一座五代时期砖室墓，据考证即是昭陵。

该墓位于石牛山麓，高出墓前的盆地约 3 米。墓道在南面，斜坡式。墓室砖砌，分为前室、过道和后室三部分，全长约 12 米。后室长方形，长 8 米，宽 2.54 米，高 2.2 米，顶为三层砖券拱。前室近方形，两侧有砖砌器物箱。现存完整的东壁器物箱分为八格，是一种罕见的形式。墓门用石块封堵。有的墓砖上画刻南汉纪年和工匠姓名。墓前发现石马 1 对，石象 1 件，石俑 2 件，均用石灰岩雕成。石俑一件高 1.5 米，另一件高 1.6 米，皆长衣阔袖，两手高拱似执笏。马作跪伏状，长 1.31 米、高 1.63 米。该墓早年虽多次被盗，但是考古学家们仍在东侧器物箱内出土陶瓷器近 200 件。

第四章
宋元：多舛命运

宋太祖永昌陵：一支响箭定宝地

宋太祖赵匡胤是武将出身，靠着军马夺得了天下。大家可能不知道的是，宋太祖的陵址也是用一支响箭决定的。试问，还有哪个帝王会用这样一种潇洒的方式来选择自己的归处？而通过这种方式建成的永昌陵里面又埋藏着哪些不为人知的秘密呢？就让我们来揭开这层面纱。

潇洒一箭，敲定风水宝地

河南省巩义市（属郑州）的西村、芝田、市区、回郭镇一带是北宋皇陵的所在地，这里也是国家重点文物保护地。北宋皇帝中，除去徽、钦二帝被金兵掳去死于五国城外，其余的皇帝及赵弘殷（赵匡胤之父）都葬在巩义，通称"七帝八陵"。宋陵从公元963年开始营建，前后达160余年之久，形成了一个规模庞大、气势雄伟的皇家陵墓群，堪称露天艺术博物馆，是研究宋代典章制度和石刻艺术的十分珍贵的实物资料。而宋太祖当初之所以会选定巩义作为陵址，来源于一个很另类的选择方式。

开宝九年（976年），宋太祖到洛阳去巡游，来到他的诞生地夹马营。他令人挖出自己幼年时埋在这里的小石马，然后到永安陵奠祭先父。祭祀完毕，他换好衣拿着弓箭登上高台，张弓搭箭朝西北方向射了一箭，指定箭头落地的位置即为他百年后的墓穴，命手下人将小石马埋在这个地方做标记。他还郑重宣布自己的陵名为"永昌"。当年十月，太祖赵匡胤晏驾，次年（太平兴国二年，即977年）四月葬于自己生前所选定的地方。

其实，赵宋王朝把帝陵定在巩义并不是儿戏，而是很有讲究的。北宋陵址位于岗阜与平原的交界地带，地形东南高西北低。陵区东接青龙山，西抵回郭镇柏峪南岭，头枕黄河，足蹬嵩山。附近浅山区盛产"岩棱温润，罕与为比"的上等石料，便于就近取材建造陵墓和雕刻石像。而北宋都城开封地处豫东大平原，这里千里平川，地下水位偏高，不适宜建造大型陵墓。因此，历史上凡定都于洛阳的王朝，陵区多远离都城。

除此以外，北宋时风水学说在葬制上信奉"五音姓利"说。所谓"五音姓利"，就是把人的姓氏分成宫、商、角、徵、羽五音，再将五音分别与阴阳五行中的土、金、木、火、水对应，这样可在地理上找到与其姓氏相应的最佳埋葬方位与时日。丧葬择地选日时，若与之相合则阴阳相生，大吉大利，反之阴阳相克，主凶。宋人王洙《地理新书》记载，北宋皇室赵姓属"角"音。而"东方木，其气生，其音角，其虫苍龙"，"角"音对应木行，木主东方，阳气在东，于阴阳地理上应是东高西下为最佳，南高北低亦好，即所谓"东高西下为之角地……南高北下为之征地，角姓亦可居之"。如同时具备这两种地势，则必是西北低垂，东南仰高。巩义的地貌正好符合这种风水要求。而在民间一直流传着这样一种说法："黄河是中华民族的母亲河，洛河是中华民族的历史河，邙山是阴宅宝地。向有'生在苏杭，死在北邙'的说法。"

宋太祖死因谜团

北宋王朝之前的汉唐帝王，在生前就早早地开始选陵址，建陵寝了，而北宋王朝实行的是"简葬"，即皇帝生前不预造寿陵，直到驾崩后才开始选拔正、副修陵使和修陵督监。不仅如此，宋陵建陵还受"七月葬期"之限，意思是说皇帝驾崩后七个月就要入土为安。为什么北宋会一反前朝皇帝登基就选墓地和死后为其守丧三年的习俗呢？也许与开国皇帝赵匡胤猝然死亡有关。

据说，曾有异人告诉太祖，如果开宝九年十月二十二日夜里天气晴朗，则他的寿命可以延长一纪；倘若不然，则当赶快准备后事。到了那天夜晚，太祖在宫中太清湖畔观望天气，发现星斗满天，虚空碧净，心中暗自高兴。没想到突然间阴风四起，雪雹骤降，宋太祖大惊。他见此情况，立即宣召御弟赵光义入宫，并屏退左右侍从，与赵光义酌酒对饮。那些退出去的宦官宫人远远看见烛光影下，赵光义起身避席，显得局促不安。这二人喝够了酒已是三更时分，

北宋　带盖五口瓶　29.9 厘米 × 16.6 厘米

北宋 磁州瓷器 15.9厘米×17.6厘米

197

太祖引桂斧戳雪，点头对光义说了声"好做好做"便去就寝，而赵光义当夜在宫中留宿。大约五更时候，宫中寂静无声，这时太祖却驾崩了。赵光义受遗诏，在太祖枢前即位，是为宋太宗。

从这段文字看，太祖突然而逝是天数，是在劫难逃的。这在现在的人看来当然是无稽之谈。关于宋太祖的逝世，坊间野史还流传着这样一个版本：花蕊夫人费氏很得太祖的宠爱。有一次，太祖卧病不起。半夜时在旁服侍的太宗叫他，一直没有听到回答。太宗以为太祖病中昏睡，就乘机挑逗费氏。太祖醒来后发现此事，气得以玉斧斫地，惊动了皇后和太子。太宗仓皇逃回自己的府邸，而太祖气息奄奄，当夜便去世了。

史载，当时夜里四更时，太祖去世，孝章皇后立即使内侍都知王继隆召太祖次子德芳进宫，意欲让德芳即位。继隆知道太祖向有传位给皇弟赵光义的意思，便不召德芳，出宫后直奔开封府召光义。他在晋王府门外碰到医官贾德玄。贾说初夜时分老听得叫门声，喊"晋王召"，因怕晋王有病，他便到府外守候。于是，两人一起叩门入见光义，说明来意。光义大吃一惊，一时犹豫不决，说要与家人商量，到内室去了许久。继隆等急了，催促道："事情拖得太久，怕皇位被别人得去了！"光义终于打定主意，三人一起离府，踏雪入宫。皇后见应召的是晋王光义，一时惊呆了，对光义说："我们母子的性命全靠官家了。"光义哭着说："一起保享富贵，不要担心。"

还有一种说法是这样为赵光义开脱的。据《宋史》载，杜太后病危前，她把赵匡胤和丞相赵普叫到床前，留下了遗嘱。太后认为：赵宋之所以能获取后周的江山，是因为周世宗任用了一个小孩子当皇帝。如果是一位壮年英武的君主，绝不会出现陈桥兵变。为了不让这种惨痛的历史重演，为了维护赵宋亿万年社稷，太后责令赵匡胤选择一位"长君"做接班人。赵匡胤痛痛快快地答应了。太后非常满意，命赵普白纸黑字记录下来，并把这份政治遗嘱当作基本国策珍藏在黄金宝柜里。倘若果真如此，赵光义也算是正大光明即位的。

然而，宋太祖赵匡胤驾崩的真实情况如何，他生前到底属意谁来继承皇位——是他的儿子还是他的弟弟，这些真相已经和他一起被埋进了永昌皇陵，成了永久的秘密。

宋太宗永熙陵：伊洛河河畔永熙陵

宋太宗赵光义继承兄长赵匡胤的皇位后，很有作为，勤于政务，关心民生。同时，宋太宗也是一个好大喜功的人，这从他修建的豪华的永熙陵上可以看出来。那么，永熙陵到底有多豪华呢？里面又有哪些珍贵的陪葬品惹来盗墓者的觊觎呢？让我们来一探究竟。

独具匠心的永熙陵墓

宋太宗永熙陵在河南巩县西南 20.5 千米，是宋代陵墓中最大的陵。据宋朝的文史记载，整个陵墓"皇堂深一百尺，方广八十尺，陵台方二百五十尺"，有鹊台、乳台、门阙等建筑。永熙陵区从神道起处的鹊台到神坛底止，全长约586 米，其建制规模超越前代，在我国帝王陵墓中位居前列。

永熙墓主要分上宫、下宫、宫城和陵台四大建筑群，四周种满了松、柏、枳、橘和四时花卉。墓室深入地下 15 米，有一条 40 米长的倾斜墓道通向地面，墓室的整个结构呈圆台形，高 12 米，底面直径达 8 米，全部仿木结构，墓壁、门、窗、立柱、屋檐以及墓顶的斗（柱上方木）、拱（柱上屈曲向上的大横木用于支撑屋顶）等物都是用砖砌成的。两扇青石凿成的大门，宽 2.7 米，高达 4 米。门扉上有阴线刻画的"神荼、郁垒"像。这主要来源于一个民间传说：东海中有一座神山，名叫度朔山；山上住着两个神人，一个名叫神荼，一个名叫郁垒，他们是负责管理万鬼的神；山上有一棵神奇的桃树，它的枝叶覆盖 3000 里远；东北面的枝叶形成了一座门，万鬼就从这里出入；这两个神把守着这座鬼门，凡是作恶害人的鬼，他们就用芦苇绳把它捆起来拿去喂虎，所以万鬼都害怕神荼、郁垒。后来人们就把这两个神人的像，画在门上以驱鬼辟邪，这就是门神

宋太宗赵光义像

的由来。

除了门神之外，墓室墙壁上还绘满了殿宇、楼台、飞天、花草等图饰；墓顶上绘有日、月、星辰和银河图。经过千百年的洗礼，如今永熙陵在地面上的建筑物已片瓦无存，只有宫城的围墙以及围墙拐角处的角楼遗址尚可寻见。值得庆幸的是，陵台前方两侧，现在还完好地保存着58件石雕像，有飞禽、走兽、人物。其气韵、神态栩栩如生，件件都称得上是古代艺术的精品。凡是参观过此陵的人，无不赞叹古代艺术家们的匠心。

精品石雕衬永熙

尽管宋太宗的为人和治国能力在历史上广为诟病，但是，永熙陵无论从陵墓规制、建筑物还是地宫建制等方面来看，都超越了安、昌二陵。根据史料和考古调查，宋朝皇陵最大的特点就是拥挤，皇陵与后陵，皇陵与皇陵之间的距离非常近。永熙陵是一个比较特例的陵寝，和永安陵、永昌陵距离较远，横亘于天坡河南，附近没有明显的陵墓和建筑阻挡。因此，陵墓建筑、陵台以及石刻都显得异常高大雄伟，颇为符合宋太宗好大喜功而又心虚的个性。

永熙陵的上下宫是北宋皇陵中公认保存最为完好的，四门阙台基址和乳台、鹊台基址均保存完好，上宫 64 件石刻全部保存完好。从东南的章怀潘皇后保泰陵望去，永熙陵整个陵区巍然壮观，一派皇家气象，彰显了北宋王朝鼎盛时期的气派和威严。

相对于永安陵和永昌陵，宋太宗永熙陵的石刻显著高大的同时，在细节刻画上也较前两座皇陵有了飞跃的发展。可以说，宋代陵墓石刻形成自己独立的风格，始于永熙陵。"西陵狮子东陵象，滹沱陵上好石羊。"其中所说的滹沱陵，就是永熙陵。永熙陵的石羊，是中国陵墓雕塑中对羊的形象刻画最为饱满、传神的。石羊体形高大，表情丰富而自然，羊的角、蹄雕刻得栩栩如生。它们或昂首向天，或低头不语，姿态多变。永熙陵的石虎，同样体形高大，勇武非常，是宋陵同类石刻中难得的精品。可以说，永熙陵石羊和石虎雕刻为宋八陵之冠。

永熙陵的人物像雕刻，同样是宋陵的翘楚。由于永裕陵（宋神宗的陵墓）大部分人物像头部残缺，想完整地欣赏宋代人物雕刻的精美，永熙陵是不可错过的。永熙陵的客使，形象丰润而高大，身着各国服饰；手中或拿一宝瓶，或捧一宝盒；表情多变，有的眉清目秀，有的搞笑多怪，让人感觉到这些形象是实实在在地在历史长河中出现过的。永熙陵文臣像儒雅，武臣像威风，通过它们高大的身躯和俊逸的身姿将其风采展现得淋漓尽致。人物像背后的蝴蝶带，帽子上的官梁以及帽子的系带，都雕刻得清晰而逼真。在晴朗的午后，东列人物像和远处的青龙山交相映衬，形成一道美丽的风景。

永熙陵的武士身材要比永昌陵的肥胖很多，但是从某种程度上又凸显出高大威猛之感。永熙陵武士身上的卷云纹雕刻之精美，在宋陵石刻中也是不多见的。铠甲的每一片、每一部分都雕刻得十分清晰，而且保存异常完整。所有武士神采奕奕、威严勇猛。宫人则俊美异常，面部表情和善可亲，颇有真实之感。

永熙陵的石象的身体采取圆雕的手法，肌肉刚劲有力，象身的莲花座和象鞍上的花纹雕刻细腻，象的腿部还有毛羽的痕迹。永熙陵东列石象头部的装饰物，在其他宋陵中不常见，球形的象冠和象眼部的金箍，符合文献记载中宋代仪仗象的特点，是今人观摩宋代仪制的重要标本。驯象人神态风趣，其发和耳环等饰品体现了非洲人的特色。

永熙陵南门走狮，是宋代同类石刻中体形最为高大和肌肉最为饱满有力的。

狮子的鬃毛，身上的铃铛、铁链、杏叶等装饰物，样式繁多，映衬出走狮勇武之余的精美和可爱。相对而言，永熙陵其他三门的蹲狮个头要小一些，而且表情僵硬憨厚。永熙陵的走狮虽然在雕刻技艺上不能跟永定陵、永裕陵的相比，而且体形过大，有些失真，但依然不失为精品。

奢华陪葬惹贼盗

根据史料记载，宋太宗的葬礼极其隆重。当时护送灵车的人，除了文武大臣外，还有仪仗、护灵军、役夫、宦官等，共11000多人。陵区的规制也很宏大，占良田4000多亩，随葬物品有珠襦、玉匣、弓箭、笔砚、琴棋等，还有大量的珠宝及赵光义生前喜爱的服饰和佩戴之物。陵上守陵人员，除妃嫔、宫女、太监、杂役人等之外，还有500人的护陵军常年驻守。这些人员的开支花费以及四时年节的祭品祭物的供用，每年都在数百万以上，这都是百姓的血汗脂膏。

由于永熙陵的地宫十分豪华，里面陪葬了许多珍贵的宝物，因此，永熙陵在历史上曾经多次遭遇盗掘。其中最大的一次盗掘发生在南宋绍兴十一年前后。当时，金廷傀儡刘豫建立的伪齐政权设立专门盗掘皇陵的机构皇子府十三军，与河南汴京的淘沙官勾结在一起，明火执仗地对宋陵进行了疯狂洗劫，致使永熙陵陵台因盗掘遭到严重破坏。

墓内虽然被盗，但是考古人员还是在墓室墙壁上发现绘满了殿宇、楼台、飞天、花草等样式的图画，墓顶上绘有日、月、星辰和银河图。这些图画为研究宋代的绘画、建筑、风俗以及天文知识、哲学思想，提供了直接的宝贵资料。而且，经过仔细的发掘，还发现了一些有价值的东西，其中有珍贵的宋代青瓷和白瓷，有李贤妃的白玉制成的哀册（刻在玉版上的哀悼之词）和谥册残片。残存的铭文有"凤驭以何之，呜呼哀哉""四月戊申朔""永熙陵"等字样。这些文物对研究宋代陵制葬制、葬俗，都是很珍贵的资料。

宋真宗永定陵：永定一陵除二奸

宋真宗赵恒在位期间，沉浸于封禅之事，朝政因而不举，社会矛盾不断激化，使得宋王朝的"内忧外患"问题日趋严重。但是，令人想不到的是，真宗去世后，他的陵墓却铲除了两个大奸臣，为大宋的百姓带来了福音。

言简意赅说定陵

永定陵是宋真宗赵恒的陵墓，在蔡庄东北岭上。在北宋诸陵中永定陵保存较为完整，是现今巩义市的旅游景点之一。永定陵占地达1800亩，陵园南北长约2000米，东西宽1000米，其皇堂（棺木停放的地宫）深26米，地宫底面呈正方形，长约46米。陵墓底部东西宽55米，南北长57米，高21米，周围有建筑遗址的土丘16个，陵墓四门各有石狮1对。

由于此陵至今尚未正式发掘，陵内情形尚不为人知。其地面上的建筑已毁无存，不过陵前的石刻马、羊、狮、虎等保存完好。它们造型高大，雕刻精细，纹饰流畅，表情逼真，是宋代石刻艺术的上乘之作。

在永定陵埋葬杨皇后的地方，还竖立着一块宋代石碑，该碑现已被文物部门保存。根据碑文的记载，我们了解到修建此陵的人员、银两消耗状况。这是宋陵中仅存的一块宋碑，为研究宋陵的施工、布局、建构提供了最直接的资料。

永定陵石刻的"胖"文化

永定陵由于文物管理部门保护和旅游开发的原因，保存状况很好，四门阙台基址和乳台鹊台基址保存不错，上宫石刻除了上马石外均保存完好。参观过

宋墓王冠

永定陵的朋友们会发现，永定陵石刻最大的特色，就是一个"胖"字。

永定陵的人物石刻就是一群胖子——胖文臣、胖武臣，可以说这里是胖人集中营。不过，石刻武士们的铠甲、金盔的雕刻，还是相当细致的。西列武士手中的长柄斧保存得很是完整。美中不足的是，相对武士的大脑袋而言，武士手中的斧头小了一点，气势也不能和永裕陵的宣花大斧相比。

永定陵的石马，相对永昌陵而言，不仅小了很多，而且丝毫没有气势，设计也不合理。马脖子上的铃铛设计得非常大，而驯马人不仅胖，而且面目呆滞，像是太监一类的人物。石虎则承袭了永熙陵的特色，相对而言比较高大，一般是闭嘴，慈眉善目，比较可爱。不过，羊的雕刻水准就一落千丈了，不仅表情很奇怪，而且身材也比永熙陵差了非常多。

由于真宗皇帝是一个迷信祥瑞的皇帝，所以永定陵的瑞禽雕刻技术相当高，可以说是永定陵石刻中最有特色的石刻，也是永定陵最吸引人的地方。两只瑞禽要比其他石刻更加高大威猛，尽管面部都已经被破坏，但是整个造型显得比较丰满有力。鸟翅膀上的羽毛雕刻得十分细致精美，鸟的眼睛也很逼真。

和前面的石刻相比，永定陵石刻中技艺最高的是南门走狮。它不仅刻出了狮子的形象，也刻画出狮子的神态摇头摆尾，活灵活现，而且体形并不臃肿，比例得当。它实为宋陵同类石刻中的精品，可以与永泰陵、永裕陵狮子媲美。

一陵除"二奸"

永定陵的主人是中国历史上著名的皇帝宋真宗赵恒。赵恒原名赵德昌，开宝元年（968年）十二月生于开封府，是宋太宗第三子，母亲为元德李皇后。赵恒当皇子的时候就颇具领袖风采，时常自称将军，指挥兄弟们打仗，很受太祖、太宗喜欢。

宋真宗在其两位兄长楚王元佐和许王元僖相继出事以后，登太子之位，至道三年（997年）年太宗死后即位，随后改元咸平。咸平年间的宋真宗励精图治，锐意进取，使北宋达到了鼎盛时期，史称咸平盛世。但真宗在与辽和党项的战争中遭遇挫折，签订了澶渊之盟，使得北宋从此被少数民族政权压制。真宗不知是精神受挫，还是头脑发热，在此后的十数年时间内，封泰山、求祥瑞、

北宋 菩萨头 86.4 厘米 × 40.6 厘米 × 38.1 厘米

北宋
铜钱

兴诗文，还宠信佞臣丁渭，导致国事荒废，北宋很快衰落。乾兴元年（1022年），宋真宗驾崩于开封皇宫，遗嘱六子赵祯即位。

真宗死后，刘后和仁宗委托内侍总管雷允恭为修陵使，去领导勘察修陵工作。雷允恭只懂得贪污工程银两，对于业务一窍不通。他将勘察陵寝位置的大事交给了邢中和，而邢中和觉得早期勘察出的陵寝位置不好，擅自和雷允恭将陵台位置移向东南。由于雷允恭的后台是丁渭，而丁渭是宋真宗后期的宰相，人称丁不管，因此，修陵的大臣们对移动灵台位置一事不敢言语。

结果，新陵开工不久，就冒出了地下水，致使工程无法进行。当时，朝廷一片哗然。丁渭一看不好，便发挥自己的"牛皮糖"本色，私下找刘后建议用加固地基的方式堵水。这样做费钱费力不说，事情依然没有办好，最后还得回原址修陵，直接导致真宗没有能在七个月内下葬。北宋皇帝如果不能在七个月内下葬，神主就不能进入太庙，不能让皇帝认列祖列宗，这在当时是一件大事。在一片弹劾之下，丁渭被贬去海南创业，雷允恭、邢中和被乱棍打死，没收家产。这就是北宋历史上陵寝第一大案，又称一陵除"二奸"。

宋　青铜水牛　6.4厘米 × 12.1厘米

宋仁宗永昭陵：拆迁致选坏风水

　　永昭陵是北宋第四代皇帝宋仁宗赵祯的寝陵，而宋仁宗就是在民间家喻户晓的"狸猫太子"。这位自小多难的帝王在位42年，勤于政事，让宋王朝再次达到鼎盛时期。

　　然而，这位仁君在身死之后却选择了一个风水不太好的地方建造了陵墓。这其中隐藏了哪些玄机呢？

拆迁不易，选定了坏风水

　　宋仁宗生于大中祥符三年（1010年）；1018年被立为皇太子，赐名赵祯；1022年即帝位；1063年病死开封，享年53岁。赵祯死后，停丧于宫中福宁殿，宣庆使石全彬等赴巩县勘定陵址。当时选中的地方有两个：一是永安县城区，即今芝田镇；二是孝义堡。大臣们集议后一致认为在永安县城区建陵需要搬迁成千上万的民户，工程量太大，再加上时间紧迫，恐怕不能按期完成，于是决定建陵孝义堡（即今葬地）。或许是大宋朝的天数命定为此，永昭陵建成后，就有人说这不是一块吉利的地方，因为地名"和儿原"，并非佳兆。果然，不到三年，宋仁宗的继位者宋英宗赵曙就晏了驾，应了"和儿原"的谶语。

　　虽然永昭陵的风水不是很好，但是在建造时，当时的风水学家还是遵从封建的风水地形堪舆学说，依地势而建昭陵，让昭陵身处傍山依水之中，东南穹隆，西北低垂，尽量弥补昭陵先天风水上的不足。

　　这里除了有永昭陵外，附近还有七座其他帝王的陵墓。它们是：葬赵匡胤父亲赵弘殷的永安陵、葬太祖赵匡胤的永昌陵、葬太宗赵光义的永熙陵、葬真宗赵恒的永定陵、葬英宗赵曙的永厚陵、葬神宗赵顼的永裕陵及葬哲宗赵煦的

宋仁宗坐像　轴　188.5厘米×128.8厘米

永泰陵。这些陵墓建筑和永昭陵大体一致，均有较大陵台，周有角门，神道两侧是雄伟的石刻群。现在永昭陵和永厚陵已修建为宋陵公园。

最大陵寝的建筑有哪些

　　永昭陵之所以有北宋最大陵寝之称，并不是空有虚名。据有关史料记载，嘉祐八年（1063 年）十月，为葬仁宗赵祯于永昭陵修陵，调集士兵 46700 人，工期 7 个月，耗银 50 万两，钱 150 万贯，绸绢 250 万匹，耗费占北宋国库年收入的一半。永昭陵规模庞大，建筑雄伟，虽然历经千年的风雨，又饱受战乱的侵蚀，至今仍不失皇家陵园的恢宏气势。

　　永昭陵的整个陵园由"皇帝陵""皇后陵"和"下宫"组成。上宫由鹊台、乳门、神道和石刻群组成。宫城为帝陵之主体，主要建筑为献殿和灵台。献店在灵台前，是祭祀帝王的殿堂。灵台是墓冢，位于宫城正中。其下为地宫，即安放灵柩的地方。四周各筑有十多米高的城墙，城墙有东、南、西、北四个神门。城墙的四个角筑有高台，上有楼阁。走出了宫城往北有下宫和后陵。下宫

南宋　水禽型（貌似鸭子）觥　铜镶金银　高 14 厘米　长 21 厘米

原包括正殿、影殿和瑞殿，现已不存在。后陵位于整个帝陵的西北角，还有神道与后陵的封土。

　　永昭陵由鹊台至北神门，南北轴线长 551 米。南神门外的神道上，布置有东西对称的石人 13 对，石羊 2 对，石虎 2 对，石马 2 对，石角端、石朱雀、石象、石望柱各 1 对。这些石刻造型秀长，雕法细腻。武士身躯高大，形象勇猛，目不斜视，忠实地守卫着宫门。客使体质厚重、轮廓线条简练明确，双手捧贡品，身披大袍，衣褶垂到脚边，人物形神兼备。石虎造型威武雄健，石羊面目恬静清秀。永昭陵的石朱雀雕刻尤为精美，整屏呈长方形，通身雕有层叠多变的群山云雾，烘托着展翅欲飞的朱雀，美丽的雀尾犹如一把俊扇挥动着风云。浮雕突出表现了鹏图矫翼的雄伟气概，呈现出瑰丽浪漫的画面。

　　此外，神道两侧的石刻群形态逼真，雄浑高大，栩栩如生。其中"瑞禽"和"角端"更是雕刻史上的杰作，堪称世界绝品。而永昭陵也由于规模庞大，建筑雄伟，成为现如今研究宋陵布局与结构的绝佳资料。

后人称颂的"守成帝王"

永昭陵的主人宋仁宗赵祯可谓是一个有成就的帝王，不仅清朝乾隆帝十分欣赏他，后世的诸多历史学家也称其为"守成贤主"。为什么宋仁宗会获得这样的美誉呢？

宋仁宗赵祯在即位之前先后被封为寿春王、昇王，在真宗病危时被立为太子。真宗于公元1022年2月病死，他于同月继位，第二年改年号为"天圣"。宋仁宗赵祯在北宋九个皇帝中是在位时间最长的一位帝王，也是一位很明智的帝王。

这个时期的宋王朝已经开始呈现出颓败的趋势。在与辽、夏的几次战争都遭失败后，北宋王朝不得不增加每年送给辽、夏的金、银、绸、绢的数量，以换取边境上暂时的安定。而且，当时社会上的各种矛盾已日见尖锐。南宋大哲学家朱熹在评论宋仁宗当位时的国家形势时说："国势缓弱，事多不理。"幸运的是，宋仁宗赵祯是一个有作为的好皇帝。他性情宽厚，不事奢华，还颇能约束自己。

据史料记载，有一天宋仁宗处理事务到深夜，又累又饿，很想喝碗羊肉热汤，但他忍着饥饿没有向厨房索要。第二天皇后知道了此事，就劝他："陛下日夜操劳，千万要保重身体，想吃羊肉就随时吩咐御厨好了。怎能忍饥，使陛下龙体受亏？"赵祯回答说："宫中的随便索取，外面会看作惯例。昨夜我如果吩咐吃羊肉，厨下以后就会夜夜宰杀。一年下来，就要数百只。若形成定例，日后，宰杀之数更不堪算计。为我一碗饮食，创此恶例，且又伤生害物，于心实在不忍。因此，我甘愿忍一时之饥。"

还有一次，宋仁宗在朝堂上要给宠妃张氏的伯父加官晋爵，御史中丞包拯坚决不同意。包拯为人激愤，在朝堂上激昂陈词，犯颜直谏，唾沫飞溅到宋仁宗的脸上。宋仁宗一面用衣袖擦脸，一面表示接受他的建议，竟然没有怪罪这个铁面无私的人。由此可见，宋仁宗这位帝王确实具有相当大的度量和推己及人之心。这在封建时代，算是很难得的了。因此，历史学家们称誉他为"守成贤主"。

宋英宗永厚陵：名臣陪葬永厚陵

永厚陵在今巩县城区旧名"和儿原"的一块高地上，东南距永昭陵只有500米远近，陵主为宋英宗。传说，仁宗陵地选在和儿原很不吉利，地名犯了忌讳，所以继仁宗皇帝位的英宗仅在位三年就命归黄泉了。

宋英宗的陵寝虽然名为永厚陵，但是，实际上，从他的葬礼规制、陪葬物品来看，规模一点儿也不丰厚。永厚陵除了葬着英宗外，还埋有历史上的几位名臣。这些名臣分别是谁呢？

细数家底不厚的永厚陵

永厚陵是宋英宗赵曙的陵墓，东距仁宗陵仅500米。历史上的宋英宗为人言语不多，平时常"慎静恭默"。他虽然有一定的政治才能，却因病英年早逝，空有一番抱负而无从施展。英宗去世后，于治平四年（1067年）葬于此，葬礼颇为简朴。

宋英宗的葬礼虽简，但是永厚陵作为一代帝王的陵墓，该有的规模还是有的。永厚陵底东西宽55米，南北长58米，高20米，陵台残高15米，底呈正方形，每边长55米，十分宽敞。

永厚陵的陵前石刻尚残存16件，其中的望柱雕刻特别精美。它呈八棱形，每面都有精雕细琢的云龙纹；纹饰细如游丝，流动变幻，为宋陵石雕佳品，可以和宋太祖永昌陵的望柱媲美。不过，永厚陵望柱的柱头比永昭陵更尖。柱额的莲花雕刻得十分精美，尤其是柱身的卷云纹——卷云如从天边飘向人间，每一朵都雕刻得非常仔细。虽然两根望柱的高度不能跟永昌陵相比，但是其典型的宋代风格，精美的卷云纹颇有南朝余风的收分和六法之美，可以说，永厚陵望柱是宋陵望柱里的第一精品，而且绝不逊色于唐桥陵的望柱石刻。

永厚陵的石象，同样是宋陵里的精品，可以和著名的永泰陵相比。虽然象的身高比较低，但是小象憨态可掬的样子非常可爱。尤其精美的是象身的雕刻，身上的莲花座，和旁边华表的莲花额交相辉映。此外，象的侧面还雕刻着如意状的花纹，还有一个奔跑的可爱的小熊。这是非常有个性的雕刻，在宋陵中非常少见，成为宋陵石象雕刻中的佳品。

永厚陵的瑞禽鸟，虽然算不上上乘的精品，但是还是比较精美的。鸟的羽毛雕刻得非常细腻，羽毛的纹路清晰，层次感也很强。马头的鬃毛雕刻得很细腻，马的脖子也比较精美。由此可以看出，从永厚陵开始，宋陵石刻逐渐朝着细腻和神态转型的艺术特色发展，成为宋陵同类石刻中比较优秀的作品。

永厚陵的客使保存得不好，而且身材比较矮小，不过比例非常匀称，表情也丰富多彩，对细节的刻画非常到位。尤其西列那尊胡子很长的客使，个性突出，是比较值得一看的。

众臣陪葬永厚陵

1067 年正月，赵曙一命呜呼，停丧七个月后，于当年八月下葬永厚陵。当时陪葬在永厚陵的，还有赵普、曹彬、狄青和杨延昭等名臣。

赵普之墓在今巩县北山口乡北官庄地南，他是赵匡胤的首席智囊，宋皇朝的建立和制度设施的策划、制定，都与他不可分开。狄青，汾州人，出身行伍，为北宋名将，其墓在北山口乡南山口村，地面坟冢也已不存。杨延昭即妇孺皆知的杨六郎，他曾防守北边三关（益津、瓦桥、淤口关，在今河北雄县、伯县境内）20 余年，病死任所。真宗命人护丧回朝安葬，其墓在今巩县城制药厂院内。现如今，其墓前还留有石刻雕像数件。

在永厚陵北 500 米处（今面粉厂院内），有赵曙儿子吴王赵颢的墓葬。经发掘，该墓出土了不少宋代瓷片。其中有一块贴金花瓷碗片，碗片为白色，属定窑一系的名瓷。所贴金花完好无损，虽然埋藏了近千年，仍然金光灿灿。宋人周密《志雅堂杂钞》载："金花定碗，用大蒜汁调金描画，入窑烧造，永不复脱。"此种瓷碗，罕有传世，北京故宫博物院藏有一片，但所贴金花已严重

南宋 毛笔 长25.6厘米

损坏。永厚陵吴王墓所出这一片瓷片，堪称珍品。

除了上述人物的陵墓外，永厚陵区祔葬的陵墓还有高皇后陵，它位于永厚陵陵台西北不远处。因为高皇后的母亲曹氏是仁宗曹皇后的亲姐姐，所以高氏自幼养在宫中，为她的姨妈曹皇后钟爱。她与赵曙同岁，赵曙即位后被立为皇后。她为英宗生养了四个儿子，长子就是神宗赵顼。赵顼即位后，高皇后被尊为皇太后；哲宗时，她被尊为太皇太后。她垂帘听政于神、哲两朝，史书说她"临政九年，朝廷清明"。

宋神宗永裕陵：濮沱河上好石羊

庙号"神宗"的帝王赵顼是宋朝的第六位帝王。他的政绩功过参半，让史学家们很难对他定义。虽然如此，但是我们不得不承认，宋神宗的陵墓是十分有历史文化价值的，而且神宗的永裕陵石狮的造型和雕工之佳，在宋陵诸石刻中位列榜首。历史上记载的永裕陵东堤是什么样子呢？让我们一探究竟。

濮沱河上的永裕陵

由永熙陵西行，穿过濮沱村，越过坞罗河的一条支流（该河全年大部时间为干涸的深沟），再向西 3 千米，就是八陵村。在村东南方向不远处，有一座高大的陵冢，这就是 900 年前以锐意政治革新著名史册的皇帝——宋神宗赵顼的陵墓——永裕陵。

永裕陵整个建筑呈覆斗形，底边略为正方形，每边 60 米左右，高约 18 米，原来上、下有两层台阶，底层用砖石围砌，密植松柏长绿植株，陵上这些设置现已无存。现在的永裕陵，建立在高高的陵台上，周围只有丛生的荆棘和参差的乱草。

宋神宗一生坎坷，战场上的惨败让他声泪俱下，对着满朝大臣痛哭流涕。这位奋发图强的君王不仅生前命运坎坷，即使在死后也没有受到优待。单从陵墓来看，宋神宗所葬身的永裕陵是宋朝诸多皇陵中保护最差的一个，10 多个石刻雕像掉了脑袋。幸运的是，陵前的石雕像，还存有 17 件，是晚期宋陵石刻的代表作品。这些石雕像造型生动，技法纯熟、流畅，尤其是南神门外的石狮，雕刻得刚健、浑厚、生气勃勃。因此，人们品评宋陵石雕说："东陵狮子，西陵象，濮沱河上好石羊。"意思是说，后人们都认为永熙陵的石羊、永泰陵的石象和永裕陵的石狮的造型和雕工之佳，在宋陵诸石刻中应位列榜首。

五大国宝石刻齐斗艳

宋神宗永裕陵人物石刻，是公认的北宋帝王陵墓石刻的巅峰之作。但因为不断遭受盗掘和人为破坏，这座石刻艺术的宝库现在已经残破不堪，其中，有11件人物石刻连头像没有了，但我们依然可以领略其雕刻艺术。特别是永裕陵的镇陵武士像堪称北宋皇陵同类石刻中当之无愧的佼佼者。还有其用端、上马石、瑞禽、走狮四组石刻，同样是北宋皇陵之执牛耳者。可以这么说，来宋陵不到永裕陵，是天大的遗憾了。

永裕陵第一组瑰宝级石刻——永裕陵用端，比例匀称，尤其是神道东侧的用端，可以说是中国古代陵墓雕塑史上的一件精品了。该用端身材纤细，身上的羽毛雕刻得非常精细，用端的姿态给人一种腾云而起的感觉。用端的鼻子没有前代帝陵卷曲得厉害，但是雕刻得很有神韵。最精彩的是用端的眼睛，颇有"刻端点睛"的意思。整个用端从远看，傲然独立；近看，柔美十足。舍弃了前代帝陵威武雄壮之滥觞，彰显如水之柔美，是永裕陵所有石刻的共性。

永裕陵第二组国宝级的石刻是瑞禽。北宋皇陵的瑞禽可以说水准都不算低，而且瑞禽的样子大体一致。但是真正雕刻出瑞禽鸟"舍我其谁，傲然于世"的精神气息的，是永裕陵。不仅永裕陵瑞禽的羽毛雕刻的层次感很强，细腻而丰润，瑞禽的每一根脚趾也雕刻得相当精细，细长而有力。这一点是其他宋陵瑞禽所不具备的。永裕陵石刻神韵华美的特点，在瑞禽的身上显露无遗。整个陵墓布满了鳞次栉比的山石，瑞禽于群山之间呼啸而出，山中的小兽昂首瞻仰瑞禽之威仪。另外，永裕陵的两只瑞禽所朝的方向是对称的，样子几乎一样，它们就像在照镜子一样。可以说，永裕陵瑞禽是宋陵瑞禽石刻的巅峰之作。

永裕陵的第三组国宝级的石刻，是两尊镇陵武士。它们是当之无愧的宋陵石刻之翘楚，即使放诸后世，亦可为万代之冠也。武士表情威严，头盔、铠甲雕刻得异常精细，每一片甲片上还有浮云、动物等雕刻。武士身材高大，姿态展现出号令千军的气势；双目凝视远方，目光中散发出一股英雄之气。它们手中的大斧，远远大于前代，斧上刻的宣花，形象饱满，熠熠生辉。连武士胸前

宋神宗后坐像　轴　174.7 厘米 ×116.7 厘米

宋　玉瓒　古代礼器

为玉柄金勺，裸祭时用以酌香酒

南宋　剔黑云螭纹漆盒　7.6厘米×24.4厘米

宋 铜古鼎双龙纹镜

南宋 庭园婴戏图银盘 1.9厘米×15.9厘米×11.4厘米

南宋 释迦牟尼佛与菩萨 猛犸象象牙 23.5 厘米

的锁条，身上的袍带，都雕刻得非常精细。这组石刻真正做到了高度的形神一体，可以说是无法复制的精品。

永裕陵的第四组国宝级的石刻，是走狮。凡是对宋陵有了解的人，都应该知道那句著名的民谣——东陵狮子西陵象。人说去永裕陵就是说去看狮子，去看南门的走狮。不错，这两尊狮子当之无愧是宋陵石狮之冠。它们身材高大，比例协调。身上的鬃毛，脖子上的铃铛，挂着的杏叶被雕刻得精准到位，美轮美奂。狮子摇头摆尾，活灵活现，俨然是两尊可爱的舞狮。尤其是狮子的眼睛，神采飞扬，把狮子整体的美感又提升了一个层次。用两个字来评价它们，就是"绝了"。这两尊狮子，可以与唐顺陵走狮和南朝永宁陵麒麟并称中国古代动物雕塑的巅峰之作。

永裕陵的第五组国宝级石刻是上马石。按照定制，每一个帝陵都有两尊上马石，但是大部分已经散失，余下的也保存得不好，花纹皆无。只有永裕陵的上马石十分完整。由于陵台附近的地势非常低，上马石露于地表非常充分。上马石上的团龙，雕刻得非常精美，龙的鳞片十分清晰，两侧的卷云纹也非常细腻。游龙破云冲天，傲然于石上，不得不让人佩服宋代石匠高超的艺术水准。龙四周的牡丹花，也雕刻得惟妙惟肖。这两件上马石同样是中国古代同类雕刻中的最佳作品。

因此，后人们才会说出"来宋陵不来永裕陵，几乎等于白来"的评语，以此来彰显永裕陵的魅力。

从现存遗迹看裕陵

永裕陵的陵台高约 19 米，四周没有明显的盗洞痕迹。从史料看，没有关于永裕陵明确被盗的记载。永裕陵也许是北宋皇陵中被破坏得不严重的一座，日后发掘也许可以得到数目不菲的艺术珍宝。

永裕陵的陪葬区是北宋皇陵中遗存最多，保留原状比较好的。史料记载，永裕陵总共有六座皇后墓，因此它是北宋陪葬后陵最多的陵墓。在永裕陵北侧，紧邻永裕陵北门的是神宗的原配皇后钦圣宪肃向皇后陵。该陵墓保存很好，石刻一件不少，风格与永裕陵一致。向皇后葬于宋徽宗建中靖国元年，她在哲宗和徽宗时临朝听政，是力主宋徽宗即位的关键人物。

在向皇后陵北侧，有一座比较完好的陪葬墓，是北宋保存最完好的皇族陪葬墓。它是宋神宗第十女商国公主墓。在这附近还出土了邓国公主、蜀国公主和商国公主的追封记，前两位公主是宋徽宗的女儿。此外，在商国公主墓北侧，以前还有两座陪葬墓封土，现在已经被夷平。

在永泰陵西侧陪葬有另外三位皇后。其中最北的一座，也是最靠近八陵村的，是宋徽宗显恭王皇后的陵墓，王皇后葬于宋徽宗大观二年。王皇后陵南，东、西并排着两座后陵。靠东侧，离永裕陵比较近的是宋徽宗的生母钦慈陈皇后陵。她与钦圣向皇后是同年下葬的。位于西侧的是哲宗生母钦成朱皇后陵。

此外，根据史料记载，宋徽宗的另外两个皇后——明达刘皇后和明节刘皇后，一个"陪葬惠恭皇后陵园"，一个"与明达并祠而立"。因此，有人猜测两位刘皇后没有起坟，是以早薨公主皇子的规格下葬的。虽然北宋没有将几个皇后葬于一个陵园的规矩，也不可能将三个皇后葬于一个地宫。这两位刘皇后葬得如此不正规，这其中的原因是什么，我们需要继续研究。

宋哲宗永泰陵：天灾人祸降泰陵

　　永泰陵虽取"永远泰平、安康"之意，但是事与愿违，从古至今，偏偏有许多灾祸降临在它的身上。那么，这些灾祸到底是有人刻意为之还是上天对其的惩罚呢？

大同小异建泰陵

　　宋代皇帝一般在死后才开始建陵，葬前均殡于汴京宫中。与此同时，朝廷投入数万名兵役采石建陵和制作明器。等皇陵建成后，皇帝棺枢由东京起灵，途经中牟、郑州、荥阳、氾水、巩县、偃师等地，绕道陵区之西北经平原而折东进入高原。送葬队伍选择这样一条平坦而无险阻的路线，大约是因为仪卫队伍过于庞大，枢舆又极重的缘故。从东京到陵区一般要走十天方可到达，如遇特殊情况，则需要更久的时间。

　　北宋各皇陵的规模和建制基本相同，皆坐北朝南，每个陵区都由上宫、下宫和皇后陵及祔葬王室子孙墓组成。上宫是陵园的主体部分，从南至北依次建有鹊台、乳台、神道和陵台。陵台就是墓冢，位于宫城的中部。陵台分三层，呈覆斗梯形。上边种植郁郁葱葱的翠柏，四季常青。陵台下称地宫，是埋葬皇帝尸骨的地方。地宫规模宏大，一般深达 30 米，由青砖砌成，仿照地面宫殿建筑结构，墙壁上绘大型彩色壁画。下宫也叫陵寝，位于上宫的西北部，是停放皇帝棺木和送葬官员居住的地方。围绕上宫和下宫，筑有 10 多米高的神墙，称宫城。宫城一般占地 100 多亩，四面开有神门，神门外各有石狮一对，防御来自四面八方的入侵者。

　　神道是通往宫城的通道，神道两侧是对称排列的石刻造像。永泰陵的走狮长腿壮身，悲容满面，雕刻技法达到宋陵石雕狮子的艺术顶峰。

在参观永泰陵时，我们可以清晰地看见石象眼眶的皱纹，看见辔勒勒进肌肉的凹陷，而大象温驯朴厚的性情呼之欲出。

文臣的身躯在全部宋陵人物石雕中特别显得修长苗条，脸型不胖不瘦而俊秀。另外，匠人对其表情的刻画没有停留在哀戚的程式上，着重刻画了大臣的深谋远虑，潇洒风度，闲情雅致。镇陵将军的形象丰满，宫人则眉清目秀，亭亭玉立。客使雕刻均头戴毛毡。毛毡翻檐，尖头。它们的上装下沿呈弧形，如今天的西装。而袍服下垂如裙，多褶纹。

这些文臣、将军、使者、内侍、宫人，犹如在宫廷之中，各就各位。杰出的工匠师们征服了顽硬的石头，赋予作品以强烈的生命力。

巍峨之山，灾难之山

北宋皇陵的石雕十分精美华丽，具有极高的艺术价值，其中的石瑞禽更是宋陵独有的艺术珍品。但是大家不要以为这些雕刻和建筑得来十分轻松，在当时的科技水平条件下，这些豪华陵墓的修建可以说是由众多劳动人民的鲜血和汗水换来的。

据记载，公元1100年，宋哲宗患病，"不数日死去"，然而当时的陵墓还没有修建完整。为了能够准时地安葬哲宗，工部的官员们急如星火，只得加派人手。史料上曾说过，修建哲宗的永泰陵时，仅搬运石材这一项工作就动用了工匠4600人，共采石27600块。另外，还动用士兵9744人、民夫500人，把这些石头从二三十千米之外、崇山峻岭之中的偃师粟子山运到陵区，这些石头除了少数用来雕刻石像生守望帝陵外，多数作为券石修建地下皇宫，这又耗费了大量的劳动力。

不仅如此，当时的劳动条件也很差，没有可供饮用的水，吃不饱穿不暖，于是，在这样风餐露宿的条件下，工地上的人都陆陆续续地病倒了。据不完全统计，当时的死亡人数约有1700多人。这些为封建君王搭建陵墓的匠人们死后却多无葬身之地，而是被弃尸于荒野乱石之中，十分悲惨。据《采石场碑记》载："居山土人皆云，至久积阴晦，常闻山中有若声役事之歌者，意其不幸横

南宋 冀州香炉 高 11.3 厘米 直径 7.8 厘米

南宋　冀州罐子　吉州窯

南宋　冀州瓷器

夭者，沉鬼未得解脱，逍遥而然乎。"由此可见，座座巍峨陵山，也是穷人的座座灾难之山！

历经风霜破败不堪的永泰陵

尽管山陵修建得如此宏大、坚牢，仍然免不了劫运。1130年，金朝的傀儡政权大齐统治中原，对坟陵进行了大肆破坏和盗掘。北宋陵寝无一幸免，陵上建筑被破坏殆尽，陵内珍宝文物被洗劫一空。南宋建立后，有人在杭州市场上出卖一只水晶制作的注子，后为皇室购得。高宗见到注子不禁流泪，说："此是先帝哲庙陵寝上物，如今零落各地，叫人痛心！"1139年，岳家军收复宋陵（岳家军与金军激战的青龙山、爱华山、青狮山，就是宋陵东北面的山峰），对宋陵进行了修葺。但不久之后，岳家军在投降派秦桧等的逼迫下南撤，宋陵又沦入金军之手。后来，秘书少监（掌文秘工作的官员）郑刚中去陕西出差，途中曾绕道至宋陵巡看。他在所著《西行道里纪》中记叙说：各陵上的建筑物已"颠毁大半"，有的已被兵火焚尽，只剩下"林木枯丘"。

1139年年底，南宋权吏部尚书（破格担任最高人事部门的长官）张焘和判大宗正（管理皇族事务的付长官）士袤曾乘宋金议和之机奉命赴巩县祭扫山陵。他们于五月到达，进入"柏城"之后，即开始"披锄荆棘，随所葺治"。他们回朝后向皇帝报告说："山陵遭到严重的破坏，望皇帝陛下万世不忘此贼，早日发兵诛讨，雪此耻，复此仇。"宋高宗听了流泪不止。

1148年，南宋太常寺少卿（负责祭祀礼仪的官员）方庭硕，趁出使金朝的机会，到宋陵察看。此时的宋陵已荒废不堪，一片凄凉。当时，各陵均被掘开，千孔百疮，宋哲宗的尸骨竟露掷在永泰陵。在封建社会里，被开墓挖坟是最痛心的事之一。这位臣子见此惨象心中不忍，就脱下身上的袍服，将赵煦的尸骨包裹起来，重新置放陵中。后人曾有诗记述此事道："先帝侍臣空洒泪，泰陵春望已模糊。"

元朝初年，此陵再次遭劫。今日，远远望去，只是一个光秃秃的土丘。陵台尚有17米高，底边每边长约50米。陵台正北有一段神墙残存，高约4米，是现今宋陵中保存较好的神墙遗迹。

宋孝宗永阜陵：阴差阳错葬绍兴

　　随着宋朝政权的难移，南宋的六任皇帝也阴差阳错地埋葬在绍兴，形成了如今的"宋六陵"。其中，最为著名的就是六陵之一的宋孝宗永阜陵。这一节，就让我们来共同探讨一下永阜陵是如何屈辱被盗的，而宋朝六陵又是因何缘故建在了绍兴地区。

永阜陵屈辱被盗

　　"宋六陵"之一的永阜陵是南宋皇帝宋孝宗的陵墓。宋孝宗于绍熙五年病逝，终年68岁，死后葬于风景优美的永阜陵。永阜陵所在地的风景很好。整个陵区山水交融。它东傍青龙山，南接紫云山，西依五虎岭，北靠雾连山，构成了左青龙、右白虎、前朱雀、后玄武的风水景观。这好像四大方阵在保卫着眼前的皇陵。另外，发源于东南大仁龙山的清澈的溪流，沿皇陵向西蜿蜒而过。南宋王朝的陵园选址方法，正是我国古代风水理论的继承和发展。

　　虽然永阜陵所在地的风水和风景都很好，但是也难以抵挡那些丧心病狂的盗墓者的进攻。南宋灭亡后不久，有个叫杨琏真迦的西域和尚带着大队人马盗掘了宋六陵。他们撬开墓室，抛弃皇帝的遗骸，窃取了无数的珍宝，还砍下理宗皇帝的头骨，当作喝酒的酒具。为了达到其罪恶目的，杨琏真迦甚至打算将六陵遗骸埋到杭州南宋皇宫内，并在上面建造镇南塔，表示宋人永世不得翻身。幸亏绍兴义士唐珏、林景熙，冒着生命危险偷偷进入六陵，用动物的骨头调换了皇帝的真骨。他们将皇帝的真骨分别装入箱子，埋到兰亭天章寺附近，在上面各种一棵冬青树作为标记。

　　据史料记载，这些盗贼们得到了许多珍宝，有"马乌玉笔箱""铜凉拔锈

宋　慈州窑菊花香炉　高 33.3 厘米　直径 26.0 厘米

南宋　双柄龙形瓷杯　高 8.5 厘米　直径 11.7 厘米

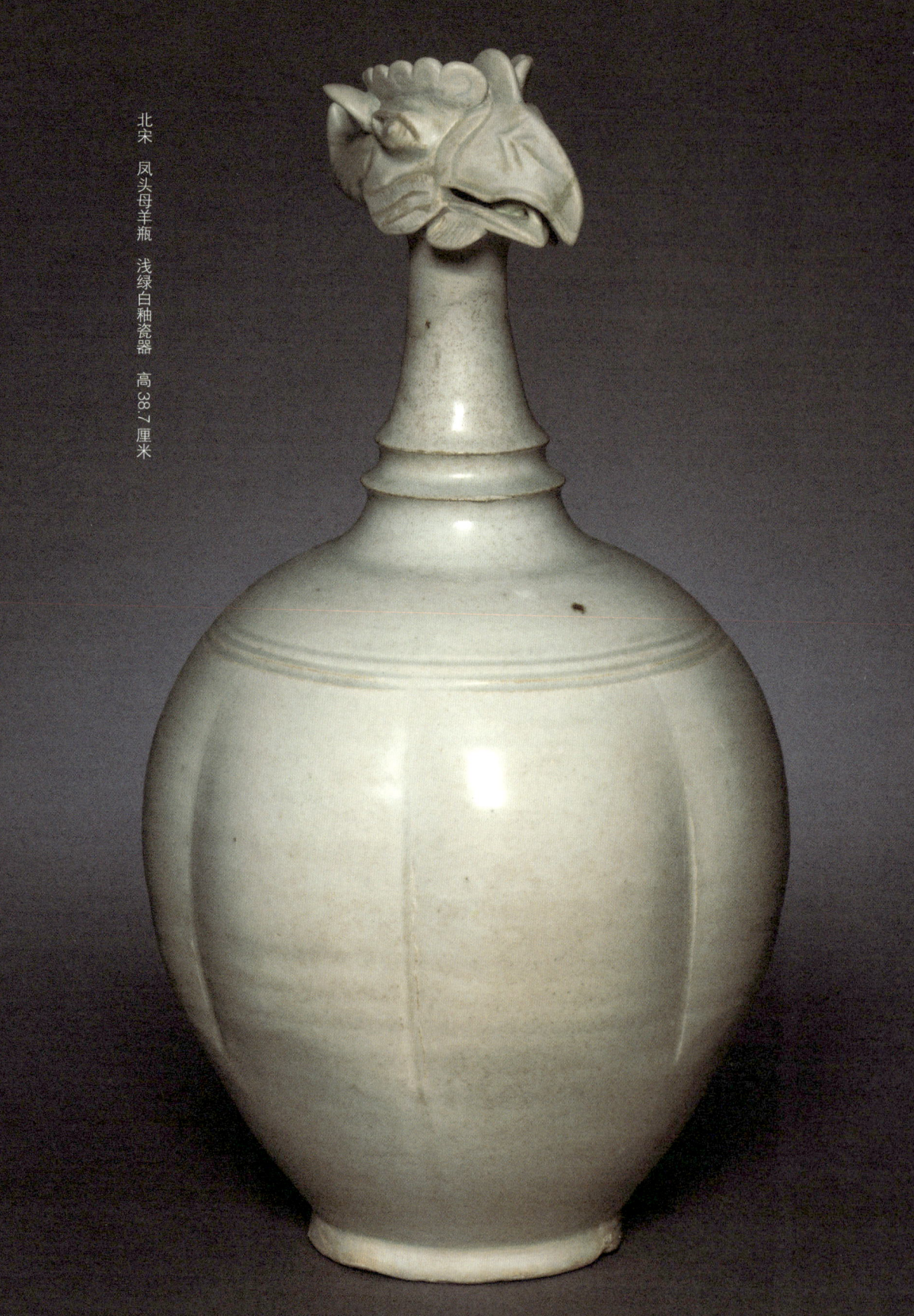

北宋 凤头母羊瓶 浅绿白釉瓷器 高 38.7 厘米

管""交加白齿梳""香骨案""伏虎枕""穿云琴""金猫睛""鱼影琼扇柄"等。后来，考古学家们挖掘了永阜陵后，又陆续从宋六陵的遗物中发现铜凉拔锈管、真珠戏马鞍、锡器、端砚、玉瓶炉、古铜、精美的龙泉窑青瓷，这对研究当时的手工技术和社会文化有着很高的参考价值。

宋六陵缘何建绍兴

前面小节我们介绍了宋孝宗永阜陵，这一节我们来讲述一下"宋六陵"。和永阜陵一样，南宋其他陵墓在浙江绍兴县东南 12.5 千米外的宝山，位于绍兴城东南约 18 千米的皋埠镇攒宫村，这里除了有永阜陵外，还筑有我国南宋时期的高宗永思陵、光宗永崇陵、宁宗永茂陵、理宗永穆陵和度宗永绍陵等皇帝的陵墓，所以又称"宋六陵"。

宋六陵虽然属于临时选择的墓地，但毕竟不同于普通百姓的墓葬，各陵仍有一定的规模。据文献记载，六陵的地下均有长达数十丈的石砌甬道和墓室，又有精致的墓阙；地面上建有献殿、享殿、宰牲房等大批建筑。可惜沧桑巨变，现在我们已经无法见到这些陵园建筑了。只有那一个个微微鼓起的土墩上的八丛参天古松，挺立在青山环抱之中。它们少则七八棵，多则数十棵，棵棵粗可合抱，顶挑青枝，如伞如盖。

那么，南宋皇陵为什么设在绍兴呢？这还得从当时的历史背景说起。1127年，金兵攻破北宋都城开封，掳走了徽宗和钦宗两位皇帝。昏庸无能的高宗赵构仓皇南逃，建都临安（今杭州），史称南宋。1129 年，金兵再度进犯，赵构又从杭州经绍兴、宁波，一直退到东海，第二年才回到绍兴，并在这里做了一年零八个月的皇帝。这年 4 月，随高宗南渡的北宋哲宗皇后孟氏死了。由于北方的祖宗陵园已经陷落，只好就近择地浅埋，准备将来收复失地后迁回祖陵。因此，在这样的阴差阳错之下，南宋六位皇帝陆陆续续地都葬在了这里。

成吉思汗陵：万马踏平天骄墓

　　一代天骄成吉思汗的一生，给世人留下了太多的谜团，而最大的谜团就是他的陵墓之谜。成吉思汗的陵墓究竟在何处？墓地无处可寻，他的后人又是如何祭祀他的呢？为什么在内蒙古有一座硕大的成吉思汗陵寝呢？这座陵寝是如何建立起来的？它与成吉思汗是什么关系？人们又是如何对待这座陵寝的呢？从他逝世到现在近千年的时间里，无数人都在孜孜不倦地搜寻，试图找到关于成吉思汗陵的蛛丝马迹。

"万马踏平"陵墓的玄机

　　历史上，不同地区的人的丧葬方式有所不同，有土葬，有火葬，也有天葬。那么，一代天骄成吉思汗采用的是什么埋葬方式呢？是像众多游牧部族的人们一样不建坟吗？让我们一一破解这些玄机。

　　根据一些史料的记载，成吉思汗是在即将攻克西夏都城的紧要关头去世的。因为他去世的消息传了出去会动摇军心，给强敌以喘息和反攻的机会，所以，成吉思汗当时为了骗取西夏早日投降，留下秘不发丧的遗嘱。西夏投降之后，一支秘密的骑兵部队护送着成吉思汗的灵柩到达预定的墓地。他们把灵柩深埋后，把原来地面上的草、木、石等还原，不留一点儿痕迹。这就是史料记载中的"万马踏平"。

　　那么，"万马踏平"究竟是一种什么样的埋葬方式呢？顾名思义，就是让群马在墓地上任意践踏，使之平夷。据《黑鞑事略》《塞外杂说》等野史记载："葬毕，以万马蹂之使平。杀骆驼于其上，以千骑守之，来岁春草既生，则移帐散去，弥望衍平，人莫知也。""若㤴没真之墓，则插矢以为垣，阔逾三十

元　剔红浴婴图漆盒　直径 6.5 厘米

元　象牙雕塑　直径 11.6 厘米

里，逻骑以为卫。"下葬成吉思汗后，守军不准任何人接近墓地，而等到来年青草茂密，葬地已和大地融为一体，警戒的士兵随即全部撤走，人们再也无法找到陵墓的踪迹了。

为了便于日后能够找到墓地，在成吉思汗的下葬处，守军当着一峰母骆驼的面，杀死其亲生的一峰小骆驼，将小骆驼的鲜血撒于墓地之上。待要祭祀成吉思汗时，便牵着那峰母骆驼前往。母骆驼来到墓地后，便会因想起被杀的小骆驼，而哀鸣不已。祭奠者便在母骆驼哀鸣处，进行隆重的祭奠。

这就有些奇怪了，他们为什么要当着一峰母骆驼的面杀死它的小骆驼呢？其中隐藏着怎样的奥秘呢？原来，骆驼有辨识自己血亲的天性。大家以母骆驼为先导，就能找到小骆驼死的地方——那里就是成吉思汗的墓了。

虽然史料上的记载是这样，但是后人发出疑问：既然蒙古人是采用杀小骆驼、放母骆驼的方式找地址，那一旦母骆驼死了，墓地是不是就找不着了？这里边是不是还隐藏着什么别的玄机？对此，我们就不得而知了，只能等待时间来给我们解惑。

神秘的成吉思汗葬礼

在历史上，没有比成吉思汗的葬礼更神秘、更不可解的了。整个葬礼的过程，处处充满了种种古怪离奇和不可思议的细节。从流传下来的各种记述里，我们不难略窥一二。

成吉思汗死后，根据其遗命，灵柩从千里迢迢的西夏秘密运回了蒙古草原。为了不走漏风声，沿途所遇之人、牲口一律被杀掉。根据阿尔泰地区的古老风俗，这些冤死鬼就都成了死者在阴间的奴仆。

成吉思汗的灵柩最后运到了克鲁伦河畔，陈放在各斡耳朵（即汉语中的宫殿）中。之所以把灵柩放在这儿，是因为成吉思汗在这里召开了忽里台大会，登上了汗位，建立了蒙古国，开始了征服世界的战争。据称，成吉思汗的灵柩在这里，停放了三个多月。在这期间，整个蒙古大帝国的诸宗王、公主、将领接到讯息后赶来吊唁。

在这里，我们还要说的是，成吉思汗的棺椁不同于平常的棺椁，它仅用两块楠木，楠木中间被凿空，似人形大小。人们将成吉思汗的遗体放入里面后，在楠木外涂上一层油漆，再用四个黄金圈紧紧固定。《元史·国俗旧礼》向后人披露了这一逸闻："凡宫车晏驾，棺用香楠木，中分为二，刳肖人形，其广狭长短，仅只容身而已。殓用貂皮袄、皮帽，其靴靿、系腰、盒钵，俱用白粉皮为之，殉以金壶二、盏一，碗、碟、匙、箸各一。殓讫，用黄金为箍四条，以束之。"

以《元史·国俗旧礼》为据，成吉思汗入殓时，穿戴的应是貂毛袄、皮帽之物，身旁放的是壶、碟、碗、筷之类。这使成吉思汗看起来不像一位虎虎战将，倒有居家过日子的家庭主妇之态。

根据蒙古族的风俗，窝阔台、拖雷搭了一个巨大的帐篷，为成吉思汗举行隆重的葬礼。帐篷内放了个木座，成吉思汗的棺椁就停放在那上面。木座前摆了张大桌，桌上摆满了丰盛的祭品——有肥美的羔羊、香甜的牛奶、崭新的钱币、精美的皮货及各种衣物，还有一匹上等的牝马（母马）和一匹最好的牡马（公马）被拴在帐内。同时，从各贵族家里挑选了四十名容貌可爱、性格温和、举止优雅的处女，身穿漂亮的服装，头戴首饰，遍体珠玉，站在大帐的两厢。这样，成吉思汗在死后的另一个世界里，也会有帐篷居住，有丰盛的衣食，有一匹母马挤奶和饲养牲畜，有可供作坐骑用的公马，当然还有美丽的侍女陪伴，消愁解忧。

葬礼开始后，来自蒙古帝国各部的人静静伫立在凄冷的北风里，默默注视着成吉思汗的灵车缓缓驶出。灵车被青边白毡遮蔽得严严实实。灵车前面，一个年迈的女巫骑在马上，手里还牵着一匹鞍辔饰以黄金的马，这马叫作金灵马。女巫口里念念有词，似在祈祷，又似祝愿。灵车徐徐地驶向远方，驶出人们的视线。突然，一阵高亢雄壮的歌声，不知从何处传了出来，那是人们熟悉的《苏鲁锭》歌。接着，大家都唱了起来，向他们的英雄致敬。据说，这就是蒙古族人的节日——苏鲁锭节的由来。以后每年的三月十七日，蒙古人都要举行祭奠苏鲁锭的盛会。

成吉思汗陵到底在哪儿

专家们经过研究发现，成吉思汗墓葬确切的下葬地点虽然不确定，但大概的方位在蒙古肯特山是不会错的。但是，蒙日联合"三河源"考察队的波夫地卫星遥感技术探测过本地后，并没有在蒙古国发现成吉思汗的陵墓。因此，有人推断，成吉思汗墓在中国境内。

那么，鄂尔多斯高原上的成吉思汗陵是成吉思汗的真墓吗？虽然陵里面供奉着成吉思汗生前用过的一些遗物，还有一段骨头，但绝大多数的考古学者认为，那段骨头绝不是成吉思汗本人的真骸。原因很简单，到目前为止，无论是私人收藏家的藏品，还是世界各地的博物馆里，没有任何一件与成吉思汗有关的物品。

成吉思汗的墓地如果不在鄂尔多斯高原上，那会不会在新疆北部的清河县的阿尔泰山？因为马可·波罗在他的游记中写道："在把君主的灵柩运往阿尔泰山的途中，护送的人将沿途遇到的所有人作为殉葬者。"但是，很快，人们就推翻了这个推论：经过考察，人们在新疆清河县发现的一座经人工改造过的"大山"的主人不是成吉思汗，葬者甚至不是蒙古人。

传说成吉思汗生前嘱咐过，不让任何人知道他陵墓的位置。看来，他的愿望实现了。或许这个时候，一代天骄成吉思汗正在他的王国里，笑看人间的沧桑变幻。

元 慈州窑酒罐 高31厘米

第五章

明代：奢华与凄婉

明太祖孝陵：明清皇家第一陵

明孝陵是明朝开国皇帝朱元璋和皇后马氏的合葬陵墓，是南京最大的帝王陵墓，有着"明清皇家第一陵"的美誉。那么，这座如此宏伟、历史地位如此重要的陵寝有着怎样影响深远的布局和特色建筑呢？与太祖共葬于此的一代贤后又有着哪些不为人知的传奇故事呢？要想弄清楚这些问题，我们还需要对明孝陵进行详尽的探察。

影响深远的"明清第一陵"

坐落于江苏省南京市钟山南麓玩珠峰下的明孝陵，是明朝开国皇帝太祖朱元璋和马皇后的合葬墓。因皇后谥"孝慈"，故名孝陵。明孝陵始建于明洪武十四年，直到永乐三年才全部完工。

明孝陵占地达170余万平方米。围墙内享殿巍峨，楼阁壮丽。南朝七十所寺院有一半被圈入禁苑之中。陵内植松十万株，养鹿千头。每头鹿颈间都挂有"盗宰者抵死"的银牌。

明孝陵的规划设计很有特色。从平面上看，孝陵主体从大金门经神道直到宝城，其布局呈北斗星状。考古专家们认为，这是古人的象征手法，体现的是元、明时代人死后"魂归北斗"的思想，即采取天帝所居北斗并"四灵"相绕的神秘布局。可见朱元璋是以天帝自居，颇有开国君主的霸气。

朱元璋和马皇后合葬的地宫俗称"宝城"，是一个直径约400米的圆形大土丘。它的四周有条石砌成的石壁，南边石壁上刻有"此山明太祖之墓" 7个大字。宝城厚实坚固，依山势高低起伏而建。下面砌有巨石，上垒筑了厚约1米的明砖，它至今保存完好，从没有盗贼光顾过。

明孝陵的建筑设计极具特色，首创了在封土及宝城前建筑方城和明楼的布局格式，使后寝部分显得气势雄伟，凌驾于其他区域之上。同时，孝陵把大金门、碑楼、享殿、陵宫门等大型建筑的门顶设为拱券形。明楼的拱券顶隧道高大深长，颇为壮观。

明孝陵在建筑风格上的创新为北京明、清官式建筑所承袭，在此后的明、清官式建筑上得到广泛的应用。例如孝陵享殿台基上的大型鼓镜式柱础，其形制起源于明初，与宋代及其以前官式建筑所使用的覆盆式柱础和江浙一带民间流行的鼓橙状柱础完全不同，几乎成为明、清官式建筑柱础的唯一风格。

不论从哪个角度看，明孝陵都是明初政治思想、社会文化、审美意识、建筑技术和国家财力的体现，具有鲜明的时代风格，影响极为深远。

孝陵中有何特色建筑物

作为中国明陵之首的明孝陵壮观宏伟，代表了明初建筑和石刻艺术的最高成就，直接影响了明、清两代帝王陵寝的形制。依历史进程分布于北京、湖北、辽宁、河北等地的明清帝王陵寝，均按南京明孝陵的规制和模式营建，明孝陵在中国帝陵发展史上有着特殊的地位。明孝陵除了开创了新的修建风格和格局，有着无可辩驳的历史地位和影响外，其内部的一些建筑物也是极有特色的。

明孝陵石像生共18对，其中文臣3对、武将3对、站卧马各1对、站坐麒麟各1对、站卧象各1对、站卧骆驼各1对、站坐犼各1对、站坐狮子各1对。另有望柱1对。陵内的所有石雕像均以整块石料雕成，不刻意追求形似，而是注重神似。于是，大多石雕都风格粗犷、雄浑、朴拙、威武，尊尊气度非凡。明孝陵的石雕对称地排列在神道两侧，构成威武雄壮的长长队列，使皇陵显得更加圣洁、庄严、肃穆。

狮子是兽中之王，性凶猛，是人们喜见的传统瑞兽形象。古人多将石狮布置在宫殿、寺庙、衙署、馆所等重要建筑的入口，以壮威势。孝陵内的石狮主要有蹲狮和走狮两种造型。蹲狮侧面呈三角形，其下颌、胸部和前四肢部处在同一条直线上。蹲狮挺胸不驼背，胸部结实而丰满，前腿直立而后腿蹲伏，腹部一般作收缩的姿态，表现出昂扬的雄姿。

251

大明宣德年制香炉　高 7.9 厘米

明　曼陀罗　掐丝珐琅　高 7.6 厘米　直径 34.3 厘米

明　犀角雕达摩像　高 10.8 厘米

孝慈高马皇后像

明孝陵中还有一块由清朝的康熙皇帝亲手书写的治隆唐宋碑。孝陵的御碑亭中陈列着五块碑，正中一块刻"治隆唐宋"四字，碑高 3.85 米，宽 1.42 米。"治隆唐宋"是颂扬明太祖治国方略超过了唐太宗李世民和宋太祖赵匡胤。康熙如此诏示天下，表示了他对朱元璋的尊重和钦佩之意。

长眠孝陵的一代贤后

素有"贤后"之称的马皇后也长眠于此。

马皇后，名秀英，宿州（今安徽宿县）人，祖上曾是当地富豪。父亲马公仗义好施，致使家业日贫。马公没有儿子，视秀英为掌上明珠。马皇后自幼聪明，能诗会画，尤善史书，性格十分倔强。当时，按照封建习俗，妇女都是要缠足的，但是马皇后执意不肯，因此后人多称其为"大脚皇后"。

元朝末年，社会动荡。马皇后的父亲马公因为杀人欲避仇，便将爱女托付给生死之交郭子兴抚养。郭子兴视同己出，教她读书写字，其夫人张氏则手把手教她针织刺绣。在他们夫妻二人的殷勤教导下，马皇后出落得神情秀越，浓而不艳，美而不骄。无论遇何急事，她都举止从容。郭子兴夫妇俩都希望她能嫁一个好人家。

后来，百姓不堪重压，爆发了大规模的农民起义。1352年，郭子兴在濠州（今安徽凤阳）起兵响应韩山童、刘福通在颍州（今安徽阜阳）的起义。凑巧的是，朱元璋也投军于此。他英勇善战，很为郭子兴夫妇器重，最后夫妻二人将马秀英许配给朱元璋。朱元璋做了主帅的女婿后，人们就改称他为"朱公子"，他在军中的地位大大提高。马秀英与朱元璋志同道合，感情深厚。她随朱元璋南征北战，成了朱元璋的得力助手。

1368年正月，朱元璋于应天府（今南京）登基，国号大明，建元洪武，册封马秀英为皇后。当时，马秀英36岁。

马氏成为皇后后，富而不奢，贵而不骄，仍保持节俭朴实的生活作风。她严于律己，宽以待人，宫嫔敬服；她留心政事，礼待臣下，关心人民，深得朝野上下敬重。《马皇后遗传》载：马皇后病重期间，君臣请祷祀求良医，马皇后自知难以痊愈，坚决不肯。她对朱元璋说："生死有命，祷祀何益？世有良医，亦不能起死回生，倘服药不效，罪及医生，转增妾过。"朱元璋叹息不已，继问马皇后有无遗言，马皇后呜咽道："妾与陛下起布衣，赖陛下神圣，得为国母，志愿已足，尚有何言？不过妾死后，只愿陛下求贤纳谏，有始有终，愿子孙个个贤能，臣民安居乐业，江山万年不朽。"言毕，她溘然长逝，寿51岁，宫人恸哭失声，百官一律下泪。宫中尝作追忆歌道：

我后圣慈，化行家邦。抚我育我，怀德难忘。

怀德难忘，于万斯年。庇彼下泉，悠悠苍天。

永乐元年（1403年），明成祖朱棣追尊其母马皇后为孝慈昭宪至仁文德承天顺圣高皇后。嘉靖十七年（1538年），明世宗朱厚熜再次追尊马皇后为孝慈贞化哲顺仁徽成天育圣至德高皇后。后世简称孝慈高皇后。

明成祖长陵：藏风得水天寿山

　　位于天寿山主峰南麓的明长陵是明朝第三位皇帝成祖文皇帝朱棣和皇后徐氏的合葬陵寝，也是十三陵中的祖陵，还是十三陵中建筑规模最大、营建时间最早、地面建筑保存得最为完好的一座陵墓。众所周知，明朝一开始建都南京，那么，在历史上占据着如此重要地位的长陵，为何早在迁都之前就已经在北京建陵了呢？

明成祖朱棣为何要在北京建陵

　　根据史料上的记载，明朝正式迁都北京，发生在永乐十九年。然而在永乐五年，明成祖的徐皇后去世后，朱棣就派了一些风水术士去北京地区选择风水宝地，准备修建陵寝。那么，明成祖为何在那个时候就决定在北京修建陵墓了呢？

　　明成祖朱棣十分重视建陵。在经过众人严密的勘探后，他决定在今天的北京市昌平区康家庄楼子营附近建陵。这里青山环抱，绿水长流，植被茂盛，土深地厚。北面有"龙脉"奔腾而来，还有三峰并峙；山前一马平川，明堂开阔；左边有蟒山围绕，右边盘踞着虎峪。长陵被包围在层层的叠嶂中，呈"风水理论"中的"山川大聚"之势。

　　永乐八年九月，朱棣亲自到天寿山视察山陵工程的进度和质量，以后又多次驾临。永乐十一年，玄宫竣工，从南京迎皇后徐氏的棺木北上，择吉入葬，并为陵墓命名为"长陵"。永乐十四年，长陵祾恩殿（原称"享殿"）建成。直至宣德二年，朱棣死后三年，长陵工程才大体完工，历时18年之久。

　　朱棣在北京建造皇陵主要有两个原因。

首先是政治方面的原因。

朱棣发动政变——也就是历史上著名的"靖难之役"，抢了侄子的皇位。建文帝在宫内的大火中不知所踪，这让朱棣心里很不放心。他登基后一直派人寻找朱允炆的下落，同时制造"壬午殉难"，大杀支持朱允炆的朝臣。这种杀戮不得人心，对朱棣的统治构成威胁。北京是朱棣经营了很多年的根据地，也是龙兴之地，而且朱棣自登基之初便计划迁都北京。因此，朱棣将皇陵建在北京是顺理成章的事。

其次是战略方面的考虑。

明朝初年，蒙古的残余势力逃到北漠，成为明朝北方的一个长期威胁，而南京鞭长莫及，难以控制北方的局势。北方不稳必震动中原，搞不好还会重蹈宋朝覆辙。所以朱棣迁都北京和在北京选陵址，是极具战略意图的举措。

事实上，定陵北京这一措施对明朝疆域的巩固确实起到了非常重要的作用。明正统十四年，发生了"土木堡之变"。当时的皇帝英宗被俘，国本动摇，人心涣散。有人建议迁都南京，反对者以老祖宗定陵寝于北京的目的是"示子孙以不拔之计也""若去，陵寝将谁与守？"的言论进行反驳，这才暂时保住了大明的江山。明末皇帝朱由检本可以南迁，做半壁江山的帝王，但是他誓死守护北京城。由此可知北京作为京城的概念已深入人心，朱棣的决策影响由此可见一斑。

十三首陵规格高

明长陵位于北京市昌平县境内，处在天寿山主峰南麓，距北京故宫50千米。它是明朝第三位皇帝朱棣和皇后徐氏的合葬陵寝，后来相继即位的12个皇帝在其左右建陵。于是，这里被称为十三陵，占地面积40平方千米。

明成祖朱棣决定在北京修建陵寝后，立刻开始选址动工。长陵历时长久，用料考究，施工精细，工程浩繁，不仅成为十三陵中规模最宏伟的陵寝，而历经了六百年的沧桑后仍金碧辉煌。它是原建筑保护最完整的一座帝王陵墓，也是全国第一批重点文物保护单位。

陵区南起石牌坊，北倚天寿山主峰，四面环山，绿树丛丛。南面有龙虎两山左右对峙，势如门户；当中奔流不息的山水自西向东而去，好似天然的护陵河。南北贯通的高速路似一条巨龙连接着长陵与故宫。

天寿山诸陵陵殿名为"祾恩殿"，殿门名之为"祾恩门"始于嘉靖十七年（1538年），是世宗朱厚熜亲赐佳名。"祾"字取"祭而受福"之意，"恩"字取"罔极之恩"意。长陵祾恩门，为单檐歇山顶形制，面阔五间（通阔31.44米），进深二间（通深14.37米），正脊顶部距地面高14.57米。檐下斗拱为单翘重昂七踩式，其平身科斗拱耍头的后尾作斜起的杆状，与宋清做法俱不相同。室内明间、次间各设板门一道，稍间封以墙体。其中明间板门之上安有华带式榜额，书"祾恩门"三金字。

明长陵祾恩殿是嗣皇帝祭祀永乐帝后的场所。而建筑在汉白玉雕刻成的三层台基上，金砖铺地。殿面阔九间（66.56米），进深五间（29.12米），象征着皇帝"九五"之位。所有木件全用金丝楠木为之，古色古香。60根一米多直径，十几米高的金丝楠木大柱，承托着2300平方米的重檐庑殿顶。最粗的一根重檐金柱，高12.58米，底径达到1.124米，为世间罕见佳木。殿中端坐于九龙宝座之上的永乐皇帝铜像，形象逼真，做工精湛考究。此造像是举世精美绝伦的艺术佳作。

祾恩殿殿门下承以汉白玉栏杆围绕的须弥座式台基，其栏杆形制，为龙凤雕饰的望柱和宝瓶、三幅云式的栏板。台基四角及各栏杆望柱之下，设有排水用的石雕螭首（龙头）。台基前后则设有三出踏跺式台阶。其中路台阶间的御路石上雕刻的浅浮雕图案十分精美：下面是海水云腾浪涌的画面，海水中宝山矗立，两匹海马跃出水面凌波奔驰；上面是两条矫健的巨龙在云海中升降飞腾，追逐火珠。整个画面呈现出一派波澜壮阔的雄伟景象。

长陵的陵宫建筑，占地约12万平方米。其平面布局呈前方后圆形状。其前面的方形部分，由前后相连的三进院落组成。第一进院落，前设陵门一座。其制为单檐歇山顶的宫门式建筑，面积较大，有五间房，檐下额枋、飞子、檐椽及单昂三踩式斗拱均系琉璃构件。其下辟有三个红券门。陵门之前建有月台，左右建有随墙式角门（已拆除并封塞）。院内，明朝时建有神厨（居左）、神库（居右）各五间，神厨之前建有碑亭一座。神厨、神库均毁于清代中期，碑亭则保存至今。

明　铜景泰蓝珐琅香炉　33厘米×21.6厘米×35.6厘米（带盖）

如今，长陵以其宏大的古建筑和辉煌的艺术成就、丰富的历史文化内涵，吸引着数以千万计的中外游人前来参观，成为世界上有名的旅游胜地之一。

明　釉瓷　高 23.5 厘米 × 宽 32.7 厘米　直径 14.9 厘米

明十三陵图

明仁宗献陵：勤俭君王葬朴陵

明仁宗朱高炽是历史上有名的勤俭君王。他一生勤俭节约，不事奢华，就连死后的陵寝也以俭约为主。这么一个简单、朴素的陵寝有什么值得欣赏的价值呢？这位勤俭帝王的献陵中为什么埋葬了如此多的后妃，这背后又隐藏着什么样的风流债呢？

细看朴实无华的陵寝

明献陵是中国明朝第四位皇帝明仁宗朱高炽和皇后张氏的陵墓，坐落在北京西北郊昌平区境内的燕山山麓的天寿山，是明十三陵之一。史料《昌平山水记》中记载："献陵最朴。"意思是说十三陵中，献陵的规制最小。从献陵今存残破的明楼、宝城及殿基来看，它确实比一般的陵墓要简陋得多。这是因为明仁宗临终时有遗诏："朕既临御日浅，恩泽未浃于民，不忍重劳，山陵制度务从俭约。"于是宣宗朱瞻基即位后，遵照仁宗遗诏营建献陵，并亲自定下陵园规制，委派成山侯王通、工部尚书黄福总理修陵事宜。

从洪熙元年七月兴工到八月玄营落成后，仅用了三个月的时间。正统七年（1442年）十二月建成明楼，次年三月陵寝全部完工。献陵的神道从长陵神道北五空桥分出，长约1千米，途中建有单孔石桥一座。路面中铺着城砖，两侧堆积着碎石，十分俭朴，并且没有单独设置石像生、碑亭等建筑物，现在的碑亭还是在嘉靖年间增建的。

从整个陵园形制来看，献陵与其他的陵墓大同小异。从神功圣德碑亭开始，由南往北依次是祾恩门和祾恩殿、棂星门、石五供、方城与明楼、宝顶。献陵地面建筑无重门，祾恩门东西开间仅三间。明朝陵墓制度，一般是宝城内应当

明仁宗坐像 轴 111.2 厘米 × 76.7 厘米

明 漆金木雕韦驮像 高（含支架）29.2 厘米

用厚实的黄土填满，并筑起高大的宝顶，但献陵的宝顶却掩埋不住宝城内墙，显得极其简单和寒酸。由于献陵陵制不追求奢华，所以，前人在述及明陵时有"献陵最朴，景陵最小"之说。它为此后的明陵建筑树立了楷模。

明献陵还有一个特点，就是祾恩殿和方城明楼在院落上彼此不相连属。前面以祾恩殿为主，建有一进院落，殿前左右建两庑配殿和神帛炉。院的正门，是祾恩门，也即陵园的大门。门前出大月台，院后设单座门一道。后面以宝城、明楼为主，前出一进院落。院内建两柱棂星门、石供案。院门为三座单檐歇山顶的琉璃花门。二院之间，为了维护"龙砂不可损伤"的风水信条，也为了使整个陵园呈现山重水复、殿台参差之美，就隔了一座小土山。这样一来，就形成了人文景观与自然景观和谐统一的美。几何形体陵园建筑在山、水、林木的映衬下，更加错落有致。

献陵中埋葬的后妃有哪些

献陵中埋葬的除了明仁宗本人外，还有诚孝昭皇后张氏及殉葬的五位后妃。

诚孝昭皇后张氏，仁宗原配，指挥使赠彭城侯张麒之女。她于洪武二十八年（1395 年）封燕王世子妃，永乐二年（1404 年）封皇太子妃。仁宗即位后，册立为皇后；宣宗即位后，尊其为皇太后；英宗即位后，尊为太皇太后。张皇后于正统七年（1442 年）十月十八日去世，谥"诚孝恭肃明德弘仁顺天启圣昭皇后"。

诚孝昭皇后在明代的诸位皇后中是颇为精明能干的一位。据有效文献记载，张皇后平时对中外政事、群臣才能及品行都格外留意。明仁宗死后，每遇军国大事，宣宗都要禀明母后后再做出决定。张氏也常询问宣宗处理朝政的情况，并经常提示宣宗，注意体恤百姓疾苦。

宣宗死后，9 岁的英宗朱祁镇继皇帝位。有的大臣认为皇帝年幼，请太皇太后垂帘听政，她却说："以我寡妇，坏祖宗家法，不可。"她委政于仁、宣时杨士奇、杨荣、杨溥三位老臣，而自己从中主之。当时掌管司礼监的太监王振是个善于玩弄权术，专门引导皇帝走邪道的家伙。他掌管皇城内一应礼仪，替皇帝管理章奏文牍，皇帝的口述圣旨也由他用朱笔记录，然后交内阁撰拟诏谕正式颁发。为了防止这些人欺蒙皇上，胡作非为，张皇后特别申令，无论什么事，都要先由内阁大臣议定，才能施行。

由于张氏在朝廷政务的处理上，倚重忠实正派的大臣，协调君臣之间关系，限制内宫对朝廷政事的干预，再加上仁、宣等旧臣的协力辅政，使得朝廷政局大体稳定。

献陵中埋葬的除了张皇后外，还有五位妃子。按照《明宣宗实录》中的记载来看，她们分别是：贵妃郭氏，谥恭肃；淑妃王氏，谥贞惠；丽妃王氏，谥惠安；顺妃谭氏，谥恭僖；充妃黄氏，谥恭靖。其中，贵妃郭氏身份颇为特殊。她为明仁宗生育了三个儿子，按理不当殉，然而她"岂衔上恩，自裁以从天上耶"，与其他妃子"从葬"，与皇帝一同葬进了献陵之中。

勤俭君王最风流

明仁宗即位后重用当时口碑较好的杨荣、杨士奇等大臣，整肃朝纲，严惩贪官。他虽不像他的父祖那样有雄才大略，但在文治武功上还是有一些建树的。然而令人意想不到的是，仅 10 个月后，仁宗就突然崩于钦安殿宫中。

仁宗之死十分可疑，后代有人说他是被太子朱瞻基害死的，有人说他是色欲过度死掉的，也有人说他是服用了金石之药中毒死亡的。不管怎么说，上任才 10 个月，他不可能料想到自己会这么快就离开人间，也没有时间来为自己安排后事。因此，仁宗的献陵是其子明宣宗正式上台后开始营造的。

按照"子随父葬，祖辈衍继"的昭穆制度，明仁宗的献陵被安排在其父亲明成祖长陵的西面。凡到十三陵参观过的人都会发现，和气势不凡、规制严整的长陵相比，明仁宗的献陵显得十分寒酸，陵墓既小又简单。而且，在祾恩殿和明楼之间，有一座小山相隔，把陵墓切成了两部分。这种奇特现象令人百思不得其解。

有一本名为《陵谱》的书中，对此进行了详细的记载。书中说，朱高炽为太子时，每日无所事事在宫中游荡。当时宫中规定，夜晚宫中妃子门口挂红灯的，太子方可进入。挂绿灯意为内住长辈女性，不得入内。一夜，朱高炽到处转悠，见一楼内窗棂上挂着红灯，便喝退侍从，径直走了进去。待其宽衣解带

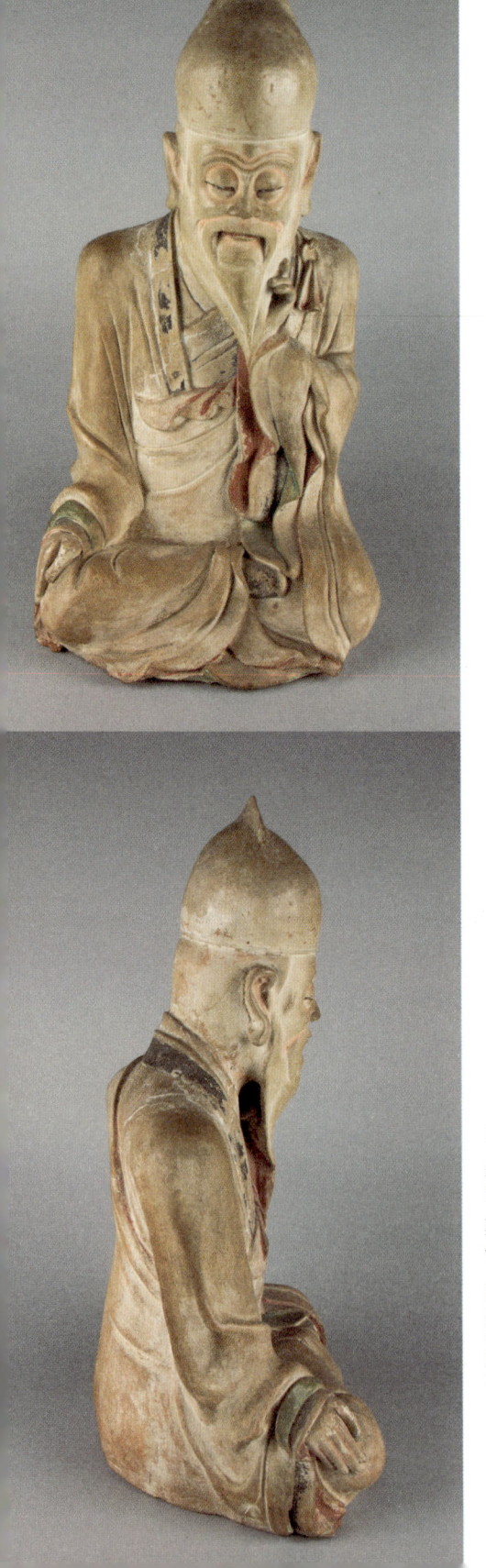

上床后，却见床上躺着的是他的姨娘。出现这种乱伦的情况，在宫中也是少见的，一时人们交头接耳地相互传开了。仁宗晏驾后，明宣宗命人将父皇陵墓建于小土山后，使石碑殿堂及明楼宝顶互不相见，其意是用小山包将父皇仁宗与其姨娘的丑行遮掩起来。因此当地的老百姓一直称这座小山为"遮羞山"。

当然，上述说法只是一种传闻，并不可信。根据文献记载，这座小山或许是与风水有关。皇家园陵最重要的一条选择标准是选择龙脉，起伏的山丘就是龙脉的象征。经术士勘定吉壤后，皇帝亲临视察点穴，一旦决定后，就不能再把原来的山包铲平，否则会伤到龙脉。因此，在建造献陵时，这座小山是作为龙脉的一部分保存的，并不是什么"遮羞山"。

明 初陶人物像 高 53.3 厘米

明宣宗景陵：古朴素雅的景陵

规制最小的景陵里埋葬的明宣宗是一个励精图治的守成帝王，他继承了先祖的事业，把明朝推向了太平盛世。然而这样一位有作为的帝王的陵寝却是明朝规制中最小的。此外，景陵中埋葬的那个皇后并不是明宣宗的原配。那么，明宣宗的原配皇后哪里去了？他为什么成为明朝史上第一个废后的皇帝呢？

守成帝王陵寝小

位于天寿山东峰下的景陵，是明朝第五位皇帝明宣宗朱瞻基与其皇后孙氏的合葬陵寝。明宣宗的景陵在明朝十三陵中是最为简朴、素雅的，也是规模最小的陵墓，这与明宣宗的为人有很大关系。

明宣宗即位后，不仅在治国方面颇有成就，而且在生活中还是一个十分注意节俭、反对奢靡的人。明宣宗生前说过不希望自己的陵墓过于铺张浪费的话，因此，在他去世后，明英宗朱祁镇谨遵宣宗的教诲，没有为他修建十分豪华的陵墓，而是在天寿山陵区建造了一座古朴的陵墓。

景陵虽规制较小，也不豪华，但是它的修建时间却十分长久。景陵于宣德十年（1435年）正月十一日正式动工，由太监沐敬、丰城侯李贤、工部尚书吴中、侍郎蔡信等人督工。军民10万人共同劳作，直到天顺七年（1463年）三月十九日，陵寝才竣工，历时28年。

陵园制度遵献陵俭制，其神道从长陵神道北五孔桥南向东分出，长约1.5千米，途中建单孔石桥一座。陵宫朝向为南偏西，占地约2.5万平方米。宝城因地势修成前方后圆的修长形状，前面的二进方院和后面的宝城连成一体。中轴线上依次修建祾恩门、祾恩殿、三座门、棂星门、石供案、方城、明楼等建筑。

到了嘉靖十五年，明世宗朱厚熜亲自阅览长、献、景三陵，见景陵规制狭小，说："景陵规制独小，又多损坏，其于我宣宗皇帝功德之大，殊为勿称。当重建宫殿，增崇基构，以隆追报。"根据《帝陵图说》记载，增崇基构后的景陵祾恩殿，"殿中柱交龙，栋梁雕刻，藻井花鬘，金碧丹漆"，殿中有暖阁三间，黼座（帝座）地屏直到康熙年间犹有存者。此外，嘉靖年间还在陵前增建了神功圣德碑亭。现在，陵内的祾恩殿台基仍是嘉靖年间改建后的遗物。

景陵中陪葬的为何是继后孙氏

和明宣宗一起埋葬在景陵中的是皇后孙氏。不知大家是否知道，在孙皇后之前还有一位无故被废的皇后，她也是中国明朝史上第一位废后。有着"守成之君"风范的明宣宗为何会做出反祖训、违伦理的废后之事呢？这还要从他的婚姻说起。

明宣宗的第二任皇后孙氏是邹平人，其幼年一直在永城度过。孙氏天生丽质，又聪明伶俐，小小年纪已经名动一城。10岁时，经过彭城伯夫人、张太后母亲等人的提议，她被选入内宫抚养，成为太子朱瞻基择配的人选。

孙氏虽然出身比较低，但是她面貌姣好，深谙说话办事之道。明成祖朱棣及太子朱瞻基都十分喜爱她。由于明成祖的皇后就是邹平人，明成祖觉得同一个地方出两代皇后会让外戚的权力坐大，不利于国家的发展，于是在永乐十五年（1417年）的时候，明成祖重新降旨给心爱的皇太孙朱瞻基选妃。明成祖选中了今山东济宁百户胡善祖的第三个女儿胡氏为皇太孙妃，而一直在皇宫中长大的孙氏则为皇太孙嫔。

这样一个看似简单的决定，带来了明宣宗极不情愿的第一段婚姻，也造就了明英宗生母的悲剧人生。依照明成祖的旨意，明宣宗朱瞻基娶了胡氏做正妻，可朱瞻基更喜欢贵妃孙氏，故而一直冷落胡氏。胡氏成婚后不久就明白了前因后果，因此成天郁郁寡欢，以致久病难愈。

1425年，朱瞻基即位。由于胡氏贞静端淑，当初又是明成祖亲自选定的正妻人选，因此，胡氏虽然身体病弱、未能生育，为宣宗所不喜，宣宗仍册立胡氏为皇后。孙氏当时没有孩子，按理不应该封贵妃位，但是因其饶有美色，十分得宣宗皇帝宠爱，因此被立为贵妃。按照祖宗的制度，册立皇后之时有宝（即金玺）、有册（即写有皇帝封赐命令的金册），贵妃则有册无宝。但宣宗特命制金宝赐予孙贵妃。明朝贵妃有宝是从孙氏开始的，可见宣宗对她的宠爱程度绝非一般。

明宣宗一直不喜欢胡皇后，一心想立孙贵妃为后，但是碍于母亲张太后的反对，再加上胡皇后为人贤明，没有犯什么过错，因此迟迟无法废后。这种情况一直持续到了宣德二年十一月，孙贵妃生下儿子朱祁镇后。这时，宣宗废后的想法更加强烈。

朱祁镇出生不久，就有大臣上表请求立他为皇太子。胡皇后贤惠通达，主动表示应早定国本。按照明朝皇位传承的嫡长子继承制，皇后亲生的儿子才是最佳人选。虽然此时胡皇后没有子嗣，但她年轻，日后可能会有皇子。因此，马上立朱祁镇为皇太子明显有些操之过急。而宣宗不愿意再等，于次年二月册立不满三个月大的朱祁镇为皇太子。朱祁镇是明代册立的太子中年龄最小的。

朱祁镇成为太子后，母凭子贵，他的生母孙贵妃的地位水涨船高。即便如此，宣宗要更立皇后也颇费了一番周折。他先是召见了大臣张辅、蹇义、夏原吉、杨士奇、杨荣等人商议更立皇后之事，但诸位大臣们都认为胡皇后没有过错，不应废去。后来，众位大臣见宣宗心意已决，便给出了两点建议：一是宣宗要保证"无过而废"的胡皇后仍然能够在宫中享有不亚于从前的待遇；二是建议宣宗好言开导胡皇后，让她自己上表请求辞去中宫。

这一办法得到明宣宗的首肯，而胡皇后自知大势已去，便应允辞去中宫。宣德三年（1428年）三月，宣宗发布敕书，废胡皇后，立孙贵妃为皇后。张太后十分同情胡氏无故被废，又欣赏她的贤惠，因此经常将她召到清宁宫中，和自己一同居住。

当时，对于胡皇后无故被废，时人闻之都很不理解，议论纷纷，非常同情胡皇后。数年后，宣宗也颇生悔意，曾说"此朕少年事"。一场发生在明宣宗时期的废后事件就这样充满悲剧色彩地开场和落幕了。

明　竹雕笔洞　高 16 厘米

明　犀角雕玉兰杯　高 10.2 厘米

明　景泰　銅琺瑯三足小水盆

明英宗裕陵：石门山前有裕陵

明初的帝陵埋葬的都是一帝一后，而裕陵却葬着一帝二后。这对明朝之后的帝后合葬制度有什么影响？有哪些能工巧匠负责修建裕陵呢？这一节将为您揭开这些谜团。

一废一立，英宗险葬裕陵

大家都知道裕陵中埋葬的是英宗，可是，殊不知英宗当年差点儿就没办法葬在裕陵之中了。这具体是怎么回事呢？据说，跟当时的两场政变有关。明英宗朱祁镇即位时年方 9 岁。虽年幼，但是由于太皇太后贤明，注意约束内官，委政"三杨"老臣，政事蔚然可观。后来，太皇太后年老多病，对朝廷内外的事过问渐少；"三杨"中，杨荣病故，杨士奇因儿子杨稷被言官所纠而坚卧不出，于是，司礼监太监王振倚恃英宗的宠信，渐渐地控制了朝政。

后来，太皇太后张氏病故，杨士奇也于次年病死，王振完全把持了朝廷大权。正统十四年（1449 年）七月，蒙古的瓦剌部落诱胁其他部落大举南犯。王振劝英宗御驾亲征，兵部尚书邝埜、侍郎于谦等人力言"六师不宜轻出"，吏部尚书王直也率百官谏止，都不被采纳。

英宗在王振的怂恿下，于七月十六日，率京营 50 余万人马，仓促出征。英宗知道了前方战败的惨状后，惊慌失措，决定班师回京。但他没有周密的计划，途中多次徒劳往返，来到了距怀来城 10 千米的土木堡。第二天，瓦剌军到，将土木堡团团围住，数十万明军全部被歼。英国公张辅以下 50 余名文武大臣阵亡，英宗被瓦剌军俘虏，王振被杀。史称这次事件为"土木之变"。

土木败报传到北京，文武百官聚于朝堂号啕大哭。皇太后孙氏下诏，立英宗两岁的儿子朱见深为皇太子，命英宗弟弟郕王朱祁钰监国，总理朝政。九月，廷臣合辞呈请郕王即皇帝位，得到皇太后的同意。朱祁钰遥尊英宗为太上皇帝，次年改元景泰。史称其为明代宗。

景泰帝朱祁钰临危受命却毫不慌乱，他一方面调动全国的军队勤王；另一方面更改他哥哥的许多错误政策，争取民心，并任命于谦为兵部尚书，负责北京保卫战。朱祁钰不仅把国家治理得井井有条，还在十三陵给自己修建了陵墓。

不久之后，于谦在京郊打败瓦剌军，瓦剌军将太上皇英宗放回。英宗抵达北京后，虽为太上皇，却被软禁在南宫。即位刚一年的景泰帝从内心来讲不希望英宗回朝，为防止英宗与旧臣联系，景泰帝对英宗严加防范。

英宗被俘后，张太后接受众大臣的建议，令朱祁钰监国，同时立英宗之子朱见深为太子。景泰帝在帝位逐渐巩固后，把朱见深的太子位给废了，立自己的儿子朱见济为太子。不料，朱见济在做太子一年后就去世了。

景泰八年正月，朱祁钰得了重病，野心家石亨等趁机发动了政变，把明英宗朱祁镇又扶上了皇位。史称"南宫复辟"或"夺门之变"。明英宗重掌皇位后，斥责景泰帝"不孝、不悌、不仁、不义，秽往彰闻，神人共愤"，将其贬为王。几天之后，朱祁钰去世，英宗毁掉其生前修建的陵寝，以王爷的身份将其葬于玉泉山后。其陵寝简朴、凄凉，与一般的王爷坟区别不大。

到了成化十一年，明宪宗认为其叔叔朱祁钰护国有功，恢复其"景泰帝"地位，谥号为"恭定景皇帝"。嘉靖时期，把景泰帝陵的绿瓦全部换成了只有皇帝才能用的黄色琉璃瓦。但是，景泰帝的遗体始终没有迁入十三陵原建的陵寝中，而是独居金山。

能工巧匠建裕陵

明裕陵位于明十三陵天寿山西峰石门山南麓，始建于天顺八年（1464 年）二月二十九日。从营建到完成，仅用了近四个月的时间。裕陵的地面建筑与景陵的基本相同，只是裬恩殿没有后门。宝城则与献陵的相同。《明宪宗实录》记载当时裕陵的规制为："金井宝山城池一座；照壁一座；明楼、花门楼各一座，俱三间；香殿一座五间；云龙五彩贴金朱红油石碑一，祭台一，烧纸

明　仿古玉龙凤纹佩

炉二；神厨正房五，左右厢房六；宰牲亭一；墙门一；奉祀房三；门房三；神路五百三十八丈七尺，神宫监前堂五间，穿堂三间，后堂五间，左右厢房四座二十间，周围歇房并厨房八十六，门楼一，门房一，大小墙门二十五，小房八，井一，神马房、马房二十，砖石桥二，周围包砌河岸沟渠三百八十八丈二尺，栽培松树二千六百八十四株。"

陵园的规模虽然不小，但是从营建到完成，只用了四个月的时间，可谓是神速。之所以修建得如此神速，除了因为朝廷大员的督理外，还要归功于侍郎蒯祥、陆祥这两个能工巧匠。

蒯祥和陆祥是明代初年两位技艺高超的匠师。蒯祥技艺超群，能主大营缮，"凡殿阁楼榭，以至回廊曲宇随手图之，无不中上意者。能以双手握笔画双龙，合之如一。每修缮持尺准度若不经意，既造成，不失厘毫。宪宗时，年八十余，犹执技供奉，上每以'蒯鲁班'呼之"。正统年间他曾主持重建皇宫三大殿的工程。陆祥"有巧思，尝用石方寸许，刻镂为方池以献，凡水中所有鱼龙荇藻之类皆备，曲尽其巧"，使裕陵的建筑物都活灵活现、美观大方。

经过几百年的洗礼，裕陵已破损了不少。虽然在清乾隆五十年至五十二年间（1785-1787年）被修缮过，但是其祾恩殿在民国时期的战乱中被拆毁，祾恩门则于 1917 年被焚。现如今的陵殿门均成遗址，其余建筑保存尚好。

明宪宗茂陵：建造茂陵坎坷多

明宪宗朱见深在即位之初重用贤能大臣，为大明朝带来了中兴的希望。然而这么一位皇帝在晚年的时候爱好方术，以至于厂卫横行、朝纲败坏。不仅如此，明宪宗的茂陵在修建时有众多灾难频繁降临。这到底是自然原因，人为原因，还是因为宪宗为政不明而导致的天灾呢？

茂陵的曲折发展史

明茂陵位于裕陵右侧的聚宝山下，是明朝第八位皇帝宪宗朱见深和王氏、纪氏、邵氏三位皇后的合葬陵寝。茂陵始建于 1487 年 9 月，同年 12 月建成玄宫，葬入宪宗皇帝和纪氏。1488 年 4 月，陵寝建成，历时八个月。陵寝制度大体如裕陵，但宝城内琉璃照壁后面设有左、右两个方向的踏跺，可上登宝山。

茂陵的陵名定于成化二十三年（1487 年）九月十五日，同日嗣皇帝孝宗朱祐樘下旨建陵。陵址由礼部右侍郎倪岳及钦天监监正李华等人卜定。虽然茂陵修建历时不长，但茂陵的建造过程是十分曲折的。据史料记载，陵园建成后的第三天，天寿山一带突然降大雨，雷电、风雹铺天盖地而来，当时各陵楼、殿、厨、亭及各监厅屋兽吻、瓦饰被雷雨击碎很多。

于是大臣们交章上奏，请新登基的孝宗皇帝亲贤勤政，修德爱民，以回天意。二十九日，礼部尚书周洪谟等上言："灾不于他所而于祖宗陵寝之地；不于他时而于茂陵工完之初。伏望陛下延访名德讲求治理诘政灾之由究弭灾之道仍敕两京文武群臣同加修省。"显然，大臣们是用"天人感应"的唯心主义思想，解释灾异的由来，警示新登基的孝宗皇帝在今后的执政期间不要抑贤用邪、听信谗言，否则，上天还会降下灾异，以示惩罚。

明　龙箱　长 40.6 厘米 × 宽 12.7 厘米 × 高 14 厘米

茂陵的建筑在清初时保存尚好，而且祾恩殿内的陈设也保存较多。顾炎武《昌平山水记》记载顺治、康熙年间茂陵的情况是："十二陵惟茂陵独完，他陵或仅存御榻，茂陵则簠簋之属犹有存者。"

清乾隆五十至五十二年，茂陵曾得到修缮。其修缮情况，除祾恩门连同台基一同缩建外，均和裕陵一样。清朝末年，祾恩门因年久失修倒塌；民国年间，祾恩殿被拆毁。

茂陵中的标志性建筑群

茂陵是明十三陵的景点之一。那么，在茂陵中有哪些标志性建筑呢？茂陵又有什么与其他陵墓不同的特点呢？

茂陵中的第一个标志性建筑是石牌坊，这也是陵区前的第一座建筑物。石牌坊建于嘉靖十九年（1540年）。牌坊结构为五楹、六柱、十一楼，全部用汉白玉雕砌，在额枋和柱石的上下刻有龙、云图纹及麒麟、狮子等浮雕。这些图纹上原来饰有各色彩漆，但因年代久远，现已剥蚀净尽。整个牌坊结构恢宏，雕刻精美，反映了明代石质建筑工艺的卓越水平。

过了石牌坊，就可以看到神道左、右有两座小山。东为蟒山，形如一条奔越腾挪的苍龙；西为虎峪，状似一头警觉的猛虎。中国古代有"左青龙，右白虎"的说法，"龙""虎"分列左右，威严地守卫着十三陵的大门。

接下来就是坐落于陵区的正南面的大红门了。大红门门分三洞，又名大宫门，为陵园的正门。大门两旁原各竖一通石碑，上刻"官员人等至此下马"字样。凡是前来祭陵的人，都必须从此步入陵园。大门两侧原设有两个角门，连接着长达40千米的红色围墙。现在围墙早已坍塌，有些残迹尚依稀可辨。

大红门后的大道，叫神道，也称陵道。起于石牌坊，穿过大红门，一直通向长陵，后来成了全陵区的主陵道了。该道纵贯陵园南北，全长7千米，沿线设有一系列建筑物，错落有致，蔚为壮观。

位于神道中央的是一座歇山重檐、四出翘角的高大方形亭楼，亭内竖有龙首龟趺石碑一块，高6米多，上题"大明长陵神功圣德碑"。碑文上有3500多个字，是明仁宗朱高炽撰文，明初著名书法家程南云所书。该碑碑文作于洪熙元年（1425年），碑石却是宣德十年（1435年）刻成的。碑文详细记录了长、永、定、思诸陵的残破情况。碑东侧是清廷修明陵的花费记录，西侧是嘉庆帝论述明代灭亡的原因。

碑亭四隅立有4根白石华表，其顶部均蹲有一只异兽，名为望天孔。华表和碑亭相互映衬，显得十分庄重浑厚。在碑亭东侧，原建有行宫，为帝后前来祀陵时的更衣处，现已无存。

从碑亭北的两根六角形的石柱起至龙凤门止的千米神道两旁，整齐地排列着24只石兽和12个石人。它们造型生动，雕刻精细，深为游人所喜爱。其数量之多，形体之大，雕琢之精，保存之好，是我国古代陵园中罕见的。石兽共分6种，每种4只，均呈两立两跪状。在皇陵中设置这种石像生，早在两千多年前的秦汉时期就有了。它们主要起装饰点缀作用，以象征皇帝的仪威，表示皇帝死后在阴间也拥有文武百官及各种牲畜，仍可主宰一切。

接下来是棂星门，又叫龙凤门。由四根石柱构成三个门洞，门柱类似华表，柱上有云板、异兽。在三个门额枋上的中央部分，还分别饰有一颗石雕火珠，因而该门又称"火焰牌坊"。

后人从这些依山而建的陵墓可以看到明陵建筑与自然景观的有机结合，看到古人的建筑和装饰思想，了解封建中国持续五百余年的世界观与权力观。

明　景泰款　掐丝珐琅鹿鹤长春花插

明孝宗泰陵：地气不正损王气

中国古代的成年皇帝基本上都是嫔妃成群，为什么明孝宗朱祐樘一生只有一个妻子？孝宗实行一夫一妻制是自愿的还是有逼不得已的苦衷？为什么后人都说泰陵的风水不好，影响了明朝的王者之气？这一节，让我们走近这位情深的开明君主，看他如何选择了一个不怎么太平的"吉壤"作为了陵址。

泰陵风水不太好

泰陵位于笔架山东南麓，这里又称"施家台"或"史家山"。泰陵是明朝第九位皇帝孝宗敬皇帝朱祐樘（年号弘治）及皇后张氏的合葬陵寝。

明孝宗生前忙于政事，勤政为民，生活节俭，一直都没有顾得上给自己建陵墓，他的陵事是在他去世之后由儿子明武宗筹划的。据《明武宗实录》中的记载来看，明武宗即位后，就着手筹办孝宗丧事。当时的礼部左侍郎李杰、钦天监监副倪谦和司礼监太监戴义对武宗说："茂陵西面有个叫施家台的地方，是个建陵的吉地，大行皇帝的陵寝可以在那营建。"工科右给事中许天锡也向武宗建议那个地方风水好，还恳请廷臣中精通风水术的人前去复视一次，并说："如有疑，亟移文江西等处。广求术士，博访名山，务得主势之强，风气之聚，水土之深、穴法之正、力量之全，如宋儒朱熹所云着，庶可安奉神灵，为国家祈天永命之助。"于是，武宗命太监扶安、李兴、覃观及礼部右侍郎王华等人前往施家台看视，最后确定在那里营建孝宗陵寝。

弘治十八年六月五日，陵园正式兴工，并定陵名为泰陵。太监李兴、新宁伯谭佑等人监督工程，五军都督府及三大营官军上万人供役。四个月后玄宫落成，接着将孝宗葬入陵内。正德元年（1506年）三月二十二日，陵园的地面建筑全部告成。整个陵寝建筑按《明武宗实录》记载包括："金井宝山城、明楼、琉璃照壁各一所，圣号石碑一通，罗城周围为丈一百四十有二，一字门三座，香殿一座为室五，左右厢、纸炉各两座，宫门一座为室三，神厨、奉祀房、火房各一所，桥五座，神宫监、神马房、果园各一所。"

泰陵营建过程也不是一帆风顺。祝允明《九朝野记》和孙绪《无用闲谈》曾记载：在开挖玄宫金井时，曾有泉水涌出——"水孔如巨杯，仰喷不止"。吏部主事杨子器亲眼看到，如实上奏朝廷。在古代的风水观念中，金井出水是非常不祥的兆头。这样一来，非改址不可。然而当时的督工太监李兴为武宗所宠信，气焰嚣张。他见有人对他主管的修陵一事提出了意见，十分气恼。再加上当时督工的官员们都希望陵寝尽快完工，于是他们偷偷命人堵住泉眼，还倒打一耙，上疏说杨子器"诽谤狂妄"。

武宗听信小人的谗言，不问青红皂白就把杨子器关进了锦衣卫大狱，其他官员见状也不敢为杨子器求情。恰巧，这时有个新被起用的知县——莆田人邱泰来到京城。他见京城对这件事议论纷纷，就上书说："子器比奏甚有益，盖泰陵有水，通国皆云。使此时不言，万一梓宫葬后有言者，欲开则泄气，不开则抱恨终天。今视水有无，此疑可释。"武宗觉得有理，命司礼监太监萧敬押解杨子器前往泰陵，一同察看验证。

杨子器料到李兴等人会堵住泉眼，自己此去凶多吉少，在早晨临行时赋诗一首：

泰陵地宫

禁鼓元声晓色迟，午门西畔立多时。

楚人抱璞云何泣，杞国忧天竟是痴。

群议已公须首实，众言不发但心知。

殷勤为问山陵使，谁与朝廷决大疑。

当萧敬押着杨子器到了秦陵，李兴率领一群打手赶到。他们见了杨子器先是痛骂，接着又要鞭打。萧敬连忙阻止，对他们说："水之有无，视之立见，何必如此？"又对李兴说："士大夫可杀，不可辱也。"

回到朝廷，萧敬禀报了泰陵金井无水的情况。太皇太后王氏（宪宗皇后）在宫内听说这件事，传旨说："无水则已，何必罪人！"杨子器才得以官复原职，避免了一场杀身大祸。

其实，泰陵金井即使没有出水，从"风水"的角度看，该陵所在位置的确存在不少不合于"吉壤"条件的地方。梁份在《帝陵图说》中曾这样评论泰陵的风水："山巅巨石，土山戴之。而灵域之脉实生其下，盖天寿山外之山。淆然杂乱，地气不正，穴结无情，非可为弓剑之所也。况乎黑岭南障，一无所见于前。贤庄，灰岭之水出其左，锥石之水出发其右，二水虽合，环绕南流，流而散也……则皇堂之地不可言，概可知矣！"

由此可知，泰陵的风水确实是不怎么样的。甚至还有人说，正是因为泰陵的风水不好，才损害了帝王的王气，把明朝数百年的气数都削弱了。虽然这是无稽之谈，但是泰陵是十三陵中破坏最为严重的，也不得不让人怀疑"风水不正"之说的真实性了。

世界上最幸福的皇后

说起明孝宗的皇后，众人纷纷感慨不已。她不仅死后与孝宗同葬在泰陵中，就是活着的时候，也可谓是世界上最幸福的皇后。

按照明代中期以后选后的制度，皇后一般都出身于平民之家。明孝宗张皇后，河北兴济人。父为张峦原本是一个秀才，后从地方学校保送进了国立最高学府就读，成为国子监生。张氏出身于这样的读书人家庭，教养不错。在成化二十三年二月，张氏被选立为太子妃；十月，孝宗即位后被立为皇后；弘治四年（1491 年）的九月二十四日生下了皇长子朱厚照，即武宗朱厚照。

明孝宗对这个儿子非常疼爱，对于张皇后自然更是宠爱。晚明学者黄景昉说："时张后爱最笃，同上起居，不立嫔妃，如民间伉俪然。"这在封建时期皇帝的私人生活中，实属少见。明孝宗还因为宠爱皇后的缘故，颇为优待外戚，追封岳父张峦为昌国公，封妻弟张鹤龄为寿宁侯、张延龄为建昌侯。即使妻弟们借权势嚣张跋扈，言官时常进谏，孝宗仍努力为之调解。这不由得让人发出疑问了：为何身处粉黛成群的后宫之中，孝宗却能坚守一夫一妻制呢？

明中期 缂丝孔雀纹补 35.6 厘米 × 35.6 厘米

后世人们经过分析，觉得原因估计有以下几种：第一，孝宗本人性格温和，又深受儒家思想的熏陶，对于男女之事没有特别强烈的兴趣；第二，孝宗幼年为避万贵妃的迫害，6 岁以前一直被秘密养育于宫中的安乐堂内，对于嫔妃之间的争宠吃醋以及随之而来的宫闱斗争体会深切，有切肤之痛；第三，张后本人性格比较活泼，对孝宗有足够的吸引力和约束力；第四，孝宗号称以孝治天下，曾经定下了为宪宗皇帝守孝三年之制，选淑女以备嫔妃之选的事情就搁置下来。

孝宗夫妇伉俪情深，令人艳羡。而张皇后一生中为孝宗生了两子三女，皇帝的子嗣相对较少。另外，皇二子朱厚纬与皇长女太康公主先后夭折，只剩下朱厚照一个。朱厚照却是个顽劣不堪之子。他即位后不仅在位时间短，而且还无子而终。为此，张太后和首辅杨廷和不得已立兴王世子朱厚熜为新君，由此引发了争夺名分的惨烈大议礼。

嘉靖帝获胜后，大力打击报复张太后及其家人，借故杀死其弟。最后，张太后在凄凉中去世，葬礼的规模也被严重削减，甚是凄惨。

明　弘治三彩佛涅槃组像　高 17.8 厘米 × 宽 10.8 厘米

明武宗康陵：神奇传说绕康陵

明武宗是历史上极具争议、极具个性色彩的一位皇帝。有人认为他荒淫暴戾，怪诞无耻，是少见的无道昏君；也有人觉得他是一个追求个性解放，追求自由平等，平易近人、心地善良的皇帝。拥有这样神奇色彩的明武宗在去世后为许多人津津乐道，埋葬他的康陵也留下了许多神奇的色彩。

康陵内部探秘

明康陵位于北京市昌平天寿山陵区莲花山东麓，是明朝第十位皇帝武宗朱厚照和皇后夏氏的合葬陵墓。或许是因为明武宗放荡不羁的个性，康陵的位置在明十三陵陵区中最西端，遥望东北，看起来十分不合群。更加不合群的是，天寿山诸陵虽因风水各有偏向，大体朝南，德、景、永处东山而向西，唯有康陵独处西山，是唯一朝东的陵寝。

康陵不仅位置选得独特，就连其陵寝内部的一些建筑也与其他陵墓稍有差别。明朝的其他帝陵寝一般都会有三座并排单孔金水桥，而康陵则不然，其桥远在500米之外，泰陵之南，椎石口南行之河道上。其现已无存，仅余护岸石而已。

当然，陵寝建筑也由神道、陵宫及陵宫外附属建筑三部分组成。陵宫建筑总体布局呈前方后圆形状，占地2.7万平方米。前面有两进院落，第一进院落，以祾恩门为陵门，单檐歇山顶，面积大，为间房。院内建祾恩殿及左、右配殿，有神帛炉两座。第二进院落，前设三座门，内建两柱牌楼门及石供案。

方院之后为圆形宝城，在宝城入口处建有方形城台，城台之上建重檐歇山式明楼。楼内竖圣号碑，上刻"大明武宗毅皇帝之陵"。从明楼后宝城内排水沟里侧开始向中心部位起冢，冢形呈自然隆起状。冢前及稍前两侧分别砌有高不及胸的冢墙，墙前正对宝城瓮道处建琉璃照壁一座。陵宫外还有一些附属建筑，如宰牲亭、神厨、神库、祠祭署、神宫监、朝房、果园、榛厂、神马房等。康陵的明楼形制一如明泰陵，方城比较矮小。

明楼毁于明末，清朝重修时缩小了建制。圣号碑有一处裂痕，还有处已破损碎落。冢墙的墙皮脱落后，人们可以欣赏到款式多样、字迹清晰、构图精美的城砖铭文，可以找到多种字体、称谓、地名。最多的达 61 个字，古朴天成。

康陵的地上建筑虽多有破坏，但康陵陵墓群构造严密、设计合理。虽历经五百年风风雨雨却没有露出地下玄宫的破绽。所以，它的地下宝藏——玄宫没被盗。康陵的宝城比较低矮，不像长陵那样高大坚固，城砖多有塌落，垛口倾圮。由于宝顶上长满草木，远古的痕迹都被掩盖了。

康陵诸多文物展品中，陶器制品不仅数量多，而且很有特色。康陵出土的陶制香蕉、菠萝、茨菇、木瓜、马蹄、桃、柿系列尽管有上千年历史，却依然色泽自然、栩栩如生。这些水果属于模型明器蔬果祭品，也是迄今考古发现年代最早的一批蔬果寿象生陶瓷制品。

两个并排放置的陶俑乍一看给人心惊的感觉。陶俑大约 20 厘米高，双目圆睁，嘴巴微张，流露出恐惧的神色。猫头鹰形三足陶盒造型相当别致，盒的两侧、尾部做成猫头鹰的翅膀、尾巴，四周还布满细小而精致的花纹。牛盖小陶罐则十分有趣，牛身几乎覆盖了盖子，显得十分硕大。该组陶罐共有 5 个，牛首一律向右。

康陵建制简朴，与周围环境景观和谐统一，规划设计合理，康陵反映了明朝的建筑艺术成就。明末，康陵曾遭到烧毁，在清朝乾隆年间，曾被整修。现在是国家重点保护单位之一，也是十三陵中的主要景点。

康陵中流传的传说

明武宗朱厚照一生放荡不羁、顽劣不堪，以至于他死后埋葬的康陵一直流传着这样一个故事。

东西走向的康陵位于众山环抱之中，它的背后是五峰耸立的十分陡峭的"莲花山"（或称"八宝莲花山"），当地人却戏称这里是"恋花山"。

据说朱厚照在位的时候，曾多次微服巡行民间。他在山西大同偶遇一民间美女李凤，利用自己的权势强行霸占了李凤后，在回京途中于居庸关将李凤抛弃。不久之后，李凤在居庸关生下一个男孩。李凤因自己被抛弃，终日郁郁寡欢，最后抑郁而死。当地的百姓感叹和同情李凤的遭遇，便为李凤在居庸关南山坡上立了一座坟。慢慢地，坟上长满了白草，因而当地人把这儿称作"白凤冢"。今天，此冢仍是"关沟七十二景"之一。

据野史上记载，因为明武宗朱厚照死后无嗣，大臣们便想起了当年的李凤。他们到居庸关找到了那个男孩，让他回京即位，这就是后来的嘉靖皇帝。百姓们都对朱厚照"生在花丛，死在花下"的行径十分嘲讽，便称呼康陵后面的山峰为"恋花山"，而明廷为了皇家的脸面，把"恋花山"改称"莲花山"了。

现如今去康陵游玩的人们会在康陵附近的村口看到两棵古槐树，据当地人说它们已经有五百多年的历史。这两棵古槐树相生相伴，情深义重，有着"夫妻情侣拥双槐，终生相依永相随"的美好传说。同时，双槐又像两个忠诚的卫士，看守着康陵大门，见证着康陵历史，保佑着康陵的平安。

明　洒金方豆

明世宗永陵：荒唐皇帝葬永陵

　　明永陵位于阳翠岭南麓，是明朝第十一位皇帝世宗朱厚熜的陵寝。堂堂一代帝王，为何最后差点死于宫女之手？为何嘉靖帝被后人戏称为"荒唐帝王"？他做了哪些让众人不齿的荒唐事呢？仅次于长陵的永陵与前七陵相较，又有哪些独特之处呢？

嘉靖帝做过的荒唐事

　　明世宗朱厚熜在位45年，在位时间仅次于他的孙子明神宗。别看嘉靖帝在位的时间长，他老人家不上朝的时间也很长，足有20年不理朝政。在这期间虽然他依然掌握着朝政大权，但是处于幕后终归有些鞭长莫及，为明朝的衰落埋下了隐患。

　　嘉靖二十一年（1542年），紫禁城内发生了一起宫女谋杀皇帝的事件。那天深夜，世宗正熟睡于曹端妃宫中，以杨金英为首的16名宫女密谋趁机把他勒死。可惜的是当时宫女们误把绳套缩成了死扣，不论怎么拉，绳索都不能收紧。这时宫外隐约传来一些响动，宫女张金莲见事不成，偷偷向孝烈皇后告密。孝烈皇后闻讯起来，将宫女们拿下。可怜这些宫女，一个个被"凌迟处死，锉尸枭首，示众尽法"，家属也被逐一依律处决。这次宫变的直接原因，朝鲜《李朝实录·中宗实录》曾作如下记载："盖以皇帝虽宠宫人，若有微过，多不容恕，辄加箠楚，因此殒命者多至二百余人。蓄怨积苦，发此凶谋。"可见，"宫婢之变"实则是一次妇女们反抗黑暗、反抗压迫的斗争。

　　世宗在明代诸帝中，是最热衷于神仙方术的一个。他一意玄修，崇奉道教，无心理政。嘉靖二年（1523年），世宗在暖阁太监崔文的引诱下，在乾清宫

明嘉靖　景德鎮窯青花五彩魚藻罐　高 23.2 厘米

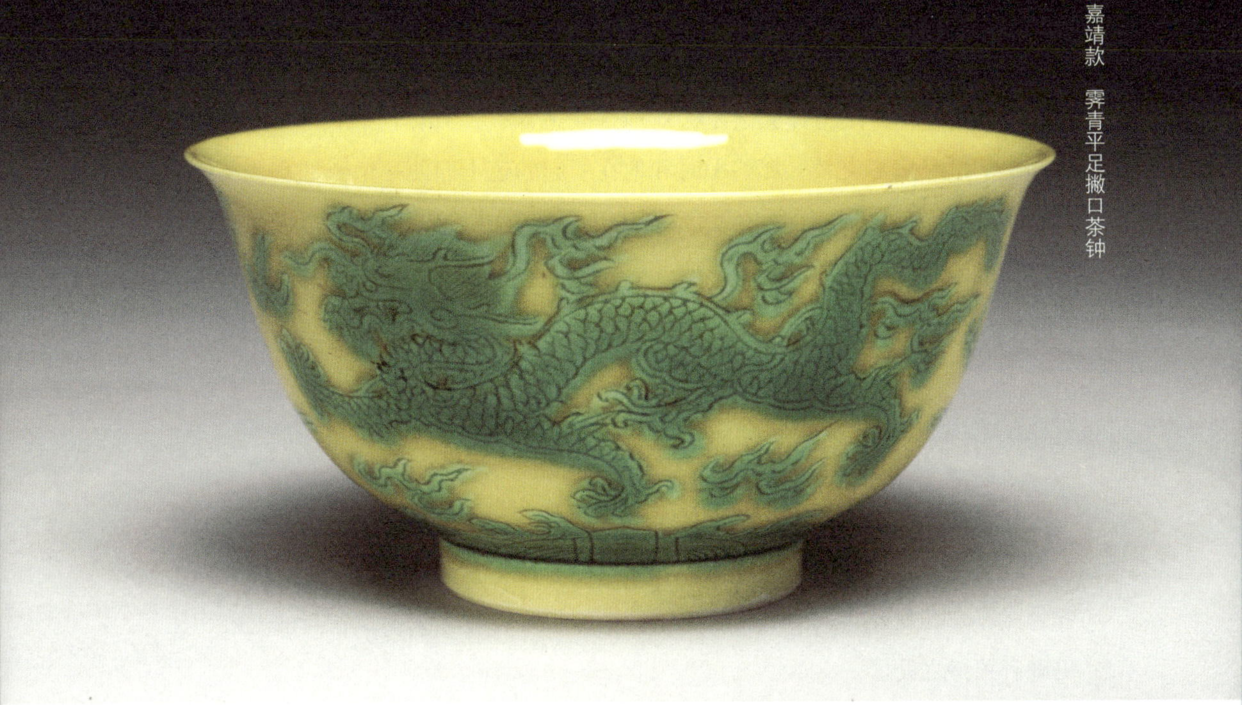

嘉靖款　霁青平足撇口茶钟

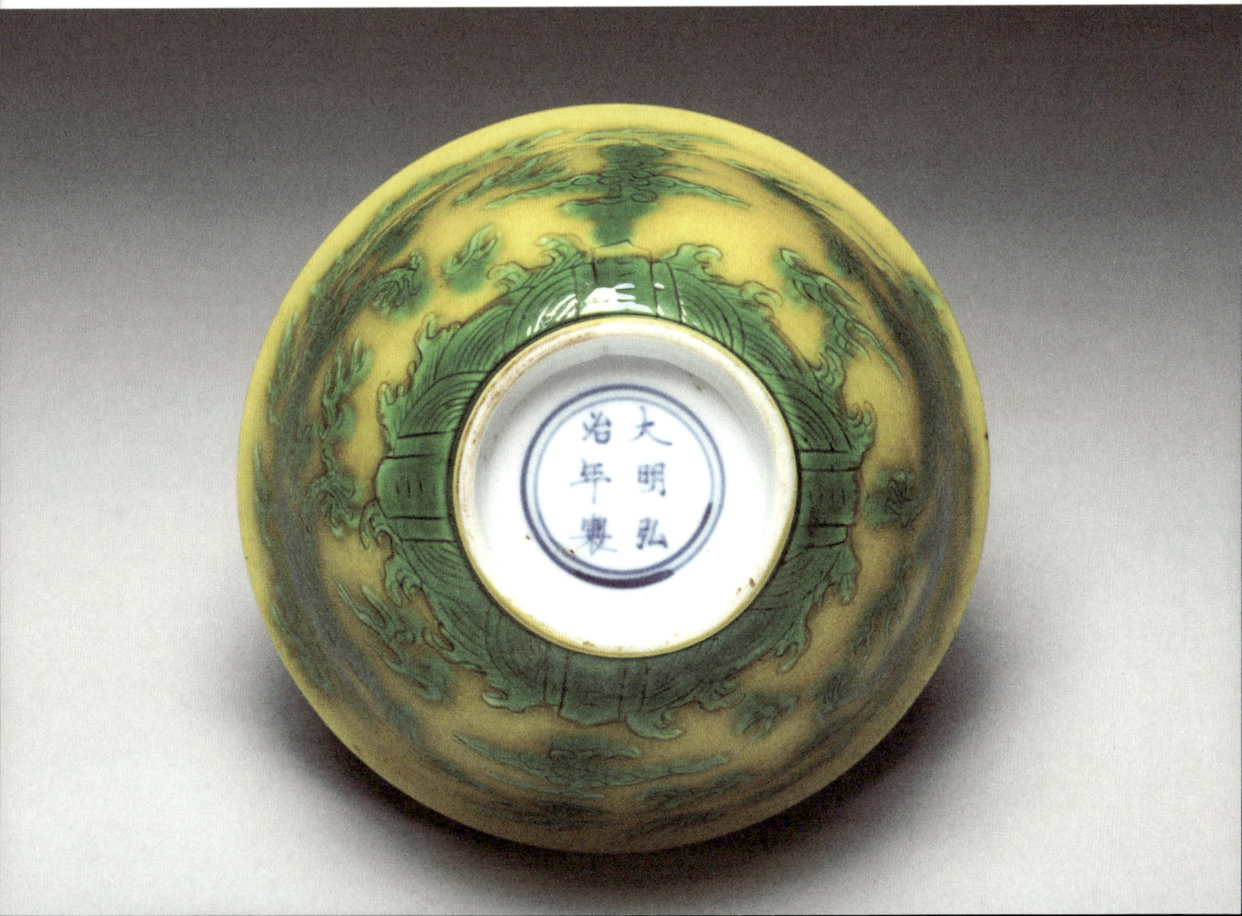

等处建醮祷祀。不过时仅一月，就在大学士杨廷和及言官们的劝谏下停止了。但没过几年，世宗又堕入其术之中。方士、道士们利用世宗梦想长生不死和对灵瑞现象的迷信，屡行诈骗之术，对他百般愚弄。

由于世宗信奉道教，那些平时和他在一起的道士们便一个个加官晋爵，成了红人。当政的大臣们也纷纷迎合世宗的癖好，为建斋醮进献诗章，撰写青词。其中尤以大奸臣严嵩为甚。但斋醮并没有使世宗长生不死，也没有使他羽化登仙，他最终因为过多地服用丹药病逝于乾清宫。

从建筑中看永陵规模

世宗的永陵背倚阳翠岭（原名十八道岭），兴建于嘉靖十五年，经过大约7～11年才大体告成。永陵的碑亭很像献陵，"而崇钜过之"。明楼三面，皆为城堞。其规模宏大，规制壮丽精致，比长陵有过之无不及，与前七陵相比也确有独特之处。

在古代，陵园规模的大小，取决于陵园殿庑、明楼及宝城规制。按照《大明会典》的记载，永陵宝城直径为81丈，祾恩殿为重檐七间，左右配殿各九间。其规制仅次于长陵，而超过献、景、裕、茂、泰、康六陵制度。其祾恩门面阔五间则与长陵相等，其后仅定陵与之同制。另外，永陵的方院和宝城之外，还有一道前七陵都没有的外罗城，其制"壮大，甃石之缜密精工，长陵规画之心思不及也"。外罗城之内，左列神厨，右列神库各五间，还仿照深宫永巷之制，建有东西长街。《帝陵图说》曾记载这座外罗城的由来："永陵既成，壮丽已极，为七陵所未有。帝登阳翠岭顾工部曰：'朕陵如是止乎？'部臣仓皇对曰：'外尚有周垣未作。'于是周遭甃砌，垣石坚厚，壮大完固。虽孝陵所未尝有，其后定陵效之。"当然，这段文字出自传闻。因为按《明世宗实录》卷一八七的记载，当时夏言等人拟定的永陵陵寝制度，是按照世宗的旨意，把皇妃从葬之式与陵园制度一体考虑的。更确切地说，世宗皇帝是想把自己的妃子们也葬在自己的陵园内（不是一个玄宫内）。于是，夏言等人设计了外罗城，以便将皇妃们埋葬于外罗城之内。其布葬的位置则拟在"宝山城之外，明楼之前"，亦即明楼前，左右宫墙之外，左右相向，依次而祔。后来，世宗的皇妃们的墓

明世宗 朱厚熜

室虽然没有按原议定的方案修在外罗城内，但外罗城则按原定计划修建了。

永陵的砖石结构的明楼，造型新颖的圣号碑，别具一格的宝城城台设计，花斑石砌成的宝城墙城垛，包括祾恩殿、祾恩门"龙凤戏珠"图案的御路石雕也都是以前各陵没有的，这些做法后来为定陵所效法。

由于永陵用料考究，规制宏阔，明隆庆《昌平州志》称其"重门严邃，殿宇宏深，楼城巍峨，松柏苍翠，宛若仙宫。其规制一准于长陵，而瑰丽精巧实有过之"。

清乾隆五十至五十二年（1785—1787年），朝廷修葺十三陵时，永陵也得到了修整。当时永陵的祾恩门和祾恩殿虽然"头停椽望尽属破坏，柁、檩、枋、垫亦有糟朽"，但由于初建时用材宏壮、施工精细，其大木构架尚无大损。负责修陵的大臣金简（工部尚书）、曹文埴（户部侍郎）等人本应建议按原制修缮，可是，鉴于十三陵修缮范围较大，而至乾隆年间，楠木已经"采伐殆尽"，若"仍照旧式修整，则长陵、永陵两处购求大木更难办理"的情况，经过商议，提出了这样一个拆大改小的建议："拟将永陵享殿等处拆卸，一切柱木大件先尽长陵均匀配用。其永陵宫门、享殿的木料，再将拆下两庑木料配搭。按照各陵规制建造享殿五间、宫门三间。"

民国年间，乾隆时期改建的祾恩殿、祾恩门相继塌毁。至今台基上还完整地保留着改建后门、殿的柱础石。明代门、殿的柱础石保留不多，但可以看出其明显大于改建后的柱础石。其中，祾恩殿现存明代重檐金柱柱础石的部分直径达1.2米，比长陵的仅少2厘米。由此，我们可以想象明朝时永陵祾恩殿的楠木柱也是十分粗壮的。

现在的永陵只剩下一座陵门和明楼了，这座明楼可以称得上是十三陵中的明楼之冠。它不仅全部用石料筑成，而且材质极好。所用的花斑石是专从南溶县善化山中采掘来的，石质坚硬异常。永陵从建成到现在，经历了四百余年，石的棱角犹如新琢。

陵中葬着的三位皇后分别是谁

和嘉靖帝一起埋葬在永陵中的皇后共有三位，她们分别是：陈皇后、方皇后和杜皇后。

　　嘉靖帝的原配是陈皇后。陈皇后是元城人（今河北大名县东），嘉靖元年被立为皇后。但是陈皇后好嫉妒，脾气暴躁。一次，嘉靖帝盯着两个妃子目不转睛的样子，惹得陈皇后怒从心起，她霍然立起，把茶杯摔碎，拂袖而去。嘉靖皇帝对她的举动大发雷霆，陈皇后受了惊吓，腹中胎儿堕落，她也因此丧命。陈皇后死了，方妃由妃晋升为皇后。

　　虽然方妃成了皇后，但是她并不得嘉靖帝的喜欢，当时嘉靖皇帝宠爱的是曹妃。因为嘉靖帝经常在曹妃宫中歇宿，给了宫女们可乘之机，她们在曹妃宫中发动了有名的"宫婢之变"。就在嘉靖帝命悬一线的时刻，一宫女赶去向方皇后报密，嘉靖帝才躲过一劫。而后，曹妃等人被处死，方皇后因"救驾"有功而受宠。

　　嘉靖皇帝的第三位皇后是杜皇后，她是因为儿子被立为太子，才取得皇后身份的，她的儿子就是后来的隆庆皇帝。

明嘉靖　葫芦釉瓷瓶　高 19.4 厘米

明穆宗昭陵：昭陵首创哑巴院

明穆宗的昭陵和之前的明朝陵寝不太一样，从昭陵开始，明朝陵墓有了"哑巴院"的陵寝形制。什么是"哑巴院"形制呢？为什么昭陵会采用这种"哑巴院"的形制呢？让我们结合历史、地理、文化环境来细细分析昭陵的特色。

昭陵哑巴院的形制

明昭陵位于北京市昌平区十三陵特区天寿山大峪山东麓，是明朝第十二帝穆宗庄皇帝朱载垕及其三位皇后的合葬陵寝。昭陵陵园现存有完整的祾恩门、祾恩殿及其东西配殿、方城、明楼、宝顶等，是目前十三陵中第一座大规模复原修葺的陵园，也是陵区正式开放的旅游景点之一。

昭陵的陵寝制度在十三陵中属中等规模。其神道从长陵神道七孔桥北向西分出，长约2千米，途中建有五孔、单孔石桥各一座。近陵处建碑亭一座，亭后建并列单孔石桥三座。陵宫建筑，朝向为南偏东38度，占地约3.46万平方米。其总体布局也呈前方后圆之形，宝城前设两进院落，方城下甬道做直通前后的方式，祾恩殿、配殿共五间，祾恩门为三间的规制，如泰、康诸陵制度。

昭陵的最大特点，是率先形成了完备的"哑巴院"制度。明朝的帝陵从献陵到康陵（合计六陵）都是两进院落的格局，这六陵宝城内的封土是从宝城内环形排水沟以内开始夯筑"宝山"（墓冢）的——其形状呈自然隆起之态，叫作"小冢半填"。昭陵则不同，宝城内的封土填得特别满，几乎与宝城墙等高，正中筑有上小下大的柱形夯土墓冢，封土的前部有弧形砖墙拦挡封土，并与方城两侧的宝城墙内壁相接，形成了一个封闭的月牙形院落。人们俗称为"哑巴院"，并称院外月牙形的墙体为"月牙城"。

为什么昭陵会采用这种"哑巴院"的形制呢？据《明神宗实录》记载，万历九年（1581年）五月十五日，工部上一道奏章，说："永陵宝城黄土，自嘉靖十八年以来，至今四十二年，不为不久，乃十分尚亏其八。"还提出六条意见请神宗批答。神宗览奏后下旨说："皇祖宝城培土如何四十余年尚未完？就这工程重大，若用陵军、班军未免耽延时月，终无完局，依拟通行雇募，刻期报完。"又说，"朕前恭陵寝，见昭陵宝城亦欠高厚，着一体加培，俱不许苟且了事。"这样一来，永、昭二陵宝城的黄土同时加培，大臣们恐落下"苟且了事"的罪名，自然就按同一规制培筑了。这就是昭陵宝顶与永陵相同，却与长、献、景、泰等陵都不同的原因。

由于封土的培高，冢前拦土墙、排水系统、照壁形式与宝城、方城的关系都要重新考虑，于是形成了陵区内第一座"哑巴院"。坟墓冢前拦土墙的大幅度增高，不仅可以满足宝城内填满黄土的需要，而且方城下的甬道和宝城内通向明楼的左右转向也可以继续使用，而不致被封土掩埋。这种"月牙城""哑巴院"的建制为后来的庆、德二陵所沿用。

也许有人会问，昭陵的"月牙城""哑巴院"的原设计是不是就是这样？它是原来拟定好的创新之举呢？从昭陵营建的历史背景看，我们发现不是这样的。因为从整个陵寝建筑的规制看，昭陵是按泰、康等陵形制建造的。而且昭陵营建时，正是明代著名政治家张居正执政期间。张居正受孝定皇太后李氏之托，辅佐年幼的神宗皇帝，以务实的精神锐意改变时弊。他虽对先帝陵寝的建造态度十分认真，但绝不会将精力花在陵制的创新上。因为这样的创新只会增加陵工的工程量，加大用度，而当时张居正却是千方百计在考虑着如何开源节流。这点从神宗隆庆六年七月谕工部尚书朱衡的内容也可看出。可见，昭陵"哑巴院"是在一个偶然因素影响下形成的。

修修补补昭陵史

明朝灭亡后，昭陵先后遭到两次破坏：第一次是公元1644年，在战乱中明楼遭到火焚。第二次是清康熙三十四年（1695年）三月五日，大雨滂沱，雷电交加，其祾恩殿和两庑配殿遭雷击起火，虽经过拼命扑救，但只剩下了两庑配殿，祾恩殿被彻底烧毁。随着岁月的推移，到了乾隆年间，两庑配殿和祾恩门又相继残坏。

到乾隆五十至五十二年，清政府为缓和民族矛盾，重新修葺明十三陵，昭陵也在修葺之中。从昭陵的遗址来看，当时修葺的项目有明楼、祾恩门、祾恩殿三项工程。这次重修，虽然使陵园制度稍趋完备，却改变了原有建筑的规制。

明楼的斗拱，依明朝建制均为上檐单翘重昂七踩斗拱，下檐重昂五踩斗拱。而修葺后的昭陵却变成了上下檐均为单翘单昂五踩斗拱，明楼内还增加了条石券顶。

祾恩门、祾恩殿虽然在重建时没有大的变动，但都缩小了尺度。祾恩殿的原制面积为五间（30.38米），后缩小为23.3米；进深四间（16.77米），后缩小为12.52米。陵内的两庑配殿和陵前的神功圣德碑亭不仅没有重建，而且残垣断壁也被拆除。只在碑石周围旧亭基上修建了一周宇墙。此后，在长达二百年的时间里一直没有得到修缮，昔日壮丽的陵园建筑只剩下残坏的明楼和陵墙了，映入眼帘的是满目的苍凉。

中华人民共和国成立后，为了加强对文物的保护和利用，开辟新的旅游景点，丰富旅游内容，经有关部门批准，十三陵特区从1985年6月开始筹备昭陵的复原修缮工程，1987年4月正式动工。修缮的主要工程有：明楼木架结构和瓦饰的更换，祾恩殿、祾恩门、两庑配殿、神功圣德碑亭、宰牲亭、神厨、神库的复原修建等。

重修后的昭陵建筑宏伟，金碧辉煌，具有陵制完整的特点。祾恩殿内有"明昭陵秋季复原陈列"；昭陵石桥与新复建的神功圣德碑亭再现了明代秋祭时殿内供品丰洁、乐器齐备的隆重场面，成了当今游客非常喜欢参观的景点之一。

明神宗定陵：最是诡异在定陵

明神宗定陵被打开后，人们发现定陵地宫布置玄妙，而明神宗与两位皇后与众不同的埋葬姿势也引人深思。那么，明神宗与他的两位皇后为什么要用如此特殊的入葬姿势呢？这些姿势有着什么深意？定陵的玄宫布局为什么要设计成前、中、后、左、右五室？左右配室为何人配置？玄宫石门在试掘时是怎样打开的？

定陵玄宫布局之谜

定陵是明朝第十三位皇帝神宗朱翊钧与其孝端和孝靖两位皇后的合葬陵，位于北京市昌平县境内天寿山南麓，始建于 1584 年，1590 年完工，占地面积共 18 万平方米，是明朝十三陵中最大的三座陵园之一，也是唯一一座在考古学家手中发掘的古代帝王陵。定陵最著名之处，便是它的地下宫殿。因为这是十三陵中十三座宝顶下唯一被打开的皇帝陵墓，由它可以窥探十三陵地宫的全貌。

定陵的地下宫殿规模宏伟，古朴典雅，工艺卓绝，历经三百余年板石无毁，坚固异常。定陵地下玄宫距宝顶 27 米，总面积达 1195 平方米，是我国已知帝后陵寝中较大的一座。玄宫的平面布局分前、中、后三大殿，象征皇宫内廷中的乾清宫、交泰殿、坤宁宫。中殿两侧有左右配殿，按币形分布，配殿象征分处两翼的东、西六宫，无异于人君之居，追求"死犹如生"之义。其中前、中两殿呈纵向长方形，各高 7.2 米、宽 6 米，共长 58 米，给人以深邃之感。后殿为玄宫主体，高 9.5 米、宽 9.1 米、长 30.1 米。它在诸殿之中最大，显得宽敞堂皇，体现了大明皇帝在阴间九重深宫中的威严。玄宫中五个殿堂之间，有

明万历 五彩百鹿尊 高 34.6 厘米 口径 20 厘米 底径 16.3 厘米

明 掐丝珐琅菱花口碟 高2.5厘米 直径15.2厘米

明　白玉辟邪笔格

双扇石门相隔，全部用汉白玉石构筑门券。前殿与左右殿，还各有一座石门通向隧道券，券外有"金刚墙"封住入口。其中前殿隧道，通向明楼右侧的宝城墙隧道，左右配殿的隧道走向不明。定陵的地下玄宫全部是石结构，采用双曲拱券的形式，实为一座无梁柱的石头宝殿。

定陵玄宫为什么要设计成前、中、后、左、右五室的结构呢？左右配室为何人配置？要解其中之谜，需要对历史和文献及现实的情况加以分析。定陵的地下玄宫，是以"九重法宫"之形式营建的。"法宫，路寝正殿也"，可见法宫在古代，是指君王日常居住和处理政务的地方，即络寝正殿。"冠以九重"，则更明确其为天子路寝的正殿。明代皇宫的建筑有"五室"的特点或形状，并有"井田""九宫"之格局，是古时候帝王权力的象征。这是定陵玄宫设计成前、中、后、左、右五室的原因。

万历皇帝及两后的姿势之谜

明定陵于 1957 年打开地下玄宫后，研究人员发现埋葬于其中的万历皇帝并不是像大多数帝王陵中的皇帝一样平躺，而是采用的"仰面朝天，右手扶着自己的面颊"的怪异姿势！与万历皇帝一起埋葬于定陵中的孝端和孝靖两位皇后的葬式也与一般葬式不一样：她们都是向右侧卧。孝端皇后左臂下垂，手放在腰部；右臂向下直伸；足部交叠，左足在上，右足在下，而孝靖皇后左臂下垂，手放在腰部；右臂向上弯曲，手放在头下；下肢弯曲。看到帝后如此怪异的入葬姿势，人们不禁要问：他们为什么要选择这样的方式入葬呢？有什么特殊意义吗？

众多学者经过反复研究和揣摩后，大胆做出推断：明代帝王可能均为身体侧卧，双腿微曲，如睡眠状的"北斗七星"葬式。之所以这样猜测，是因为古人多以紫微星垣比喻皇帝的居处。"北斗七星"在古代被认为是极星，指向正北，位于天空中心，所以极星北斗被认为是天帝居住的地方。封建皇帝认为自己是上天派到人间的主宰，自称"真龙天子"，信奉"君权天授"，视皇位为"天位"，并时刻把自己的行为与天联系在一起。基于这种思想观念，他们将死视为"升天"，所以皇帝升天也就意味着到北斗七星上去居住。

而且，从古代风水学的角度来看，这种"北斗七星"式的 S 形葬式最能够"聚气"。由于北斗七星的形状恰为一个巨大的聚气的 S 形，古人就认为北斗七星具有避邪功效。皇帝选陵址都选能"聚气藏风"的地方，这种设计是与古代的风水理论相合的。依此而论，帝、后的葬式源于天象是有一定道理的。

价值连城的陪葬品

明神宗朱翊钧是明朝在位时间最长的皇帝。他虽然"懒惰"政事，却对自己的陵寝非常重视。定陵里面陪葬有许多绝世珍宝。据不完全统计，定陵总共出土了各类器物 2600 多件，其中有金器、银器、玉器、珠宝、金冠、凤冠衮服、百子衣等器物，尤以金丝翼善冠和凤冠最为精美。

明神宗金丝翼善冠出土时放置在万历帝棺内头部北侧一个圆形木盒内。金丝翼善冠用极其纤细金的丝编结，重一斤六两。下缘内外镶有金口，冠的后上方有两条左右对称的蟠龙于顶部汇合。龙首在上方，张口吐舌，双目圆睁，龙身弯曲盘绕。两龙之间有一圆形火珠，周围喷射出火焰。此冠虽属于皇帝常服冠戴，但制作工艺技巧登峰造极，达到了炉火纯青的地步。

此金丝翼善冠分为"前屋""后山"和"金折角"三个部分，全系金制。其前屋部分，以518根0.2毫米细的金丝编成"灯笼空儿"花纹。由于当时的工匠技艺纯熟，所编花纹不仅空当均匀、疏密一致，而且无接头、无断丝，看不到来龙去脉。后山部分组装有二龙戏珠图案的金饰件。其中二龙的头、爪、背鳍和二龙之间的火珠，全部采用阳錾工艺进行雕刻，呈半浮雕效果；龙身、龙腿等部位则采用传统的掐丝、垒丝、码丝工艺进行制作；每个鳞片均以金丝搓拧成的花丝制成，然后码焊成形。

明定陵中还发现了四件凤冠，它们属于万历皇帝的两位皇后。虽然被称为"凤冠"，但四顶凤冠的前部最上方都饰有金龙，数量不等。正中间的一条龙均面向前方，口中衔着玲珑珠宝，两侧的金龙则是侧身飞腾的形象，龙口中垂下长长的珠宝串饰，对称地装饰于凤冠两侧，十分华丽。

除了金龙，凤冠上面最引人注目的是"翠凤"的形象。凤凰一般位于凤冠的中间部位。为了突出真龙天子的崇高地位，凤凰的位置在金龙的下面。凤冠上的凤凰采用点翠工艺制成。凤冠中间为一正面的凤凰形象，美丽的翅膀和尾羽均大幅度展开，十分醒目；其他凤凰形象则环绕在凤冠周围，姿态异常优美。凤冠的下半部分则缀满了大大小小的珠花，用大小不等、色彩各异的珍珠和宝石串缀而成。在凤冠的背后，左右各有三扇博鬓（弯月形的翅状装饰），上面饰有金龙、翠叶和珠花，增添了凤冠的美感。

封建时代的皇室贵族们为了显示自己的高贵和富有，在每顶凤冠上面都装饰有几千颗珍珠，镶嵌有上百块红蓝宝石，极尽奢华。金丝翼善冠和凤冠仿佛让我们看到了那个年代的奢华。

明光宗庆陵：鸠占鹊巢是庆陵

　　明庆陵是明光宗的陵寝。庆陵原为景泰帝所建，景泰帝为英宗所贬，这座陵墓就荒废了。那么，明光宗身为一代帝王，为何到最后没有自己的陵墓，而是鸠占鹊巢，把自己埋葬在了庆陵中呢？光宗在位的时间虽然仅有29天，但明宫的三大疑案是否与他有关？让我们从陵墓说起，看这位传奇皇帝的潮起潮落。

明光宗为何葬于庆陵

　　朱常洛生于明万历十年（1582年），生母恭妃王氏原为慈圣皇太后的宫女。由于他是明神宗偶然临幸宫女而生，明神宗认为这个皇子的出生是他的一件丑事，因此朱常洛一直得不到父亲的喜爱。

　　明神宗宠爱郑贵妃，将郑贵妃的儿子福王朱常洵（后被李自成的部队所杀）视若掌上明珠，因此有了废长立幼的想法。他先是违反古制册封郑氏为贵妃，而没有册封长子的母亲；不久又提出了三王并封的主意，将众皇子都封为王，以降低长子的地位这件事。幸而为朝臣所阻，没有成功。在朱常洛和朱常洵两人中择一而立的问题上，双方争夺激烈，拖延了十余年。直至明万历二十九年（1601年），在朝臣的极力谏争和慈圣皇太后的支持下，朱常洛才被册立为皇太子。

　　朱常洛当上太子后，朝内党争和宫闱纠纷始终都在威胁着他太子的地位，甚至他的生命。好在朱常洛各方面的表现中规中矩，让明神宗无话可说。在太子之位渐渐稳定下来之时，郑贵妃心急了，为了让自己的儿子能够坐上皇帝的宝座，她不惜孤注一掷——梃击案就在这样的历史条件下发生了。

明光宗朱常洛像

一天中午，一个壮汉手持枣木棍闯入太子宫，准备行刺。他被值班太监当场抓住，朱常洛才算躲过一劫。试想，一个农民如何能闯进戒备森严的皇宫？又如何能轻易找到太子居住的宫殿？后来，官员们经过反复审理，追查到了郑贵妃，因为主使者是郑贵妃，所以大臣们没有进一步追查，让两个太监做了替死鬼。此案成了明宫三大案之一。

万历四十八年，历尽千辛万苦的朱常洛总算登上了皇位，成了君临天下的帝王。在朱常洛即位的前十几天，他进行了一系列革除弊政的改革措施。正当群臣和百姓望治之时，明光宗突然病倒了。他得的本来不是什么大病，只需吃几服补药，静心调养一段时间就可以复原，但是掌管御药房的太监崔文升向皇帝进了一剂泻药，明光宗当天晚上腹泻三四十次，身体一下就垮了下来，再也起不了床，而且病情日趋恶化。

就在这时，鸿胪寺丞李可灼进献两粒红丸。明光宗用了第一粒后，病情稍见好转；用了第二粒后昏昏睡去，于第二天清晨驾崩。红丸到底是什么药？崔文升为什么要向皇帝进泻药？这些都已无法弄清。这件事史称红丸案。此案最后不了了之，成了明宫又一大案。

明光宗就这样不明不白地走了。由于明光宗死得突然，加上国力空虚，没来得及为他建陵，只好把明光宗安葬在庆陵之中。据说，每到下雨天，庆陵的石碑底座上的四个水坑就会发光，把石碑照得透亮。那时，从南边透过石碑，能看见北边的明楼。民间传说朱常洛一到雨天就显灵，让石碑透亮，看是谁来害他。

庆陵建筑知多少

虽然明光宗鸠占鹊巢，埋葬得很仓促，但大家不要因此就断定庆陵不好。由于庆陵原本是景泰帝的陵寝，筹建了很多年的时间，所以是很不错的。

陵宫建筑总体布局呈前方后圆形状，占地约 2.76 万平方米。前面有两进方院，彼此不相连接；在二进院落之间有神道相连；第一进院落后建有单孔石桥三座。第一进院落，以祾恩门为陵门，单檐歇山顶，面阔三间。院内建祾恩殿及左右配殿，各五间。神帛炉两座。第二进院落，前设三座门，内建两柱牌楼门及石供案，案上摆放石质香炉一个，驻泰、花瓶各两个。

方院之后为圆形宝城，在宝城入口处建有方形城台，城台之上建重檐歇山式明楼。楼内竖圣号碑，上刻"大明光宗贞皇帝之陵"。明楼后宝城内满填黄土，中央夯筑上小下大的圆柱形体宝顶，底部直径约28米。冢前拦土墙与宝城墙等高，并与宝城城台及两侧墙体围成一个平面近于"月牙"形状的院落——"哑巴院"，院内有随墙式琉璃照壁。陵宫外还有一些附属建筑，如宰牲亭、神厨、神库、祠祭署、神宫监、朝房、果园、榛厂、神马房等。

庆陵的排水系统独具特色。对于宝城两侧山壑间的流水，其他各陵都是用明沟排水的方式，将水从陵前绕道排出。而庆陵则是在明楼前修建了一个平面为"T"形的地下排水涵洞。宝城两侧的水流从左右宫墙下的地下涵洞流入，在明楼前的地下汇合后向前排出，从地下躲过环抱于前的龙砂，然后注入砂前的排水明沟，经祾恩殿后的三座石桥，从前院的右侧绕过陵前注入河槽。

现因年久失修，庆陵陵园建筑残毁严重。陵墙墙体顶部瓦件损坏较多；祾恩门、祾恩殿台基石构件损坏残坏，走闪严重；三座门过木糟朽，瓦件脱落；石桥栏板坠落，宝城墙垛墙、宇墙大多损毁；明漏斗拱瓦顶几乎全部残坏；另内河宝城两侧排水不畅。根据"保护为主、抢救第一"的文物工作方针，十三陵特区办事处在国家文物局、北京市文物局及有关部门和文物古建专家的大力支持下，正在对庆陵进行抢险修缮。

明熹宗德陵：木匠皇帝葬德陵

明熹宗被后人称为"木匠皇帝"，因为他喜好木匠活，而且技术非常了得。然而这位喜好木工的木匠皇帝，却没能为自己修建出一座合乎他心意的陵墓。另外，与熹宗共患难的张皇后是随葬在德陵中，还是不知所踪？这一节，让我们来一探德陵的秘密。

木匠皇帝的悲喜人生

明代的皇帝可谓是个个奇葩，个个个性十足，譬如说先做皇帝后做和尚的明惠帝朱允炆，二十多年不上朝的明神宗朱翊钧，等等。这么多奇葩皇帝中最为让人称奇的就是不爱江山爱木工的文盲皇帝——明熹宗朱由校。

这样一个喜好木匠活、几近文盲的皇子当上了皇帝之后，每天在忙些什么呢？就现有的史料来看，明熹宗资质聪慧，秉性良善，不像他的父亲一样爱好女色，荒淫无度。这对于破败的明王朝来说是不幸中的万幸了。

其实，如果生在现代，明熹宗很可能成为一位科学家。在木工技艺方面，明熹宗有许多的发明创造，颇符合今日科技创新之要求。据说，当时匠人制造的床具极其笨重，需要十几人才能搬动，不仅用料费，而且样式也极其普通。明熹宗便自己琢磨，设计图样，亲自锯木钉板，用一年多工夫造出了一张床。不仅床板可以折叠，携带移动都很方便，而且床架上还雕有各种花纹，美观大方，为当时的工匠所叹服。

明熹宗还发明了中国最早的喷泉，宫中的人都叫这种喷泉为铜缸水戏，这在当时可是天下一绝。那时宫中都用铜缸或是木桶盛水饮用，他就在这些盛水的容器下方凿一个小孔，在里面设置机关，机关一操作，缸中的水就能飞散出来，有时泻如瀑布，有时又散若飞雪，最后变成一根玉柱，击打着放在缸外面的许多小木球，木球浮在水尖上，随着水的喷吐而跳跃不已，久久不息。

明熹宗还想做一个出色的建筑师。可做皇长孙的时候，因为不受重视，万历皇帝自然不可能给他一座不相干的宫殿拆了重造。一登九五，富有四海，始得大显身手。天启五六年间，朝廷对紫禁城的太和殿、中和殿、保和殿等三座主殿进行了大规模的重建。明熹宗在工程中大显身手，从起柱到上梁，再到外部装饰，他都亲临现场，仔细指导，高兴了还会当场脱掉外衣，卷起袖子，和工匠们一起大干一场。

虽然明熹宗的木工活如此出色，奈何他出生在帝王家，他的使命是治理整个国家，而不是摆弄那些木头。因此，从皇帝的身份来看，明熹宗是一个不靠谱、不合格的皇帝。这也是为何后人追谥朱由校的庙号为明熹宗的原因。"熹"宗原本是"嬉"宗，但堂堂皇帝的谥号里有这个字不太好，这才就改成了"熹"，意为"熹微，日欲暮也"的意思，是明朝垂亡的象征。

明　青铜剑　带刀鞘长 92.1 厘米

明末清初　铜鎏金人物故事图八方螭耳杯

明　宜兴紫砂莲花杯　6.9厘米 ×8.7厘米 ×8.5厘米

明　茶托　4.6厘米 ×13.4厘米

最末帝陵修建难

明德陵是明朝第十五位皇帝熹宗朱由校和皇后张氏的合葬陵墓，位于天寿山陵域潭峪岭西麓。德陵始建于天启七年（1627年）九月，崇祯元年（1628年）三月玄宫建成，崇祯五年二月地面建筑完工，用时五年，占地约3.1万平方米。

德陵是明代营建的最后一座帝陵。按照计划，营建德陵需用白银200万两。由于当时明王朝面临着严重的政治、经济危机，所以在财力、物力、人力上存在很大困难。为了不影响工期，后来在朝大臣纷纷捐款赞助陵工，才使这座陵园勉强修建起来。

德陵陵宫建筑总体布局呈前方后圆形状，基本仿庆陵，但两进院落连成一体。第一进院落以祾恩门为门，院内建有祾恩殿及左、右配殿，神帛炉。第二进院落，前设三座门，内建棂星门及石供案。后为圆形宝城，建有方城、明楼。"哑巴院"内有随墙式琉璃照壁。陵宫外还建有宰牲亭、神厨、神库等附属建筑。

德陵圣号碑碑趺所饰图案独特。一般陵园中的圣号碑碑趺所饰图案以云、龙为主，而德陵碑趺的上枋饰以二龙戏珠图案，下枋的雕刻图案则以佛、道两家吉祥宝物为内容。下枋的前面和左右两侧面是道教的八宝图案，有三套环、宝珠、画、犀角、珊瑚、方胜、祥云等。下枋的北面是佛教的八吉祥图案，有法螺、法轮、宝伞、白盖、莲花、宝瓶、金鱼、盘长等八种法物。

乾隆五十至五十二年（1785—1787年），清政府下令修葺十三陵。修葺时，将陵前神功圣德碑亭墙垣拆去，只留石碑，并于碑外四隅补修齐胸高的宇墙。祾恩门、祾恩殿均在拆后缩小间量重建。这次修葺，拆除了左、右配殿，封塞了宝城的方城券洞，并在城台右掖增构了一条小路直达城台之上，明楼由木质梁架结构改为石券顶结构。

1920年，德陵陵门被当地农民焚毁。祾恩殿也在战乱中毁坏。目前相关单位正在对其进行修补。

德陵中是否埋葬着张皇后

有人认为，德陵中葬的是熹宗朱由校和他的张皇后，但有人认为张皇后没有葬入其中。

张皇后于天启元年（1621 年）被册立为后。魏忠贤勾结朱由校的乳母客氏把朝政搞得一塌糊涂，她多次向熹宗揭露二人的罪行。朱由校死后，张皇后主持迎信王朱由检入继皇位，为清除魏党起了很大的作用。朱由检即位后，尊她为懿安皇后。

崇祯十七年（1644 年）三月，李自成的队伍进入北京，崇祯和皇后周氏自杀。而关于懿安皇后的命运有多种说法，成了历史疑案。

官方的说法是：她在李自成进京时自缢身死。清军进入北京后，清世祖福临于顺治元年（1644 年）下令将她葬入德陵。

但是有人说张皇后根本没自杀，而是向义军投降了。当时，居住在北京的明朝官吏赵士锦说，张皇后为了活命，献出了金银，后来就不知下落了。

还有一种说法认为李自成进军时，张皇后自缢未死，被李自成的部将李岩所获。李岩知是张皇后，想送她回河南的娘家，结果她再缢身死。也有人说，崇祯自杀前曾派内侍前去让张皇后自杀，可是混乱中太监没有见到张皇后。此时宫中大乱，宫人们慌乱地到处乱窜，张皇后"青衣蒙头，徒步入朱纯臣家"。后来，义军进行大搜查，张皇后被义军搜出，送回母家，然后自缢而死，清廷将其葬入德陵。

从张皇后下落的种种说法来看，葬于德陵的可能性还是比较大的，但要完全破解这个谜案，只有等将来考古工作者打开玄宫后才会有明确的答复。

明末清初　朱三松款竹雕仕女笔筒

明毅宗思陵：齐心协力建思陵

明毅宗朱由检即位后一心想改变明朝的现状，他也在用实际行动来挽救千疮百孔的大明王朝。但是，"冰冻三尺，非一日之寒"，朱由检到死也没能挽回大明残局，只得自缢身亡来面对国破家亡的悲剧。明毅宗死不得善终，是由于他在生前还没来得及建陵寝，因此，死后没有合适的地方埋葬他。那么，朱由检最后被埋在了哪里呢？

崇祯皇帝被葬思陵之谜

历代王朝的亡国之君都受千夫所指，万人唾骂，然而明朝的亡国皇帝崇祯帝却是个例外。崇祯帝在位十七年，一直勤政理事，节俭自律，是明代十六位君主中最为励精图治的一个。但是，当时的大明朝不仅有李自成、张献忠等人叛乱，还有满族人虎视眈眈，因此，崇祯帝是无力回天。也正因为这样，后人在说起他时，总是对他的悲剧命运感到惋惜和同情。

崇祯十七年（1644年），沙尘暴袭击北京城。据史料记载："飞沙咫尺不见，日无光。"当时的人们都认为这是不祥之兆，还有人说将要有暴兵破城之灾。没几日，凤阳祖陵发生了地震，这使得人们更加惶恐不安。

紧接着，兵部就收到了已经称帝的李自成送来的文书。文书上宣称，如果明朝不同意和他裂土而治，让他和崇祯帝平起平坐，他就要带着农民军对北京城发动进攻。崇祯帝虽然果断拒绝了李自成的要求，但是他却因此而心急如焚、寝食难安。面对南北腹背受敌的情况，崇祯帝无助、疲惫，一度向亲近的大臣们吐露心声："朕非亡国之君，事事乃亡国之象。祖宗栉风沐雨之天下，一朝失之，将何面目见于地下？朕愿督师，以决一战。即身死沙场亦所不顾，但死不瞑目。"

崇祯帝登基伊始也促使混沌已久的明朝出现一时清新、臣民仰望的现象，但只能说朱由检的运气实在是太差了，继承的明朝破烂不堪、危机四伏。三月十八日，农民兵对北京城发起总攻，外城一夜之间就被攻破。十九日，李自成率军从承天门进入北京城。崇祯帝对此感到不可置信，带着心腹太监王承恩跑到景山上远眺。看到满目的烽火。崇祯帝才认命，返回皇宫安置善后事宜。

崇祯帝在自己殉国之前，命令他的妻子儿女们殉国。而后，他在太监王承恩的陪同下二次登上煤山（景山），在寿皇亭旁上吊自杀，时年仅 34 岁。

随着崇祯帝的自杀，统治中国 267 年的大明王朝结束了。农民兵发现崇祯帝的尸体时，只见他披发掩面，身穿蓝衣，衣襟上写着这样几句话："朕凉德藐躬，上干天咎，然皆诸臣误朕。朕死无面目见祖宗，自去冠冕，以发覆面。任贼分裂，无伤百姓一人。"

或许是李自成觉得"死者为大"，并没有毁坏崇祯帝的尸体，而是命人将崇祯帝与周后的尸体清理干净，用柳木棺成殓，计划安葬他们。但是，由于崇祯帝生前并没有为自己建立陵寝，一时之间，何处安葬他们则成了一件难事。后来，李自成只好命人将其一起安葬在崇祯妃子田贵妃的陵墓之中。

清朝入关后，为了收买人心，顺治帝允许明朝遗老遗少们哭灵祭奠，还将这座葬有崇祯帝后的妃子墓命名为"思陵"。

千辛万苦始下葬

思陵虽是由田贵妃的陵墓改建而成的，可是改建并不简单。思陵是亡国之君的陵墓，在改建的过程中有许多不为人知的困难。若不是大家齐心协力，共建思陵，思陵远没有现在的规模。

崇祯十七年（1644 年）三月十九日，李自成带领农民军攻入皇宫，却没有找到崇祯帝。李自成下令："献帝者，赏万金，封伯爵；匿者，灭族。"第二天，有人发现崇祯帝已自缢身亡。李自成命人用两扇门板将帝、后尸体停在东华门侧，装入柳木棺内，搭盖了临时灵棚；又于二十三日重新改殡，以红漆棺殡帝，黝漆棺殡周后。

明晚期 文王方鼎

帝、后棺椁在东华门所设灵棚连停数日，明朝的官员都不敢去看，只有襄城伯李国桢"泥首去帻，踉跄奔赴，跪梓宫前大哭"。农民军将他抓住见李自成，李自成劝李国桢投降。李国桢向李自成提出了三个条件：一是不能发掘破坏明代帝王陵寝；二是用天子礼葬崇祯皇帝；三是不能加害太子及二王。李自成一一答应。由于崇祯帝生前没有预建陵寝。于是李自成农民军只好将崇祯帝及皇后葬入田贵妃的墓中。

三月二十五日，大顺政权顺天府官李票（或作李纸票，文献记不一）就开田贵妃墓室一事，责令昌平州官吏"即动官银催夫速开田妃圹，合葬崇祯先帝及周皇后梓宫"。可是，因为当时昌平州"钞库如洗"，而葬期又十分紧迫，时任署昌平州吏目的赵一桂只好入京禀报顺天府。经再三请示，府官始朱批："着该州各铺户捐挪应用，事完再议。"赵一桂回州后，随即组织募捐，接着用募捐的钱为明毅宗下葬。

田妃墓隧道长十三丈五

330

尺，宽一丈，深三丈五尺。用拐钉钥匙推开头层石门，里面是三开间的香殿，中间悬挂两盏万年灯，内灯油仅二三寸深，缸底都是水。陈设的祭品，前有石香案，两边列五彩绸缎侍从宫人。打开第二层石门，里面是通长大殿九间，石床长如前式，高一尺五寸，阔一丈，上面停放着田妃棺椁。初四日申时，帝后棺木送到，停放祭棚内，棺木前陈设猪羊金银纸札等祭品，众人举哀祭奠。祭毕，将田妃椁（棺外木套）打开，先将田妃棺移于石床右侧，次安周后棺于石床左侧，最后将崇祯帝的棺木放入田妃椁中，停放在石床正中位置。棺椁之前各设香案祭器，点起万年灯，遂将两座石门关闭，将隧道填平。崇祯帝后，在大顺农民军政权的命令下就这样葬入了田妃墓中。

清朝入主中原后，为收买人心，笼络汉族地主阶级为清廷效力，将这座葬有崇祯帝后的妃子坟命名为"思陵"，并改葬崇祯帝后，营建了地上园寝建筑。然而，由于工部因缺员而不能分任，工程所需银两不能及时到位，思陵的营建事宜一拖再拖。直到顺治二年（1645年）九月，思陵改葬等工才完成。

清朝灭亡后，军阀连年混战，思陵屡逢劫难，残毁十分严重。地下墓室曾先后两次被当地土匪盗发。1947年，国民党军队为修炮楼，又大规模地拆毁陵园地面建筑。至中华人民共和国成立前夕，思陵已是满目凄凉，只有坟冢、楼殿遗址、石雕五供、碑石作为珍贵文物保存下来。

中华人民共和国成立后，思陵得到了应有的保护。现在的明思陵，虽然没有金碧辉煌的殿宇楼台，但古陵残碑、松涛阵阵仍别有一番意境。

第六章
清代：孤寂的辉煌

清朝永陵：永陵一开清国运

大清朝的第一座祖陵和之后的陵墓相比，有哪些不一样的地方呢？它开创了清朝陵墓的哪些先河？永陵的名字是如何由来的？埋葬在里面的人都有哪些？这一节，就让我们跟随历史的脚步，来看看永陵的与众不同之处。

永陵的来历及规划

永陵位于辽宁省新宾满族自治县永陵镇西北祁连山脚下，始建于1598年。它原名叫"兴京陵"，后于顺治十六年改称永陵。永陵不仅是清王朝"关外三陵"的第一陵，也是最早的清代陵寝。由于这里埋葬着努尔哈赤的六世祖、曾祖、祖父、父亲及他的伯父和叔父四个辈分的人，辈分位居关外三陵之首，所以又叫"四祖陵""老陵"。

大家都知道，古人们非常重视自己的陵寝。早在1598年，努尔哈赤便开始在赫图阿拉城西北约5千米的桥山山麓择定了濒临苏子河、遥望烟筒山的一片平阳之地，在此处动工为其祖辈修建陵墓。这个时候的永陵里埋葬的只有努尔哈赤的曾祖福满的遗体和六世祖孟特穆的衣冠，其名字叫作兴京陵——意味"祈佑兴旺强盛"的意思。

顺治五年，清王室定鼎中原，顺治帝将孟特穆等四人尊为开创帝业的"肇兴四祖"，正式追谥孟特穆为肇祖原皇帝，福满为兴祖直皇帝，觉昌安为景祖翼皇帝，塔克世为显祖宣皇帝。顺治十五年，努尔哈赤的祖父觉昌安、父亲塔克世和伯父礼敦、叔父塔察篇古等人的遗骨从辽阳迁入归葬。次年，顺治正式将"兴京陵"更名为"永陵"。

永陵坐向西北，朝向东南，背靠形如巨龙的启运山，前临波光粼粼的苏子河，占地约11000平方米。这里是古人所谓的"龙兴之地"，非常受清王朝的重视。

永陵前后共有三进院落，第一进院落的门是正红门，门口两侧各有一座下马牌，牌上分别用满、蒙、汉、回、藏5种文字镌刻着"诸王以下官员人等至此下马"的字样。进入院内，迎面而来的是按照古代宗法制度呈一字排列的四座碑亭，左右各设五间厢房。

第二进院落的正门是启运门。进门后会看到位于神道的北面正中的启运殿。这是全陵中规格最高、体量最大的建筑，殿内分别供奉着四祖及皇后的神牌。同时，这里也是祭祀的主要场所。

第三进院落是宝城院，也称"坟院""月牙城"。此院有上、下两层台地，上层台有三座坟，下层台有两座坟。这五座坟头皆用土堆积而成，从表面看与民坟无异。

由此看来，永陵不仅有神奇的风水、丰富的内涵，而且在建筑形制、布局、造型、工艺上都有自己的建筑特点和艺术特色，是我国现存规模较大、体系完整的古代帝王陵寝建筑群。2004年，永陵被列入世界文化遗产名录之中。

永陵"之最"与"唯一"

永陵之所以在清朝享有很高的盛誉，成为清朝第一陵墓，除了它传奇的陵史、特殊的规划以及特殊的历史地位外，还因为它有自己的独特之处，让众人无法忽视它的重要价值。

永陵拥有清朝皇陵中的许多"之最"和"唯一"。首先，最引人注目的就是永陵中所葬的皇帝最多。即使不算肇祖的衣冠冢，永陵还葬有三位皇帝，而且，所葬之人在清代12座帝陵中的辈分是最高的。

其次，永陵中的功德碑亭最多。在清代的12座帝陵中，前8陵都建有神功圣德碑亭，其中7座都是一个陵寝建一座碑亭，而永陵是一陵建了4座碑亭。另外其他7个陵墓的碑亭均为重檐歇山顶，4面檐墙各开一个券门。而永陵的四座碑亭均为单檐，只有前后两个门。两侧檐墙都没有门；其他陵墓的功德碑亭文均用满、汉两种文字镌刻，永陵的则用了满、汉、蒙3种文字镌刻。可见，永陵碑亭的规制是最独特的，也是唯一具备这种特色的帝王陵寝。

再次，永陵的规制最朴实简约。永陵没有像其他陵寝一样，建有石牌坊、龙凤门、石像生、神道碑亭、二柱门、方城、明楼、陵寝门等，大殿、配殿也均面阔三间。在清朝的 12 座帝陵中，它最为朴实简约，规模也最小。

除了上述的三点之外，永陵的宝城院落是九折蹄形，是清朝陵墓中唯一一座具有这种形状的陵寝。永陵的宝顶没有用砖砌，而是用土堆积成的，这在十二帝陵中也是独一无二的。

郡王与贝勒为何要葬于永陵

古时候的皇陵附近大多都会有陪葬墓，而且，臣子死后陪葬在帝王陵墓的附近，在当时看来是一件非常光荣的事情。清朝也是如此。不过，一般陪葬墓大都建在陵区的外围，只有极个别是建在陵区内的。然而，清朝的武功郡王礼敦和恪恭贝勒塔察篇古的墓是在永陵之内的，与四祖的宝顶位于同一座宝城内。这在清朝的帝王陵墓中可是独一无二的。那么，究竟是为何要把他们葬于永陵之内呢？

一些学者认为，永陵是清朝皇帝的祖坟，礼敦和塔察篇古是景祖的儿子，子随父葬是应该的。后来，福满、觉昌安、塔克世被追尊为皇帝，祖坟被改为永陵。这时不便将礼敦和塔察篇古迁出去，因此他们就陪葬在这里了。

虽然这个说法很有道理，但是在天命九年的时候，努尔哈赤曾将景祖、显祖及礼敦、塔察篇古迁葬到东京陵，在顺治十五年的时候又将他们迁回永陵。试想：如果之前不便将礼敦、塔察篇古二人迁出，那么这样的机会完全可以把礼敦二人迁到永陵的外围安葬。而且到了顺治十五年，福陵、昭陵都不再有把陪葬人员葬在皇帝陵内的做法，也就没有必要非要二人陪葬了。然而在这种情况下，清廷皇室仍然选择把礼敦、塔察篇古二人安葬在永陵之内，这到底是为什么呢？这个问题至今是个谜，恐怕后来人很难说清楚了。

清　龙浪盘　透明釉上彩搪瓷镀金（景德镇瓷器）　直径 49.5 厘米

清　瓷釉葫芦瓶　高 19.7 厘米

清 茶壺 高 17.8 厘米

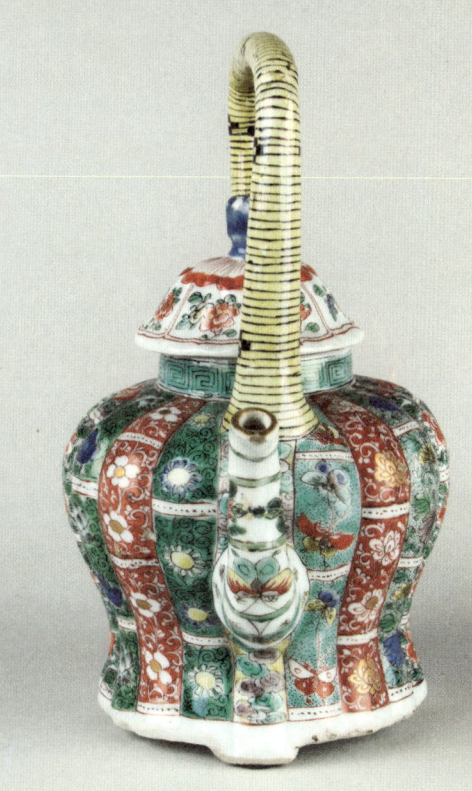

清太祖福陵：奇景逸事满福陵

作为清朝开国皇帝努尔哈赤的陵寝，福陵有哪些独领风骚之处？人们口中常说的"福陵八景"是哪些景色？努尔哈赤身为清朝的开国皇帝，身上又有哪些令人不解的秘密？现在让我们来一探清朝开国皇帝努尔哈赤的秘密吧。

四大建筑物领风骚

福陵位于沈阳东郊的东陵公园内，是清太祖努尔哈赤和孝慈皇后叶赫那拉氏的陵墓。由于地处沈阳东郊，故又称东陵。

从总体上看，福陵在建筑格局、样式及艺术风格等方面均有其独到之处。它不仅借助天柱山势来展现自身的雄伟气派，而且建筑形式别出心裁，在各具千秋的清陵中独领风骚。

石牌坊：它是一种类似于门形式的建筑，其最突出的功能就是起标志性或纪念性的作用。福陵正门东、西两侧竖立着的两座石牌坊是陵寝的第一对建筑，它标志着陵寝的起点。它既是用来导引方向，同时也是为了体现帝王陵寝的威严和与众不同。福陵的石牌坊为四柱三楼歇山式牌楼，其采用仿木结构的形式雕刻了檐下的斗拱，在视觉上突出牌楼的高大。牌楼正中明间的枋心上刻有文字，文字朝外，为竖书满、蒙、汉3种文字。满文居左，蒙古文在右，汉字居中。内容是"往来人等，至此下马，如违，定依法处"。

石像生：在陵墓前安有的石人、石兽统称为石像生，又称"翁仲"，作用主要是显示墓主人的身份、地位、等级，也有驱邪、镇墓的意思。福陵内，神道两旁排列着一群石兽，由北向南依次为石骆驼、石马、石虎、石狮，共4对。

石望柱：在石牌坊的内侧，还立有两根石望柱，又称华表，为顺治七年

（1650年）所立。在福陵前设立华表，目的是显示皇家的权威。这两根石望柱朴实无华，须弥座式基座，八方素面石柱，柱顶端为莲花座上立一望天犼，其下横插的云版上有字。东侧之柱刻"日"字，西侧则刻"月"字。有人说刻日月二字是表示福陵与日月同辉之意；有人则说日月乃"明"也，分开来写，是为了让明朝各分东西，永不相合，具有破大明一统江山的含义。

福陵天磴：依山势而建的"福陵天磴"俗称"一百零八磴"，是明清皇陵中独一无二的建筑形式。108磴石阶，寓天罡三十六星和地煞七十二星数之和，表示天地宇宙，象征帝王对社稷的主宰。

"福陵八景"有哪些

前面介绍了福陵中的四大有标志性的建筑物，而去过福陵游玩的朋友们都知道，福陵还有一些景色非常优美的景点，它们被人们戏称为"福陵八景"。

在康熙二十一年的时候，清圣祖玄烨在第二次东巡故里恭祭福陵后写下了这样的诗句："瑞霭钟灵阙，晴烟绕閟宫。万山皆拱北，百水尽洄东。天矫盘峰秀，纡回磴道通。俯看环众象，遥睇极高崇。松柏丸丸直，冈峦面面同……"福陵的自然环境由此可见一斑。现在，就让我们来细数一下妙趣横生的"福陵八景"有哪些吧。

"龙滩垂钓"。福陵前临浑河。浑河岸边有一经多年冲积而成的沙滩，形似一条困倦欲睡的卧龙。每当夏秋之间，人们多持竿往游，于龙滩之上垂钓，优哉游哉，尽得休闲之乐。

"引水归帆"。福陵前的浑河，河面宽阔，水势蜿蜒。其流入陵南一段河道的形状如一个"引"字。当春潮涌动之时，由此处起航，扯起顺风白帆，会直达沈阳。

"宝顶凝辉"。宝顶指的是团城之内的太祖陵丘，其表层是用特殊建筑工艺抹就的一层白灰。在阳光的照耀下，宝顶洁白耀眼。人们把这一奇妙景观命名为"宝顶凝辉"。

"天桥挂瀑"。天桥指的是建在一百零八磴下面的石桥。因其建在皇陵之中，故称其为天桥。又因其所处地势陡峭，遥望之，犹如瀑布悬空，蔚为壮观，

故得名"天桥挂瀑"。

"泉沟采药"。福陵后山盛产药材,且十分灵验。而山上山泉奔涌,掬之香沁人脾,闻之淙淙入耳。所以,能至"泉沟采药",被人们视为平生幸事。

"柳甸闻莺"。福陵周围多松,只有一处平坦草地上生长着柳树,被称之为"柳甸"。每到春夏时节,这里莺飞草长,飞来的对对黄莺在柳树枝头嬉戏鸣唱。人们散步其中,俗世烦恼顿消。

"明楼过雨"。春雨霏霏,润物无形;春风吹过,隐隐传来福陵大明楼楼檐铃铛的叮咚声,引起人们的无尽遐想;雨过天晴,大明楼愈加光彩夺目,雄姿轩昂。

"西山晴雪"。福陵之后,峰岭绵延。每当冬季雪后初晴,向西眺望,但见山舞银蛇,原驰蜡象,美不胜收。

当然,这八景只是福陵的一部分景色。而且,随着历史的变迁,这些景色多半找不到了,让我们空余遗憾。

大清万年一统天下全图

阿巴亥是否葬在福陵

福陵不仅规模巨大、景色诱人，而且其中还有许多令人不解的秘密。其中最为著名和最令后人们好奇的大概就是清太祖的后妃阿巴亥的生殉之谜了。甚至还有人猜测，身为大妃的阿巴亥没有埋葬在福陵之中。事实的真相到底如何呢？让我们来一探究竟。

生殉作为野蛮奴隶制的遗俗，在清初女真社会是屡见不鲜的。1626年努尔哈赤病逝后，为其殉葬的后妃有三位，即大妃阿巴亥、庶妃阿济根和代音察。阿巴亥在当时是大妃了，而且她育有三个儿子，按理不应该生殉，可最后她未能逃过一死。

乌拉那拉·阿巴亥，是海西女真乌拉部贝勒满泰之女。1601年，12岁的阿巴亥嫁给了比她年长31岁的努尔哈赤为侧福晋。当时，除了位居大妃的孟

345

清 瘿木瓶

古姐姐（叶赫那拉氏，太宗皇太极生母），努尔哈赤还有七位侧妃和庶妃。

这位来自乌拉部的稚嫩公主，既要博得汗夫的欢心，又要周旋于努尔哈赤众多的妻妾之间，难度之大可以想见。然而，阿巴亥是一位非同一般的少女，天性颖悟、礼数周到，而且很有心机。她让43岁的努尔哈赤对她宠爱非凡，一跃成为努尔哈赤的第四位大妃。

1626年9月，努尔哈赤因在宁远兵败之后患疽身亡，后金宫廷中因汗位继承的争夺剑拔弩张。由于大妃阿巴亥在努尔哈赤死前的几天中承命侍侧，她的三个儿子十二子阿济格、十四子多尔衮和十五子多铎在八名贝勒中占有强势。他们对皇太极、代善等竞争势力来说，是最致命的对手。最终，阿巴亥成了这场斗争的牺牲品。在皇太极等诸贝勒的胁迫下，她于努尔哈赤死后的第二天自缢而亡。

皇太极等人为了打压阿巴亥的三个儿子的势力，不仅没给阿巴亥封号，而且也没让她进神庙。直到二十多年后，当上了摄政王的多尔衮才为他的母亲正名，使阿巴亥获得了"孝烈恭敏献哲仁和赞天俪圣武皇后"的谥号，其牌位也被供奉于太庙开始享受子孙的祭祀。然而好景不长，这个谥号只昙花一现般存在了七个月，就被追夺。多尔衮出猎塞外病死，有人揭发多尔衮生前曾制八补黄袍等物，称多尔衮有谋逆之心。受其牵连，阿巴亥所获封典全部被剥夺，其神牌也从太庙撤出，"孝烈武皇后"的称号与大妃乌拉那拉·阿巴亥的名字一样，在所有祭享及福陵历史上被隐去了。

清太宗昭陵：风云传说妙绝伦

昭陵不仅规模宏大，而且还有许多神奇的传说，有人说，昭陵地址的选择是皇太极用乌鸦来选的；有人说，昭陵里有着龙袍和灵芝草的神奇传说；还有人说，孝庄太后最后没有入葬昭陵是因为她已经下嫁给多尔衮了……事实到底如何，让我们来一一揭晓。

昭陵选址风云

昭陵是清太宗皇太极和孝端文皇后博尔济吉特氏的陵墓。位于辽宁省沈阳市旧城之北，又称北陵。是清代皇陵和现代园林完美结合的游览胜地。昭陵建于 1643 年，1651 年年初初步完工，后经过康熙、乾隆、嘉庆等朝代的若干加工和改建，于 1801 年全部竣工。它是我国现存完整的古代帝王陵墓建筑之一。昭陵是一座积累式的建筑区，既保有清初关外陵墓某些特色，又多方参照中原的王朝陵寝制度。其规模、体制在"关外三陵"中最为宏大。关于昭陵选址有一个传说。

自古以来，众人都觉得乌鸦是不祥之物，纷纷对乌鸦不喜，唯独清太宗皇太极认为乌鸦是神鸟，对它们非常崇拜，连选陵寝这样的大事也靠乌鸦来完成。

1629 年，皇太极率兵偷袭中了袁崇焕的埋伏，他的军队死伤无数，他本人也头破血流、倒地不起。就在袁崇焕的军队马上要追来的时候，天空中突然飞来一群乌鸦覆满了他全身，他因此逃过一劫。

晚年的时候，皇太极给自己修建陵寝，却一直没有找到合适的风水宝地。一天黄昏，皇太极在郊外打猎，忽闻一阵乌鸦的聒噪声传来。他循声望去，见前面荒林之中的小土丘上站着一群乌鸦。皇太极见此情景，感叹道："吾生前受其庇佑，死后亦然。"于是，皇太极便命人在乌鸦云集的小土丘上修建陵寝。

虽然皇太极选定了陵址，但是还是请了专人来勘探风水。昭陵作为清朝开国皇帝的陵寝，风水尤其重要。然而，清太宗时期的官家史书中对此并没有记载，直到康熙年间发生了一起公案，人们才找到当年为盛京三陵勘定风水的人。

康熙四年三月十八日，江南徽州府新安卫有一个叫杨光先的"官生"向圣祖进呈了《摘谬论》等二份奏章，指责钦天监正汤若望编写的《新历法》有"十谬"，还指责汤若望为荣亲王选择安葬日期时未采用"正五行"，而用了"洪范五行"，葬期年月俱犯"忌杀"。这些罪名非同小可，汤若望等人被带到议政大臣会议进行审理。审讯过程中，汤、杨各执一词。因为"历法深微，五行玄妙"，谁是谁非很难分辨。

最后，大清以汤若望的《新历法》只编了二百年，与大清江山历祚无疆不合，以荣亲王葬期上犯"忌杀"等罪名，判处汤若望及刻漏科杜如预、五品挈壶正杨宏量、历科祖白、春官正宋可成等有关官员凌迟之刑。杜如预和杨宏量二人本当受凌迟处死，清廷念及他二人选定永陵、福陵、昭陵风水有功，给予免死。因此，我们才得知杜如预和杨宏量两人是当年勘探昭陵风水的人。

古代皇陵的风水很重要，陵寝的名号也一样重要，因为这体现了皇帝一生的功业和赞誉，同时还带有吉祥和祝福的含义。清代陵名一般由嗣皇帝钦定，如果遇到陵名与地名重复时，为了避讳，必须将地名换掉。"昭陵"一名是顺治元年八月初九太宗驾崩一周年火化校宫时确定的。昭作"彰明""显扬"解，即"将太宗文德武功彰明于世"。

昭陵的神奇传说

昭陵不仅是体现满汉合璧的一座帝王陵寝，而且在民间、坊本中流传着许多关于它的神奇的传说，无形中为其增添了许多的传奇色彩。

昭陵隆恩殿内的一角原先有一只大樟木箱子。据说，这只木箱是专门盛道光皇帝的三件龙袍和三棵灵芝草用的。民间传言，道光九年，道光东巡盛京祭陵之前，按制派出所有人丁打扫四处环境，清扫灰土，拔除杂草，清理杂物。最后由关防官在壮丁清扫完毕后反复检查。第二天，道光皇帝带领诸王贝勒大

孝莊文皇后朝服像

臣前来昭陵隆恩殿行大飨礼。在他登上殿前月台，等候导引官引他叩拜神位时，忽见月台东南角长着几棵杂草，他心中大为不悦，正要发火时，他忽见这些草长得不一般，细细观看，发现竟是三棵灵芝草！这是祥瑞之象啊！道光转怒为喜，赦免了关防官的过错，并命他把灵芝草收好，每当大祭时请出，放在供案之上。同时，道光又命内臣把自己穿戴的三件龙袍留下，交给昭陵关防官，与灵芝草一块收藏。此后。每当六月六晒龙衣节之际，关防官便把道光龙袍和灵芝草从樟木箱子请出，放在隆恩殿前月台上通风晾晒，并在大祭时请出供祭。光绪二十六年，沙俄官兵入侵盛京，龙袍和灵芝草从此不明下落。

虽然这只是流传在昭陵附近的一段民间传说，但是这段传闻并不完全是捕风捉影凭空编造的瞎话，而是确有历史事实为依据。据《黑图档》记载，昭陵的确藏有皇帝龙袍，不过此袍不是道光皇帝的，而是乾隆的御袍。据说乾隆四十八年，弘历第四次东巡盛京祭祖庙。乾隆在昭陵行完大飨礼之后，传旨给内大臣，叫他把自己一件上好的"金纽绝丝龙袍"送到昭陵，交给关防官，要关防官"敬谨尊藏"于隆恩殿，以后每当大祭时将这件龙袍请出供奉。乾隆皇帝之所以有此举措，一是因为他此时已是72岁的老人了，身体日衰不便再来祭祖；二是因为他的祖父康熙大帝一生也只四次来盛京巡幸祭祖，他作为康熙的后辈，不应超越祖父。因此，乾隆才想出这么一个变通办法，以尽孝道。因此，传说中的道光龙袍很可能是这件乾隆皇帝留下的龙袍。

孝庄因何未入葬昭陵

本来，在昭陵之内还应该修一座独立的"庄妃陵"，来埋葬孝庄文皇后。如果是那样的话，今天的昭陵规模会更加庞大和宏伟。然而，这座"庄妃陵"却未修在沈阳，而是修到远离沈阳千里之外的河北遵化马兰峪（即昭西陵）去了。这其中有什么缘故呢？

孝庄文皇后，姓博尔济吉特氏，她的父亲是蒙古科尔沁部落酋长，是元世祖忽必烈的后裔。庄妃一生都奉献给了清王朝，共辅佐太宗、世祖、圣祖三朝，是清初十分杰出的后妃之一。据康熙回忆说："忆自冲龄，早失怙恃，趋承祖母膝下三十余年，鞠养教诲，以致有成。设无祖母太皇太后，断不能有致今日成立。"由此可见，庄妃对这位千古帝王的影响是非常大的。

按照清朝陵寝制度规定，皇后死在皇帝之前，要等皇帝驾崩与之合葬，而死在皇帝之后，则要在皇帝陵旁另建皇后陵。庄妃死于太宗之后三十几年，理应在昭陵建孝庄文皇后陵。庄妃之所以未葬入昭陵，据说有以下理由：其一，庄妃生前曾留有遗嘱，表示太宗在盛京已经安葬很久了，不想再打开地宫，扰太宗安宁。其二，庄妃表示惦念顺治和康熙父子，不愿远离。于是，康熙遵照祖母的嘱托在孝陵旁另建庄妃陵，名为"昭西陵"。

还一种说法是庄妃下嫁了摄政王多尔衮，与太宗已经结束了婚姻关系，不可再葬入太宗陵。第三种说法是，清初盛行火葬制度，例如太祖、太宗及其他后妃都已火化。而且庄妃晚年已废除火化制度。如果葬到昭陵去就必须按旧制火葬。庄妃怕自己被火化，所以提出改葬在关内。事情真相到底如何，有待新史料证实。

清　雕竹根马上封侯

清　黄铜鎏金尊胜佛母像

清　凤凰头饰　3.4厘米×5厘米×10.3厘米

清　镀金壇城

清　银锭如意

清　琉璃茶杯　6.5 厘米 × 20.1 厘米

清世祖孝陵：一代帝僧葬吉壤

有着"少年天子"之称的世祖皇帝爱新觉罗·福临据说是一位情根深种、虔心向佛的帝王。他到底是入葬了孝陵还是像民间传说的那样皈依佛门了呢？而孝陵作为清朝统治者在关内修建的第一座陵寝，有着什么样的特色呢？

虔心问天选陵址

古代中国人大都信奉神鬼之说，认为人死后依然能在阴间享福，而陵墓选得好，还会福泽子孙。因此，上至帝王将相，下至平民百姓，在选陵时都十分重视风水。在古人看来，好风水就是"气乘风则散，界水则让。（人）聚之使不散，行之使有止"。那么，孝陵的风水究竟如何呢？

从气候、水文、地质、地貌等科学条件来说，孝陵确实是避风避水之地。孝陵北依昌端山主峰，有天然的屏障，可避风；墓穴在整个陵的最高处，可避水。同时，在修建时，又人为地强化了风水。全墓修了整齐的排水线，各种建筑物的地下，都密集地打下柏木桩。三重院落，从里到外逐级坐落，既美观，又便于排水。在明楼的两侧，顺着马道，安置了许多长长的探出宝城的青白石水流子。

有个风水先生路过此处，惊讶地说："即使我们踏遍四海，也难寻找这样一块万年吉地。"按风水先生的说法，这叫作四出之山生八方之龙，如万马自天而下。而且孝陵此地的龙脉来于太行，连接燕山，远看势如巨波，山如五魁站班，指峰佛手。所依的昌端山，前有金星峰，似朱雀翔舞。后有分水岭，若玄武重头；左有鲇鱼关，如青龙蜿蜒；右有黄花山，像白虎麒祥。左右两水，分流夹绕；天地邂逅，龙虎交牙；烟炖、天台二山对峙，形成天然关隘，称为龙门口，确实尽得风水之吉。

更为神奇的是，孝陵是顺治帝亲自选择的陵址。《清史稿》中有明确的记载："先是世祖校猎于此，停辔四顾，曰：'此山王气葱郁，可为朕寿宫。'因自取佩韘掷之，谕侍臣曰：'韘落处定为穴。'至是陵成，皆惊为吉壤。"

这段记载虽然难免有渲染的成分在里面，但是，乾隆及嘉庆时礼亲王等人均对顺帝这一举动有过记载。由这些史料我们可以推测，清孝陵这块风水宝地应该是由顺治帝亲自选定的。

走马观花看孝陵

孝陵是清朝统治者在关内修建的第一座陵寝，也是清东陵的主体建筑，规模宏大，气势恢宏。清王朝入关后，受到汉族文化的感染和影响，在营建孝陵时摒弃了关外三陵的形式，仿照明十三陵长陵的规制修建。同时，孝陵也融入了满族的特点。孝陵墓创出了清陵独特的模式，成为后世清陵的效法蓝本。

孝陵的陵园前矗立着一座石牌坊，全部是由汉白玉制成的，它的上面浮雕着"云龙戏珠""双狮滚球"和各种旋子大点金彩绘饰纹，刀法精湛，成为清代石雕艺术最有代表性的作品。紧靠石牌坊是大红门。大红门不仅是孝陵也是整个清东陵的门户。此处红墙逶迤，肃穆典雅，门前竖着"官员人等到此下马"的石碑。

穿过大红门，迎面是碑楼。碑楼中立有两通高大的"圣德神功碑"，碑上分别用满文和汉文两种文字镌刻着顺治皇帝一生的功绩。它从不同角度反映了清朝统治者入关后统治政策的方略、顺治其人功过。

龙凤门位于神道中间，三门六柱三楼，彩色琉璃瓦盖，龙凤呈祥花纹装饰，富丽多彩。过龙凤门是七孔桥，这是东陵近百座石桥中最大、最神秘、最有趣的一座桥。该桥全长110.60米、宽9.10米；两边安设有方解石栏板126块，每块栏板的形状和大小相同，如果用石块顺着敲击，石栏板会发出不同的声音，人们会听到5种如金玉般的音阶，或如钟鸣般低沉浑厚，或如木鱼般清脆悠扬，人称"五音桥"。

现如今的孝陵已经成为重点旅游景点之一，每年都有络绎不绝的游客到这里游玩，瞻仰清世祖坟墓的遗迹，了解清朝第一位入关皇帝的生平逸事。

与孝陵比肩的皇后陵寝

在孝陵东侧的地方有一座陵寝规模壮丽，这就是清王朝营建的第一座皇后陵——孝东陵。孝东陵在清代陵寝史中占有着重要地位，里面埋葬着清世祖福临的孝惠章皇后及其28名妃子、格格、福晋。

之所以说孝东陵的地位重要，是因为它具有其他皇后陵寝所不具备的两个特点：一是孝东陵里既有皇后，又有妃子、格格、福晋，具有嫔妃陵寝的性质；二是这些嫔妃的宝顶方城是分成两边排列的，这种排列形式在清陵中是独一无二的。

虽然史书上并没有明确记载孝东陵修建的年月，但是《清实录》中留下了这样的记载："康熙三十二年十一月乙巳，……上奉皇太后阅视孝陵东旁宝城。"这里所说的"宝城"指的就是孝东陵，这是迄今发现的有关孝东陵的最早日期。因此，可以推算，孝东陵在此几年之前就应该已经存在了。

一开始，孝东陵并非叫这个名字，而是叫作"新陵"。孝惠章皇后入葬后，改名为"孝惠章皇詹陵"。到康熙五十八年，康熙帝根据"古来有帝后不合葬而自为陵者，俱就方位定名"的方法将"新陵"重新定名为"孝东陵"。

入葬孝陵还是皈依佛门

自古以来，关于顺治帝的传言与传说数不胜数，其中最引人关注的大概就是顺治到底是遁入空门还是抑郁而终这个千古谜案了。甚至有人提出疑问：清世祖的孝陵里，埋着的到底是世祖本人，还是他的衣冠？

时至今日，顺治帝和他的宠妃董鄂氏的爱情仍然为人们所津津乐道。顺治帝的一生虽然短暂，但是充满了传奇色彩，其"恋"与"死"，长期以来一直是个谜。在顺治帝的孝陵地宫中，陪葬着两位皇后，其中的一位便是董鄂氏。董鄂氏原是皇太极弟十一子、顺治异母弟硕襄亲王之妻。在亲王突然去世后，于顺治十三年入宫，当时她才18岁。顺治对她极为宠爱，可谓"三千宠爱在一身"。或许是天妒姻缘，董鄂妃年纪轻轻便抑郁而亡，这给多愁善感、对她深情款款的顺治帝带来了极大的伤痛，令顺治帝万念俱灰，一心只想遁入空门。

然而，顺治真的出家当和尚了吗？事实并非如此。作为帝王，他即使想出家也身不由己。他让他最宠信的太监吴良辅做替身，去北京的悯忠寺削发为僧，借以还愿。福临的身体孱弱，当时已再经不起任何的打击，后来又染上天花。他死于养心殿，离董鄂妃的去世时间，还不到半年。

顺治死后，灵柩停放在乾清宫。相传百日后，由僧人茆溪森主持，在寿皇殿前火化。火化入葬是满族的风俗习惯，加之福临好佛，僧人圆寂后也是火化，所以顺治的陵墓中俱是骨灰，这在清东陵中是绝无仅有的。另外，由于孝陵前有块石碑上说"皇考遗命，山陵不崇饰、不藏金玉宝器"之语，所以人们都传说孝陵地宫是空陵。也许正是这个原因，才使得孝陵历经三百多年仍完好如初，是清东陵中唯一没有被盗的一座。

清 青玉龙凤盖尊

清圣祖景陵：盛世皇帝长眠处

　　景陵中埋葬的是盛世皇帝康熙帝，该陵是清王朝在东陵界内营建的第二座皇帝陵。那么，圣祖皇帝的景陵有什么独特之处呢？为什么说康熙帝是一个勇于"吃螃蟹的人"，而景陵是一个充满创新和变革的地方吗？在本节中，让我们细数圣祖陵对后世的建筑风格及丧葬形式的诸多影响吧。

圣祖皇帝葬景陵

　　康熙帝8岁即位。因其年幼，加上他没有亲政，因此他没有急着建造陵寝。康熙十三年的时候，孝诚皇后因难产而死，按规制她一定要与皇帝合葬，而且皇后的梓宫不能长期停灵不葬，于是建陵寝一事被提上了日程。景陵经选址到竣工共费时7年之久。那时下葬的除了孝诚皇后外，还有于康熙十七年病逝的孝昭皇后。

　　大清朝一般都是由嗣皇帝来给先皇的陵寝命名，康熙帝的景陵也不外如是。雍正元年，大臣们将拟定的6个陵名呈送给皇帝钦定。雍正帝刺破中指，用鲜血钦定了"景陵"二字，并亲自书写立碑。

　　由于景陵不是清朝的首陵，所以并没有建石牌坊、大红门和具服殿。景陵的神道在七孔桥北与孝陵神道相接。东行300米后向北走，第一个建筑就是圣德神功碑亭。自康熙开始，本着"祖有功而宗有德"精神，改称圣德神功碑。因碑文太长，故分作满文和汉文双碑，首创了大清立双碑之制。此后雍正、乾隆、嘉庆皆如此。到道光年间，因清朝开始不断地割地丧权，才没有立圣德神功碑。

　　康熙皇帝认为自己的陵寝与父亲顺治皇帝的孝陵同在一个陵区之中，而孝

清 康熙皇帝常服像

清　发饰　6.5厘米 ×8.2厘米 ×1厘米

清 点翠簪 13厘米 ×3.8 厘米 ×0.6厘米

陵已经建造了 18 对石像生，就不用再建石像生了。雍正帝未建石像生也是因其父康熙皇帝没有建造。到了乾隆皇帝时，他想在自己的陵寝前建造石像生，但他的祖父、父亲都没建自己建有些不合适。为了名正言顺，乾隆皇帝只好先为其祖父、父亲各建造了 5 对石像生。由于清景陵的神道是弯曲的，而石像生又是沿神道而建的，因此景陵的石像生摆放是整个清朝陵寝中唯一弯曲的。

石像生往北是景陵首创的冲天牌楼门（相当于孝陵主神道上的龙凤门），面阔五间，六柱。中间两柱最高，其余递降，顶部都有蹲龙。牌楼门北依次为神道碑亭一座、下马碑两座、东西相对朝房各一座（跟孝陵位置不同，神道碑亭移到了三路三孔神道桥南，为以后大多数陵所效仿）。朝房北为三路三孔石桥，桥北东西相对各有布瓦卷棚顶值班房一座，正北为面阔五间的隆恩门，其余部分与孝陵相同，但宝顶改孝陵的长圆形为圆形，这主要是受地形限制。

清景陵是在东陵界内营建的第二座皇帝陵。它的建筑规模总体上是以孝陵为蓝本，但规制、大小却稍逊于孝陵，同时在局部又有所改创，有其自身的特点。景陵在我国的帝王陵墓史上有着举足轻重的地位。

第一个"吃螃蟹"的景陵

圣祖皇帝康熙不仅为政令人敬仰，他还是第一个"吃螃蟹"的人。从他开始，清朝的陵寝制度和丧葬制度有了很大的改革和创新。

在清圣祖康熙帝之前，若是皇后先于皇帝死去，皇后要么先葬于他处，要么停灵等待与皇帝合葬。但是到了康熙帝时期，康熙却开了先葬皇后、后葬皇帝的先例，而那些死于皇帝之后的皇后则另建陵寝。清朝这种丧葬制度的变革促使景陵的建筑风格有了很大的改变，引领了圣祖皇帝之后的陵墓建筑风格，起了承上启下的作用。

在景陵里与康熙帝同葬一处的除了有四位皇后外，还有一位皇贵妃，她就是皇十三子怡亲王胤祥的生母敬敏皇贵妃章佳氏。按理说，敬敏皇贵妃死后只能入葬景陵妃园寝，是没有资格和康熙帝一同葬入景陵的，但是，由于其儿子十三阿哥胤祥在雍正即位时立下了汗马功劳，雍正帝为此于雍正元年追封胤祥生母敏妃为皇贵妃，将其迁葬景陵。

不仅如此，康熙皇帝还是清朝入关后第一个用棺椁土葬的皇帝。在此之前，康熙帝的父亲、祖父等人在死时都沿袭了女真族的习俗，火化安葬。到了康熙朝，清朝的统治基本上定了下来，满族人大都被汉化。受汉人土葬的影响，从康熙帝开始，玄烨及他的四后一妃均未火化，而是实行土葬。同时，康熙帝下令百姓死后也一律停止火葬，否则按违法处理。

埋葬皇后和妃嫔最多的帝陵

传说康熙在世时勤于朝政，无心为陵墓的事操心。但在一次到南方平定叛乱时，他在夜里做了一个梦，梦见一个如花似玉的女子向他哭诉，说因为生前没有选定墓地，死后灵魂只好到处飘零。梦醒后康熙帝觉得自己也该为后事着想，这才下旨在马兰峪孝陵东南面选址建陵。

景陵建好之后，第一个入葬的是皇后赫舍里氏。康熙与赫舍里氏成婚时才12岁，两人可谓青梅竹马，互敬互爱。赫舍里氏因难产而死，康熙帝悲痛欲绝。他不顾前方战事吃紧，亲自把她葬入刚修好的陵中。赫舍里氏生下的皇子，不满两岁便被康熙皇帝册立为皇太子。但这个太子不成器，最终被康熙废掉。废太子时，康熙哭骂他"生而克母"，可见他仍念念不忘发妻。

从空中俯瞰，景陵的布局整体上呈半圆形，地位高者列居前、居中，地位低者居后。景陵地宫内，除了葬有康熙皇帝，还有孝诚仁皇后、孝昭仁皇后、孝懿仁皇后、孝恭仁皇后和敬敏皇贵妃。

在景陵妃园寝内葬有48位妃嫔和康熙的皇十八子胤祄。48位妃嫔中，包括贵妃1人，即温僖贵妃；妃11人，即慧妃、惠妃、宜妃、荣妃、平妃、良妃、宣妃、成妃、顺懿密妃、纯裕勤妃、定妃；嫔8人，贵人10人，常在9人，答应9人。景陵妃园寝正中是温僖贵妃，景陵双妃园寝葬抚育过乾隆的康熙妃嫔悫惠皇贵妃和敦怡皇贵妃。

虽然妃嫔如此众多，康熙帝对他的每一个妃子都是非常关心的。康熙帝为他的后妃们做的最重要的事情，就是在晚年为她们的生活进行了安排。他下令，有儿子的嫔妃，年老后到儿子的府邸居住，这一安排打破了皇帝驾崩后后妃独居宫中到死的定例，是非常人性化的。

一座帝陵安葬了如此众多的嫔妃，也许不是什么值得记载的大事，但是，文人雅士们一定可以从中找到许多故事，让后人在这些传说中获得另一种满足。因此，我们说，景陵是一座最具有故事性色彩的皇陵。

清康熙　宜兴胎画珐琅提梁壶

清世宗泰陵：恢宏西陵由此始

雍正帝为何要另辟陵区，新开一个清西陵？是风水使然还是性格使然？作为首座在西陵建造的陵墓，泰陵的建筑有何不同之处？在这些建筑之下，又埋藏着哪些秘密与玄机？世宗雍正帝为何要亲自赐予一片陵址给自己的十三弟胤祥？要想解开这些谜团，就请大家来清泰陵中探索一番吧。

宏伟建筑下的疑云与玄机

泰陵位于河北省易县的清西陵区内，是清世宗雍正帝爱新觉罗·胤禛的陵墓。陵墓内葬着除了雍正皇帝外，还有孝敬宪皇后和敦肃皇贵妃。泰陵始建于雍正八年（1730 年），乾隆二年完工，历时 6 年，是清西陵中建筑最早、规模最大、体系最完整的一座帝陵。它位于陵区最尊贵的中心位置，其余各陵分布在东、西两侧。如此恢宏的泰陵不是随意建造的，它的整个建筑布满玄机。

古人理想的风水模式，可归纳为："背有靠，前有照；左青龙，右白虎，龙抬头，虎低头；负阴抱阳，冲气以为和；明堂如龟盖；南水环抱如弓。"按照现代的理解，即为背山面水，坐北朝南；背靠蜿蜒千里的巨龙，左右有低岭山冈作为护卫，前有河流迂回萦绕，对面有远山近丘；明堂宽敞，土地肥沃，树木葱郁，河水清澈。这种群峰屏障的地形，使人们追求安全的心理得到满足。四面围合的地形，减少了西北风和北风对木建筑的损害，在陵区，形成较好的小气候。同时，西北高东南低的地形，也模拟了中国的地势走向，体现了帝王"主宰天下，千秋万代"的伦理追求。

泰陵可以说是很好地践行了中国古代风水模式。站在大红门前的五孔桥上环顾四周，可以看到，北面有连绵起伏的永宁山。它为靠山，酷似屏障。永宁山是太行山的余脉,与东陵的昌瑞山属于同一脉系。此山从山西过来,如巨龙横卧中原。大红门两侧的东、西华盖山,为天然门户。九龙、九凤山,为环护左、右的低岭。南面形态端庄的元宝山,为泰陵的朝山。而在中间广阔的平原上,坐落着恢宏壮丽,错落有致的泰陵建筑群。易水河从五孔桥下流过,形成山映于水,水扶于山的格局。"陵制与山水相称,天人合一"的宇宙观,在这里充分体现了出来,同时又展示出古代建筑学家巧夺天工的高超技术。

清朝为何有东、西两大墓葬群

为了王朝风水的聚敛,帝王墓葬群一般都只有一处,然而清朝的帝王葬墓群却有东、西两处,这是为什么呢?

早在清西陵营建之前,爱新觉罗家族已在关外建有永陵、福陵和昭陵,关内遵化州建有顺治的孝陵、康熙的景陵。到了第三代雍正皇帝勘定万年吉地时,他既没有选择葬于关外,也没有选择葬在遵化,而是远离父祖之陵,另辟陵区,将陵墓建在易州永宁山下的太平峪。

关于雍正另辟陵区的原因,尽管有种种说法,但主要还是因为风水。皇帝建陵选址,最讲风水,确定或迁移,全取决于风水的优劣吉凶。陵寝建筑总以"地臻全美为重",十三陵、清东陵均是这样,雍正帝的泰陵尤甚。

据说,雍正在对待自己万年吉地的选择上,向往的是上上吉之壤,要求的是十全十美,条件十分苛刻。任何一点的不足,都是他所不能容忍的。雍正即位之初,便派人在孝陵、景陵附近,堪选万年吉地。经过再三卜选,都没有找到十全十美的上上吉地。现存的雍正的谕旨中,有这样的话:"朕之本意原欲于孝陵、景陵之旁卜选将来之地,而堪舆之人俱以为无可营建之处。"于是,由十三王爷胤祥、大臣高其倬带队,在京畿周边寻找理想的宝地。经过长时间的卜择,终于在雍正七年(1729年冬)在京西易州境内的太宁山下,发现了这块"乾坤聚秀之区,阴阳合会之所,龙、穴、砂、石无美不收,形势理气,诸吉咸备"的雍正满意的吉地。

由于雍正皇帝在西陵首建泰陵,从而产生了"昭穆相间的兆葬之制"。这是因为雍正皇帝在西陵建陵后,其子乾隆认为如果自己也随其父在西陵建陵,

雍正帝道装像

清　彩釉茶杯　高 3.8 厘米 × 宽 7 厘米

就会使已葬于清东陵的圣祖康熙、世祖顺治帝受到冷落；如果在东陵建陵，又会使其父雍正皇帝受到冷落。为解其难，乾隆皇帝定下了"父东子西，父西子东"的建陵规制——如父亲葬东陵，则儿皇帝葬西陵，父葬西陵，则儿皇帝葬东陵，此称之为"昭穆相间的兆葬之制"。正是由于这种墓葬制度，才形成了清东陵、清西陵现有的格局，造成了清东陵、清西陵两大陵墓群。这是与中国明朝以前历代皇家陵寝建陵制度的根本不同之处。

世宗亲赐陵寝于爱弟

　　清朝的王爷共有 240 多位，建有园寝 200 多座。在这些王爷的园寝中，规模最大的是怡亲王允祥的园寝。这片墓地是由雍正帝生前亲自赐予的。

　　根据史书上的记载，允祥是康熙帝的第十三子，自小与雍正关系亲密，对雍正非常忠心。雍正帝即位后，允祥更是竭尽全力效忠雍正，把雍正交办的事情完成得非常出色。

　　当年允祥在为雍正选陵址时，不辞辛劳地走了很多地方，最后选中太平峪这块风水宝地。此地深得雍正喜欢，允祥所为，也使雍正大为感动。为此，雍正特意降旨对怡亲王允祥进行嘉奖，还打算把泰陵附近的一块"中吉"地赐给

清雍正　珐琅彩瓷黄地芝兰祝寿图碗

他。允祥极力推辞，最后自己在云溪水峪选了现在这块"平吉"之地。传言说，当时雍正将这块地赏赐给允祥后，他喜不自禁。为防止事情发生变化，还派人到这里取了一小块土拿回去吞食。他认为这样就会"沉内心安宁，子孙后代也会蒙受福泽"。

雍正八年，允祥病死，年仅45岁。雍正帝为了表彰允祥的忠心，也为了表达对他的怀念，特下令为他修建了规模宏大的王爷园寝。

允祥的园寝坐西朝东，三面环山，一面临水。山虽不高峻，却十分峻秀。神道长达1.5千米左右。神道最前方是神道碑，龙首龟趺。碑身阳面用满、汉两种文字镌刻"忠敬诚直勤慎廉明怡贤亲王神道碑"15个大字，一边是汉字，一边是满文。神道以西为火焰牌坊，三门四柱，全为石制，每门的上额枋上正中有一个火焰宝珠。火焰牌坊后是五孔拱桥一座，过了五孔桥就是石牌坊，三门四柱七楼。石牌坊建造得极其精美，可以与清东、西二陵的石牌坊相比。在清代王爷坟中有两座牌坊的也为数不多。

可惜的是，规模如此之大的园寝并没有完整保留到现在。1931年，神道碑亭被人拆毁；1935年，其地宫被盗，陵寝地面建筑除1.5千米左右长的神道牌坊之外没有其他遗存。

清高宗裕陵：风流天子入极乐

裕陵是清朝皇帝爱新觉罗·弘历的陵寝，位于孝陵以西的盛水峪，内里典制大备，可谓是富丽堂皇。人们都说，裕陵是乾隆皇帝自己筛选的墓地，这是真的吗？在考古时，人们发现乾隆的石棺会走路，这是为何？在裕陵这座皇帝陵中，为何有一座皇太子园寝？埋葬在这里的人都是谁？这一节，就让我们来了解一下这座陵寝。

乾隆巧点金井穴

乾隆皇帝登基后，本欲随父亲在西陵选择万年吉地，以示孝敬，但他在西陵选好一块吉地后，又考虑到后代子孙。如果都效法他，眷恋父子之情，相继葬入西陵，则东陵势必香火冷落，园寝荒芜。另外，乾隆自幼跟随祖父康熙，敬仰祖父，而康熙也很疼爱他，故而他也不愿远离景陵。

乾隆在东陵亲自为自己选陵，有"乾隆巧点金井穴"之说。相传乾隆曾亲自带着几名贴身侍卫和太监秘密来到胜水峪，但见那里芳草如茵，百花争妍，流水潺潺；望北山，龙踞虎盘，含华毓秀，龙脉绵延。验土质，红润纯正，细腻无砂，不由龙颜大悦。乾隆从怀中取出了一只玉扳指，孔眼朝天埋到土里，然后返回行宫。第二天乾隆带大队人马亲自到此，让天监监正点穴。这位监正六旬开外，是一位经验丰富的老堪舆家。他知道皇帝精通风水，因此格外小心谨慎。他用罗盘确定了金井的位置，将一根金簪插进地里。乾隆立即命令两位侍卫前去，把插金簪的土慢慢扒开。这时玉扳指露了出来，而那金簪不偏不倚正好插在玉扳指的孔眼中。在场的臣民无不惊叹佩服，监正在庆幸之余，吓得出了一身冷汗。后来，裕陵直到乾隆八年才破土动工，修建成功后才更名为裕陵。

乾隆石棺会自己走路吗

在民间流传着这样一个传说：裕陵中的乾隆石棺会走路！这样的说法来源于哪里呢？这个说法到底是真是假呢？现在，就让我们来一探究竟。

1928 年，孙殿英的士兵在盗掘乾隆皇帝的裕陵期间，出了一件怪事：当他们来到第四道石门跟前时，发现石门后面似乎有什么东西死死地顶着石门，使他们无法砸开这个石门。到底是什么东西顶着石门呢？情急之下，匪兵们只好将其炸开。石门炸开后，士兵惊讶地发现其他五个棺椁都在石床上，唯独乾隆的棺椁"走"了下来。

如果这样的事情仅仅发生一次，那人们就将它当作笑谈了。无独有偶，奇怪的事在 1975 年考古专家清理裕陵地宫时又出现了。那么这到底是怎样奇怪的一幕呢？这一幕与四十多年前的景象，又有何相似之处？

乾隆的石棺真的会走路吗？为何独独乾隆的棺椁"走"了下来，而其他的几个棺椁却在石床上纹丝不动呢？原来，当年人们将乾隆沉重的棺椁安置到地宫石床上后，为确定风水线，校准龙脉最旺的方位，在棺的四角放了四块很沉的龙山石。正是这些龙山石将乾隆裕陵地宫中的五个棺椁牢牢地固定在了原地。至于乾隆的棺椁为何会在石门的后面，人们最开始的理解是：由于地宫中积水太多，放在后室"宝床"上的棺椁，像船一样浮了起来。当外边动用抽水机抽水时，这些漂浮在水面上的"船"，便随着水的流动和吸力四处游动。乾隆棺椁移动的幅度最大，所以它离开了"宝床"滑到石门背后，并将石门紧紧挤住。

然而，这个解释难以站住脚。因为乾隆的棺椁四角有重石固定。如果是地下水的浮力作用，应该是很大的波浪，而渗进来的水显然是不具备这个条件的。因此，很多人猜测，是不是因为乾隆地下有知，知道有贼人要来盗掘裕陵，于是自己只身"下来"顶门。真相到底如何，现如今仍是一道难以解答的谜题。

为何三位皇后只有两位陪葬

素有"十全老人"之称的乾隆帝一生风流倜傥，不仅妃嫔众多，在位期间还册封过三位皇后。这三位皇后有两位是生前加封的，有一位（嘉庆帝的母亲）

清乾隆　景泰蓝珐琅香炉

清乾隆　掐丝珐琅奔巴壶

清乾隆　内填珐琅西方仕女壶

是追封的。然而，让人惊奇的是，在地宫中陪伴乾隆的却是第一位皇后（即孝贤皇后）和嘉庆帝的母亲，他的第二位皇后却没有福气入葬裕陵，而是葬于裕陵西侧的裕妃园寝明楼后大宝顶内。

第一位皇后孝贤皇后为人温婉贤淑，深得乾隆的喜爱。孝贤皇后为乾隆帝诞下二子一女，她的两个儿子先后被作为皇太子的最佳人选，但是都福薄命浅，早殇了。孝贤皇后经受不住打击，身体每况愈下，最终与世长辞了。或许是因为孝贤皇后是乾隆帝的发妻，乾隆在孝贤皇后去世后悲痛不已，做出了两件在后人看来不太理智的事情：一是因为大阿哥永璜与三阿哥永璋在迎丧途中表现得不够伤感而斥责二人不合体统，还暗示二人被取消了立储的资格。二是封当时的包衣魏佳氏为贵人，并于此后的三十年圣宠不衰，而原因就是魏佳氏是由孝贤皇后教养成的。后来，魏佳氏在去世后被自己的儿子追封为皇后。

乾隆的第二位皇后乌拉那拉氏没有被葬在乾隆身边的原因，史料、野史上众说纷纭，最可靠的就是民间的"乾隆休妻"说。据说，乌拉那拉氏不仅深得皇帝宠爱，而且颇讨皇太后喜欢，在孝贤皇后去世后被册封为皇后。但是，在乾隆三十年年初，她被乾隆打入冷宫，削发为尼，而原因不详。到底是什么事情居然能让素来受宠的皇后一日之间被打入冷宫，甚至连正史也不敢记录？此事必然非常严重。它导致乾隆在其后三十余年的帝王生涯中，再也没有立后。

裕陵中为什么还有皇太子园寝

清王朝共建了12座帝王陵、7座皇后陵、10座妃园寝，还有大量的公主、王爷的园寝，但是皇太子园寝却只有一座。它就是位于清东陵朱华山的端慧皇太子园寝。

端慧皇太子，名永琏，生于雍正八年六月二十六日，是乾隆皇帝的第二子，生母是弘历的嫡皇后孝贤皇后。乾隆元年，弘历按照雍正帝首创的秘密立储的方法，秘定永琏为皇太子。然而仅两年后，永琏就夭折了，年仅9岁。乾隆非常伤心，将密旨公布于众，正式追谥永琏为"端慧皇太子"，并按皇太子之礼为永琏举丧。

永琏死后，首要的事情就是为永琏选择园址，营建园寝。大臣们当时提出了好几个地方，乾隆都不怎么满意，因为他想将永琏葬在自己的陵寝附近。但是，由于这时乾隆自己的陵寝还没有派人勘探、卜卦，永琏的葬地自然也无法确定。他只好暂时把永琏的金棺安置于京西田村。

到了乾隆七年的时候，乾隆将自己的万年吉地确定在东陵的胜水峪。随后，乾隆帝派大学士纳亲、户部尚书海望等人带领风水官到东陵一带为永琏相度园址。经过反复挑选后，众人选定了"来龙秀丽，穴情明确，土色纯黄"的朱华山。端慧皇太子园寝于乾隆八年动工，第二年完工，耗银16万两。当时裕陵的大殿还未建成，但是乾隆帝如期将永琏葬入了园寝。

虽然这座园寝名为端慧皇太子陵寝，但是乾隆早殇的6个皇子和一个皇女也葬在这座园寝内。故当地有人称之为"八仙陵"。

清乾隆 景泰蓝珐琅烛台 高24.8厘米×宽12.1厘米

清仁宗昌陵：豪华富丽帝王墓

　　清昌陵是嘉庆皇帝爱新觉罗·颙琰和孝淑睿皇后喜塔腊氏的陵寝，位于清西陵的泰陵之西。昌陵看似简单，实则内里异常豪华。昌陵为什么要这样修建呢？它在修建的时候又引起过什么样的轩然大波呢？

昌陵引发的风波

　　一直以来，皇帝的陵寝都是由自己生前选好，或者是由自己的后辈为其挑选，但是嘉庆帝的陵寝却是由他的父亲乾隆帝挑选的。据说，昌陵原是乾隆为自己选定的万年吉地，后乾隆有旨谕："嗣后吉地，各依昭穆次序，在东陵、西陵界内分建。"意思是父子两代皇帝不可在同一陵区建陵。所以乾隆又在东陵另选了陵址，与祖父康熙相守，把西陵太平峪赐给了儿子嘉庆，让其与祖父雍正为伴。也就是说，康熙帝和乾隆帝葬在东陵，而雍正帝与嘉庆帝葬在西陵。

　　而昌陵在建成后不久引发了一系列的风波。当时，嘉庆帝处理了一起清朝以来最大的陵寝工程贪污案。在这件大案中有两个官员被斩，众多官员被革职、流放，而首犯嘉庆帝的大舅子盛住被发配到乌鲁木齐。

　　据史载，盛住是个品行不端的人，仗着自己是皇亲国戚，在承修皇陵期间屡生事端，惹怒了嘉庆帝，被发配乌鲁木齐后，于嘉庆十年死去。但是，盛住命好，这桩陵寝贪污案直到嘉庆十三年六月，也就是盛住死后三年，才被人揭发出来。盛住共扣留了9万多银两，这让嘉庆帝大为震惊，但因盛住已死，无法追究其责，只能对其他有关人员进行了严惩。

　　本来，嘉庆帝发现有人贪污、克扣修建陵寝的银两已经非常生气了，但是接下来的一份奏折更是让他怒上加怒。这封奏折向嘉庆禀明了昌陵的现状：宫门、明楼等处出现了雨水渗漏的情况，殿内有油漆和小碎木脱落等。嘉庆帝派人前去察看，发现陵寝多处损坏，许多建筑都需要修理。

昌陵竣工不久就发生了如此严重的渗漏，这在清朝陵寝史上是少见的。虽然嘉庆帝对此非常震惊，但不得不命人赶紧修理。这次大修分了两次进行，共花费银两35000多两。此外，这次昌陵重修，派出的勘估大臣职位之高、人数之多是极为罕见的。

内有乾坤的豪华陵寝

许多人都认为没有别的陵寝能与泰陵相比，其实不然，昌陵的建筑规制不仅与泰陵大体一致，而且明楼、宝城、隆恩门、大碑楼等建筑比泰陵还要高大！其实，早在昌陵营建之前，嘉庆帝就制定过一个方针，即"外泰内裕"。也就是说，昌陵的地面建筑规制、格局等要仿照泰陵，而地宫内的建筑则要仿照裕陵。这样一来，昌陵可谓是内外兼修，既摒弃了对祖父泰陵的不敬之嫌，地宫内部又奢华富丽，可满足嘉庆帝的私欲。

昌陵的神道在泰陵圣德神功碑亭南与之相接。昌陵是唯一与清西陵主神道相接的帝陵，也是清朝最后一个建立圣德神功碑亭的帝王陵寝。与其他帝陵相比，昌陵有三个突出的特点。

一是隆恩殿的地面铺设非常独特。其他帝后的隆恩殿地面均为用料考究、烧制精细的金砖，唯有昌陵的隆恩殿是紫花石铺就的。紫花石又称豆瓣石，黄色的方石板上，带有紫色花纹。它光滑耀眼，好像满堂宝石，非常漂亮，素有"满堂宝石"之称。紫花石铺就的隆恩殿既富丽堂皇，又高雅内敛。

二是隆恩殿内东暖阁之佛楼，上、下两层。上层有木雕垂花，精湛优美，涂金闪亮；下层有木制边饰，朱红底色，鲜丽耀眼。它历经一百八十余年的磨蚀，至今保存完好，色泽如初。

三是昌陵的地宫结构要比其他帝陵都宏大，而且内部的花纹、雕饰等都镌刻得十分精细。

昌陵在清朝皇帝陵史上有着特殊的地位和价值，是中国皇陵的最后绝唱。

清　景德镇窑蓝地开光五彩人物图棒槌瓶　高 43.2 厘米

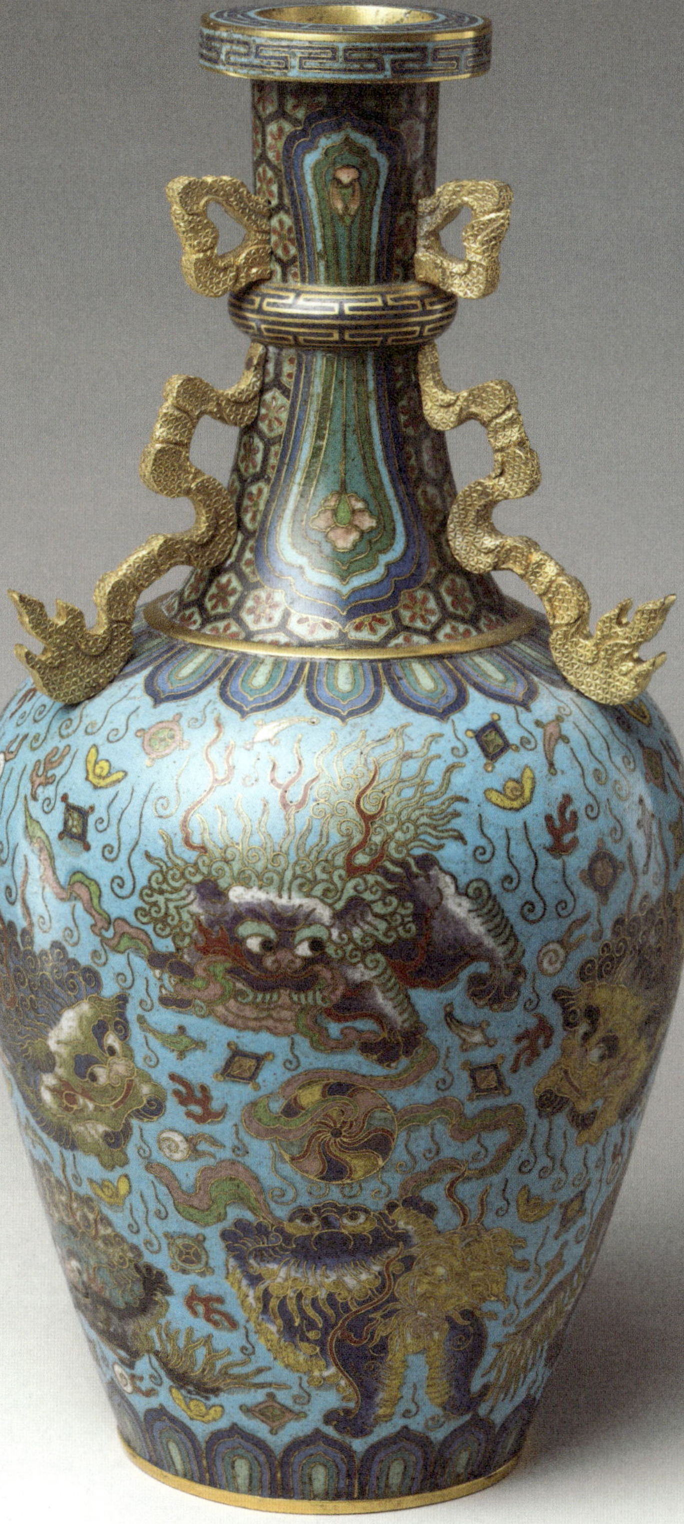

清乾隆　掐丝珐琅狮戏纹瓶

高桥重玄石
迤纡前行迴
顾后行呼松
年将东东山
趣攀作宫中
行乐图图小
生溪亭清且
纡侍亭莫谩
禩传伴阑民
末伴九嫔列
较腾明妃出
塞图纨涧
壹峯何涧清
驿呼谁是永
冠帝洋代丹
图宫宫宫为
瀑水尝
轩茂迴纡巖
迤驯原可招
林泉寄傲非
吾事保泰田
鄀惊永园
婴末新妻
尚题

清　乾隆皇帝宫中行乐图　金廷标绘

385

两位国母的曲折入葬史

　　与嘉庆帝同葬昌陵的是孝淑睿皇后（道光帝的生母），另一位孝和睿皇后则辟址另建陵墓。这两位皇后虽然埋葬的地方不一样，但是她们的入葬史却同样曲折。

　　孝淑睿皇后于嘉庆二年去世。按照惯例，在皇帝健在的情况下，应该先把皇后安放在皇陵地宫，陵寝不能封门，直到皇帝去世入葬后才能封陵。就在皇陵建好，大家准备将皇后安葬的时候，写奏折的人糊涂无才，引起了一场轩然大波。

　　皇后入葬前，会有专人按照固定的撰写词句写一份奏事议折。这次负责的人由于粗心大意，竟然把"掩闭石门、大葬礼成"这八个字加进去了。嘉庆帝一看就怒了："石门怎么可以掩闭？闭上还能开吗？这是先皇当年赐给朕的吉地，又不是赐给皇后的。你们把门关上了，将来打算让朕再另找吉地吗？说什么'大葬礼成'，朕死了吗？就'大葬礼成'了？"

　　奏折虽然被修改了过来，嘉庆帝也处罚了犯错的官员，但还是不难看出嘉庆朝中无良才的弊端。

　　第二位入葬比较曲折的皇后是孝和睿皇后。孝和睿皇后是道光皇帝的继母，做了二十多年的皇太后。按照惯例，皇后陵应该在其成为皇太后不久后就修建，但是不知何故，在道光皇帝在位的二十多年的时间里，他都没有营建皇后陵。直到孝和睿皇后死后一个月，道光皇帝才派人到西陵为她选陵址，定陵名为昌西陵。奇怪的是，就在道光为孝和睿皇后选好陵址的两天后，道光皇帝也驾鹤西去了。

　　昌西陵原先定址于昌陵以西、昌陵妃园寝以南。但是，负责陵工的官员发现那里的土皮下竟然有沙石和泉水。在不得已的情况下，咸丰皇帝将陵址定在了昌陵妃园寝以西的望仙山上。孝和睿皇后的昌西陵历时一年半完工，花费白银44万余两。

清宣宗慕陵：打破陈规出新彩

道光帝的一生充满了悲剧的色彩，他无可奈何地处在了王朝衰落的拐点上。这时的清王朝问题成山，积重难返，各种矛盾集中爆发。处于这样一个时期的皇帝，在对待自己的陵寝问题上有什么特殊的表现呢？

打乱祖制，与妻同穴

道光皇帝一向标榜"敬天法祖""恪遵成宪""咸遵旧制"。明知道皇祖有"昭穆相间"的谕旨，自己应在东陵择吉建陵，但他没有这样办，执意想在京西的王佐村营建陵寝。并派出亲信大臣文渊阁大学士戴均元、户部尚书英和带领风水官员前往相度。

道光帝之所以这样做，是因为那里埋葬着与他共同生活了13年之久的结发之妻——孝穆成皇后。道光帝多次去那里祭奠自己的亡妻，对王佐村园寝十分了解，非常欣赏那里的山川形势。因此道光帝想把王佐村的孝穆成皇后的墓地改建成皇帝陵。

戴均元、英和都是比较中正的大臣，他们对道光帝这一公开违背祖训的做法很不满意，但又不便公开反对。后来，他们通过到实地勘测相度，发现将王佐村园寝改建成皇帝陵，不仅要扩大占地面积，迁移许多村庄、庙宇、坟墓，而且还要将原来的园寝建筑全部拆掉重建，同时还要改建地宫。这比重新建一座皇帝陵的工程量还要大，花费更多。因此，大臣们委婉地向道光帝建议，"式遵祖训，仍于胜水峪附近地方钦派大臣，率同通晓堪舆之人，敬谨选择，以昭慎重"。

道光帝自知理亏，无言以对，又不好意思立刻改口，于是令大学士、军机大臣会同六部"妥议具奏"。很快，以东阁大学士托津为首的大臣，将会议的结果奏给了道光皇帝。面对托津等人列举的一系列有理有据的理由，道光帝知道再也不能固执己见了，于是改口同意了。后来，他将万年吉地确定在东陵界内的宝华峪。陵墓修建好后，就将孝穆成皇后葬入宝华峪陵寝地宫内，以圆自己与孝穆成皇后同穴的愿望。

为什么慕陵没有功德牌

史料上记载，在陵寝规制中，圣德神功碑楼，是主要标榜功德的标志性建筑。而神功圣德碑的树立，至清道光时停。那么，道光帝为什么不为自己建功德碑呢？

原来，这种神功圣德碑，不是任何一位帝王都可以树立的。凡后世的帝王有失国之尺地寸土者，便不得树立此碑。清入关后的顺治、康熙、雍正、乾隆、嘉庆五帝，因政绩有成，为彰显其功，都立下了神功圣德碑，自康熙朝以后，还均立下双碑。到了道光皇帝时，由于朝廷昏庸，惧外媚内，在鸦片战争中丧权辱国，致使大片的国土沦入外人之手。他自觉无颜为己立碑，托词自己治国无功，无法与列祖列宗相提并论，便下令自本朝起，不再树立神功圣德碑了。因有先帝圣谕，加之清王朝后来国势日衰，因此，自道光朝起，清朝后世诸帝也就不再为自己建树此碑了。

而且，据说道光皇帝一生崇俭戒奢，向来为人们所称道，唯有一件事构成了对其节俭人生的绝妙讽刺，那就是关于修建死后居所的惊人奢靡。据考证，道光帝修建陵墓共耗白银 440 多万两，比建筑宏伟、工艺精美的乾隆皇帝的裕陵还多花了 37 万两。这样一来，道光帝就更没有颜面为自己立功德牌了。

生前曲折，死后多难的皇后们

道光皇帝一生共立四位皇后，但是陪着他一起葬于慕陵之中的只有三位。这几位皇后生前待遇不同，没想到死后的遭遇也各不一样，真是各有各的滋味！

葬过三次的皇后：一般人死入葬后，都不会再移动了。然而，大清朝却有一位皇后在死后竟然被迁移两次、入葬三次！她就是道光皇帝的孝穆成皇后钮祜禄氏。那么，孝穆成皇后为何有这样的遭遇呢？

孝穆成皇后出身于满族官宦家庭。她在道光还是皇子时，与其成婚，是道光的嫡福晋。嘉庆十三年，还不满 30 岁的孝穆成皇后突然生病去世，道光帝悲痛。那时，嘉庆帝按照亲王的福晋之礼为儿媳妇治丧，并拨款在京师附近的王佐村为其修建了园寝，将其埋葬于此。

道光帝即位后，就将钮祜禄氏追封为孝穆成皇后，待东陵宝华峪陵寝建成后，将孝穆成皇后从王佐村园寝迁出，入葬宝华峪陵寝。入葬第二年，宝华峪陵寝地宫出现渗水，道光帝不得不下令再次将孝穆成皇后从地宫中移出。等到道光陵帝的寝建成后，将孝穆成皇后葬于慕陵。

没有记载的皇后：孝穆成皇后病逝后，佟佳氏成为继福晋，即后来的孝慎成皇后。奇怪的是，佟佳氏贵为皇后，但是清代史料中关于她的记载却非常少，甚至连她的生年都没有记载。

根据仅有的资料，我们得知：佟佳氏为道光帝生下皇长女端悯固伦公主，道光即位后被立为中宫皇后。道光十三年四月，她病逝于圆明园的"天地一家春"。死后被道光帝正式册谥为孝慎成皇后，与孝穆成皇后一起葬入龙泉峪地宫。

死因成谜的皇后：孝全成皇后钮祜禄氏，是道光帝的第三任皇后，为道光生下皇三女端顺固伦公主、皇四女寿安固伦公主及皇四子奕詝（即咸丰帝），于道光十四年十一月被立为皇后。

孝全成皇后死于道光二十年正月，死时仅 33 岁。关于孝全成皇后的死因，历来众说纷纭，大部分认为她死于非命。

第一种说法是"被迫自杀说"。据说孝全成皇后为父乞官，被太后责备，最后羞愧自杀。在《清宫词》中有关于孝全成皇后的诗歌：如意多因少小怜，蚁杯鸩毒兆当筵，温成贵宠伤盘水，天语亲褒有孝全。

第二种说法是"太后下毒说"。当时的人认为太后与孝全成皇后关系不和，于是太后借孝全成皇后为父亲求职这件事用毒酒害死了她。

当然，这两种说法都没有足够的证据来证明。

死后遭冷遇的皇后：孝静成皇后博尔济吉特氏初入宫就被封为静贵人，在道光二十年被封为皇贵妃。她一生荣宠，死后却遭受冷遇，这是为何呢？

当年孝全成皇后死后，还是静贵妃的孝静成皇后奉道光帝之命，负责抚养咸丰帝。咸丰即位后，尊封养母博尔济吉特氏为康慈皇贵太妃，极尽孝养。但博尔济吉特氏并不满足，认为咸丰帝应该封她为皇太后，同时她的儿子因皇位之争，与咸丰帝之间矛盾颇大。

后来，博尔济吉特氏重病在床，表示不尊封皇太后死不瞑目。无奈之下，咸丰帝只好尊封其为康慈皇太后。然而，在博尔济吉特氏死后，咸丰帝对他们母子二人展开了报复。一是不单独为其建陵，而是将其葬入妃园寝；二是降低治丧规格；三是减少谥号字数，不系先帝谥号。直到同治帝即位后，才为其系了道光帝的庙谥，称其为"孝静成皇后"。

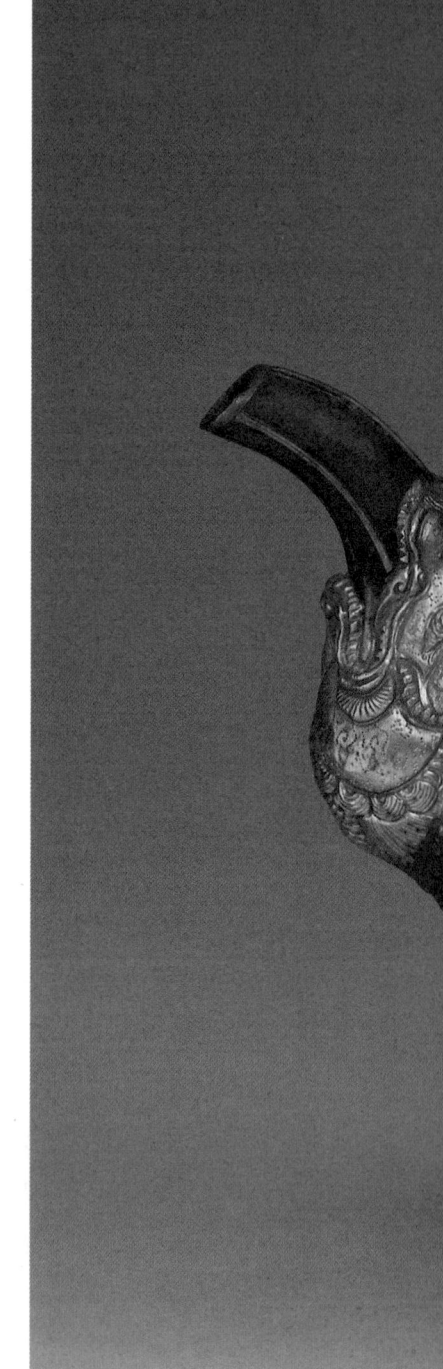

清文宗定陵：咸丰建墓秘密多

按照祖制，咸丰帝的定陵原本应该建在西陵，但为什么他却建在了清东陵？定陵的风水到底如何？埋葬慈禧太后的定东陵缘何被盗？一切的谜团，都在这一节揭晓。

咸丰帝陵为何从西陵跑到东陵

素有"战乱皇帝"之称的咸丰帝爱新觉罗·奕詝在位的十年间，正是清王朝行将崩溃的前夕。那时的中国几乎没有一天的安宁。当英法联军入侵北京时，咸丰帝犹如惊弓之鸟，为了活命，他与后妃们逃往热河，病死于途中，葬于定陵。

定陵是咸丰帝生前亲自勘定的陵址，并且花了很长的时间才修建好，但定陵是用旧料修建的。而且咸丰帝的定陵原本应该建在西陵的，最后却在东陵建墓。这是何故呢？

原来咸丰帝的父亲道光帝刚一登上宝座，就开始为自己修建陵墓。他遵照祖父乾隆帝的旨意，在清西陵绕斗峪兴建了陵寝。绕斗峪因建陵而改名为宝华峪。陵墓建成后一年，道光帝察看陵地，发现地宫渗水。他便大发雷霆，怒斥建陵官，严令追究责任，加以惩办。他又下令将陵寝全部拆除，又在河北易县的龙泉峪另寻得万年吉地。道光帝在西陵兴建第二处陵墓。如此一来，按祖宗的规矩，本该葬在西陵的咸丰帝，只好东搬。故而在兴建定陵时，咸丰帝只好用宝华峪陵墓的大量旧料来修建自己的陵寝。

定陵的风水阴谋说

众所周知，咸丰帝的定陵风水糟糕透顶。那么，如此坏的风水是如何在文武百官的众目睽睽之下被选为皇陵的呢？定陵里面又有哪些破坏风水的设计呢？我们要想揭开这个谜团，一定要先了解一下与之相关的重要人物——陆应谷。

陆应谷是云南出生的汉人，道光初年中举人，然后一直平步青云。他在35岁之前在北京当文官，35岁之后开始到地方把握实权，九年之后升为顺天府尹。这一升迁虽没有增加他的实权，却代表皇家对其非常信任。在北京做了一年官，板凳都没有坐热，陆应谷就被调到江西当巡抚。

咸丰元年，就是咸丰登基的第一年，陆应谷当了江西巡抚一年之后，咸丰把他调回京城。虽然当时陆应谷的个人资料上没有写把他调京干什么，但是我们现在知道把他调回京是为咸丰帝选陵址的。那么，有人要问，咸丰帝为什么要调个巡抚回来选山坟呢？据查，虽然江西风水很有历史，但是陆应谷只在江西当过一年巡抚，之前对风水是一窍不通。因此，咸丰委任陆应谷来选陵址一事很有蹊跷。

陆应谷心里非常清楚，为皇上选陵址是一个险差，所以他一直很小心。直到两年后，他终于选出了三个地点给皇上自己选，其中一个就是现在定陵的位置。这样，选址的事算是交了差。谁知陆应谷的运气很差，在河南省做巡抚时碰上了太平天国的北伐军，陆应谷经过血战保住了开封，太平军转头就去打别的地方，直攻到北京郊区皇城脚下，吓得咸丰皇帝尿了一地。京城戒严备战，而咸丰皇帝把罪怪到陆应谷头上。咸丰认为是他"未能事先预防"，将其革职查办。为此，陆应谷心里有很大怨气。

然而，陆应谷是否把心里的怨气发泄在了选陵址上，我们不得而知。我们只知道在咸丰八年，也就是陆应谷死后一年，咸丰皇帝才选定了现在的陵址。我们可以说这表示皇家办事十分认真，但是选定一个陵址需要八年之久，也太夸张了！更为惊奇的是，定陵在修建的过程中，有人发现下面有修建庙宇的痕迹。在风水中，用旧地是大忌，前人建筑的遗址旧坟上都不宜建新坟茔。可是，官员详细查验之后，确认此处无庙宇。于是负责此案的两位王爷怡亲王载垣、郑亲王端华向咸丰帝回报："遵查平安峪后工，现无庙宇。"咸丰皇帝这才放下心来，再次决定开工。当时可选的地方不止这一个，为什么咸丰偏偏选了这个麻烦地？发生这件事后，又是谁有这么大能耐瞒天过海说服了咸丰依然在此修陵？

根据一些记载来看，咸丰帝安排了怡亲王载垣、郑亲王端华带专家跟进建陵事宜。他们两位在四年后，在咸丰驾崩一个月内，被两宫太后以谋反之名赐死了，而定陵仍继续修建。那么，这件事和咸丰帝最信任的两位王爷有什么关系呢？遗憾的是，这一切，我们仍不得而知。

定东陵被盗的奇耻大辱

定陵中不仅埋葬着咸丰帝后，在陵墓东面的一座坟墓中还埋葬着生前风光无比的慈禧太后。

慈禧太后生前就在思虑她死之后的葬身之地。她曾从北京乘轿100多千米，到遵化州观看"万年吉地"的风水。为了保证菩陀峪寿宫穴位的吉利，她把手腕上一件稀世珍宝"十八颗珍珠手串"摘下来，投入地宫金券的金井之中，作为镇墓之宝。慈禧死后，又把穷其一生巧取豪夺的奇珍异宝，聚集棺中。因此，慈禧的棺椁，堪称世界之最。

慈禧原想到了另一个世界里可以继续像生前那样过着花天酒地、骄奢淫逸的生活，但是，数量巨大的价值连城的珠宝，怎能不让人眼红？

1928年的夏天，国民革命军第六军团第十二军的军长孙殿英率部驻扎蓟县马伸桥，这里与清东陵只有一山之隔。因为孙殿英的队伍不属国民党正规军，因此孙部的粮饷被长期拖欠克扣，以致官兵半年都没有发饷。他的队伍军心浮动，常有开小差的事情发生，若再不拨粮款，甚至有哗变的危险。为此，孙殿英想到了慈禧的陵墓，即使不缺钱，只要有机会，孙殿英也不会放过东陵的宝藏，何况手头正缺钱。

一想到那些诱人的珍宝，孙殿英一刻也坐不下去了，立刻命令手下师长谭温江，以"剿匪"名义，扫清了清东陵附近的其他军事力量，并将陵区完全封闭了起来。

硝烟弥漫中，坚不可摧的定东陵，在炸药的千钧神力下，敞开在这群匪兵的面前，统治中国半个世纪之久的慈禧太后的陵寝大难临头了。

据孙殿英回忆说，他的军队撞开了两道汉白玉石门，闯入金券。在金券的正中有个石座叫作宝床，上面停放着慈禧的棺椁；两旁有两个小石座叫册金座，上面的方形木箱内存放着谥宝和香册。匪徒们砸开了小木箱，见只有本印、木栅，大失所望。他们又将金椁劈开，见里面还有一层红漆填金的内棺。揭开"子盖"，但见光芒四射，珠宝耀眼。慈禧的尸体躺在里面，如同活人一般。孙殿英说："她口中含有一颗很大的夜明珠。这个珠分开是两块，合拢起来则透出一道绿色的寒光。夜间，在百步之内，可照见头发。"这就是溥仪在《我的前半生》中写的后来钉缀在宋美龄拖鞋上的那颗明珠。

匪徒们为了取尽慈禧身上的宝物，将慈禧尸身甩在棺外。将棺内财宝搜尽之后，他们又将棺木移开掀翻。他们在棺下的"井"中，又搜罗了一批宝物。这口"井"是一个风水"穴"位，慈禧生前曾亲临这里点"穴"。她最宝贵的18颗珍珠就投置在这里。匪徒们还扒下了慈禧身上的龙袍和内衣，解下了慈禧周身的珠串，取出了慈禧口中那颗夜明珠。

生前风光的慈禧死后遭此大辱，实在令人扼腕叹息。但是这也与她爱慕虚荣，在坟墓中陪葬诸多金银珠宝有很大联系。对此，我们只能哀叹一声：宿命啊！

清　香盒　长 35.6 厘米

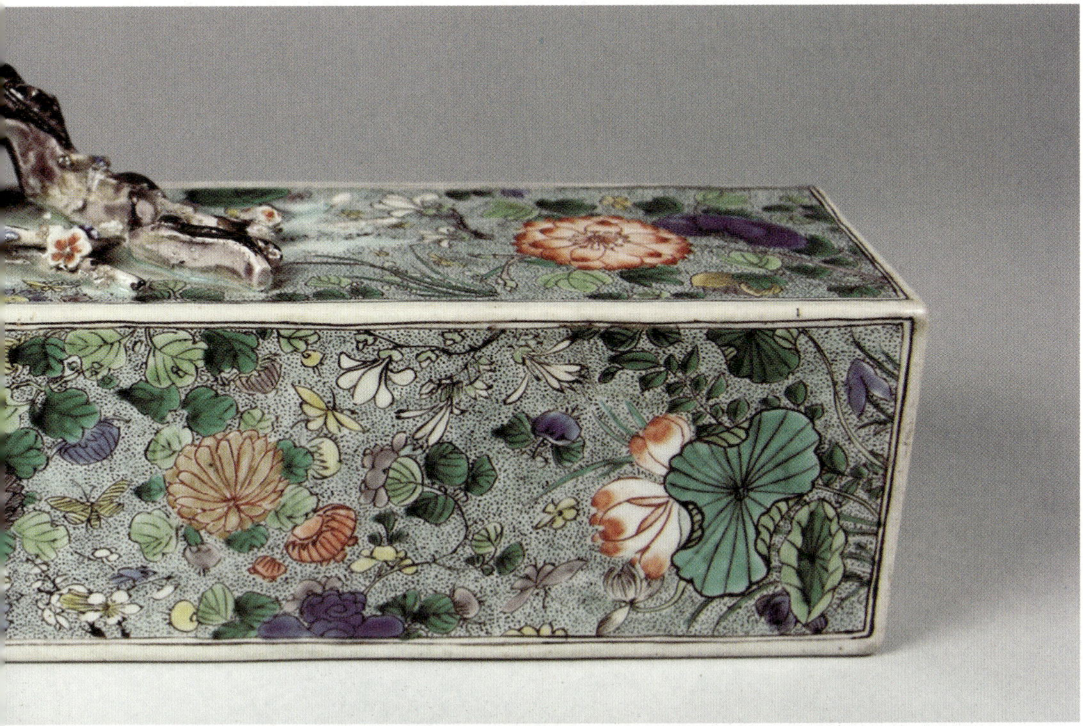

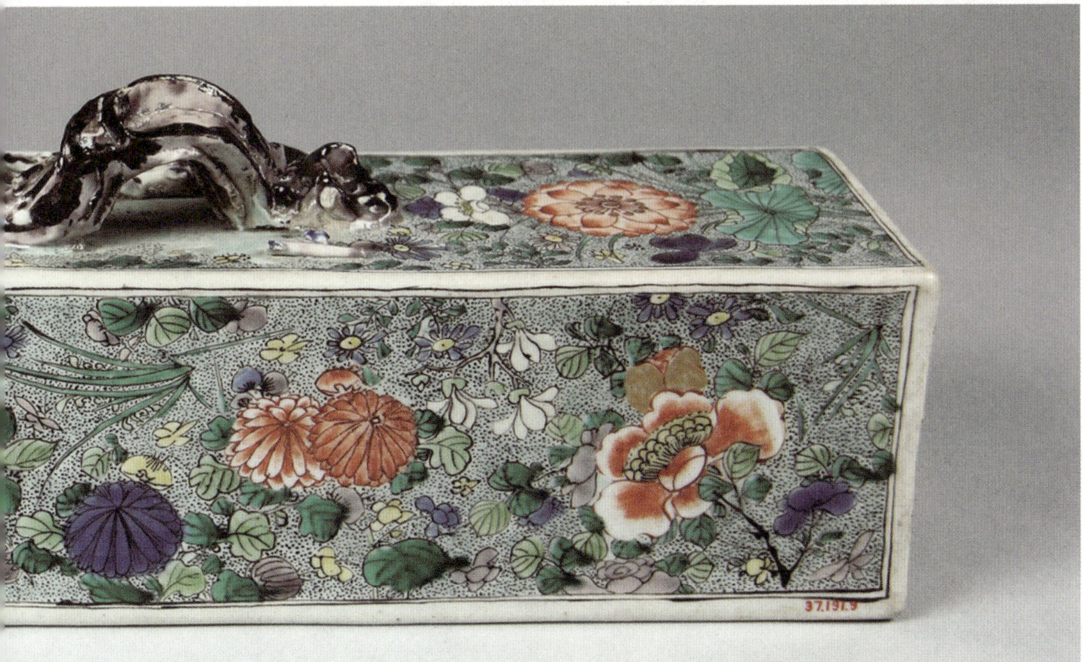
37.191.9

清 咸丰 镀金福寿如意盒

清穆宗惠陵：最差帝陵风波多

无论从规模来讲，还是从风水来看，清穆宗惠陵无疑是清朝众多帝王陵墓中最逊色的一座。然而，就是这么一座逊色的帝陵，依然成了众多盗墓贼觊觎的目标——这里发生了骇人听闻的惠陵偷盗案。

东陵中最逊色的帝陵

惠陵是清朝第十位穆宗毅皇帝同治帝的陵墓。同治帝是慈禧太后的亲儿子，死的时候只有 19 岁，是清朝诸位皇帝中寿命最短的一位。

同治帝在位十三年，一直没有挑选陵寝，直到死后才急忙修建陵寝。光绪元年二月，慈安、慈禧两位太后降旨，命大臣在东、西陵两地为同治帝相看一处作为陵址。按照清帝昭穆兆葬之制，同治帝应该是在西陵建造陵墓。可是，两位太后观看了几处陵址的地图后，最终却选定了东陵双山峪为同治帝的"万

年吉地"。

　　惠陵于光绪元年八月初三动工，至光绪四年九月完工，历时三年零一个月。惠陵建筑基本是依照定陵的规制，但是取消了通往主陵的神道和石像生；殿周围也除去了雕栏；牌楼门前无石像生，只立了一对望柱；惠陵也不设有通向世祖顺治帝孝陵的神路。由此看来，惠陵在东陵的五座帝陵中，工程规模是最为逊色的。不过惠陵，所用的材料均为楠梴木。楠梴木木质坚硬，有"铜梁铁柱"之称。故而惠陵的建筑至今都保存完整。

惠陵为什么没有石像生

　　为了修建惠陵，清朝政府花费了白银435.9万两，历时三年之久才竣工，可是唯独没有建石像生。这是为什么呢？难道是因为同治帝在位的时间太短吗？

　　事实并非如此，他的父亲咸丰帝在位仅11年，而定陵却建了石像生。由此可见，石像生与皇帝的在位时间是没有关系的。根据清宫的档案记载来看，惠陵一开始的设计是有5对石像生的，神路也与孝陵相接，可是没想到的是，皇太后却突然降下懿旨，撤掉石像生，神路也不与孝陵相接。

　　皇太后为何突然改变主意？有关清史研究人员认为这一举动可能是为了节省建陵的费用。而且康熙景陵、雍正泰陵没有设石像生；道光帝陵也没有设石

清　黄料荷叶碗　高7厘米　直径15.2厘米

像生，其神道也不与泰陵相接，这都表明石像生可设可不设，神道是否相接也不重要。在光绪年间，清政府财政紧张，国库亏空。而光绪元年，慈安陵和慈禧陵均已开工两年，正处于关键时期；阿鲁特皇后刚刚宾天，正在大办丧事。种种都耗银似水，使清政府财政雪上加霜。因此，裁掉石像生一项，能够在很大程度上缓解清政府紧张的财政。

骇人听闻的惠陵偷盗案

惠陵的规制虽说是东陵中最逊色的，但是在战乱时期也还是被人给盗了，里面的东西被付之一炬，惠陵地宫也毁于一旦。这件偷盗案的始末是怎样呢？让我们来看一下。

1945 年，日本战败投降，时局动荡，清东陵基本处于无人管理的境地，盗匪乘机纷纷重新操镐，甚至荷枪实弹、明火执仗地盗掘了东陵多处墓穴。康熙的景陵、咸丰的定陵、同治的惠陵以及其他后妃陵寝的地宫统统被打开，盗出了大量的金银珠宝，而其中最骇人听闻的就是惠陵的被盗。

当时，惠陵地宫被挖开，盗匪们进入地宫，除了把随葬珍宝都偷走外，还将皇帝、皇后的尸骨从棺材中拉出来。据说，当时同治帝已经只剩下一把枯骨了，而阿鲁特皇后虽然已经入棺 70 年，尸体仍然保存良好。然而，这些残暴的盗匪们听说皇后是吞金而亡的，他们为了金银珠宝，竟然把皇后的衣服扒光，残酷地用刀把她的肚子剖开寻宝，最后还把尸体扔在了东南角。据目睹皇后尸身的人说，阿鲁特氏赤身露体仰躺在墓室的东南角上，长发披散，双目微闭，面容完好，没有丝毫的痛苦表情，可肚子被剖开，肠子流了一地，胆大的人用手按一按她的皮肉，发现还有弹性。

不仅阿鲁特皇后没能幸免于难，就连同治帝埋葬在妃园寝的另外四位妃子也遭受了非常残忍的待遇。更悲惨的是，这些土匪盗陵之后，拿着钱财就走了，而通向地宫的洞口却一直敞开着。当时，邻村近庄中猎奇好胜的人们，常常三五一群、手执火把进地宫去"探险"，对惠陵造成了更加严重的破坏。

清德宗崇陵：最后一座帝王陵

崇陵是光绪皇帝爱新觉罗·载湉的陵寝，是中国历代皇帝中的最后一座陵寝。作为封建时代的最后一座帝王陵寝，崇陵身上有着很多谜团。譬如，这最后一座帝王陵是如何历经千难万险建立起来的？埋葬于其中的光绪帝到底是怎么死的？为什么墓中与他合葬的不是他的宠妃，而是他讨厌的隆裕？让我们带着心中的疑问，一起去查看历史的真相吧。

历经艰难建崇陵

崇陵位于泰陵的东南面约4千米的金龙峪，地宫中合葬着光绪帝和他的隆裕皇后。崇陵于宣统元年（1909年）破土兴建，1915年竣工，其建筑物的数量与规模，完全依照同治的惠陵而建。建筑十分精巧，陵园仪树中有罕见的罗汉松和银松。

按封建王朝的老规矩，皇帝登基，即建陵寝。光绪帝虽然生前预选了陵址，但光绪登基直至病亡的34年中，专权的慈禧太后从未提起过给光绪建陵之事。慑于慈禧太后的淫威，大臣们也未敢提及此事。

1908年，光绪和慈禧先后去世，3岁的宣统皇帝继位，摄政王载沣和隆裕太后才派人重新为他勘察"万年吉地"。在光绪三十四年末，他们于西陵的梁各庄西部偏北选下一块地方。此地丛山环抱，背阴朝阳，正中是一块约5里见方的平坦谷地。当地人名曰魏家沟，又名"绝龙峪"。大臣认为前者太俗，不似天子吉地，后者为天子之大忌，实不吉祥，于是将其改名为"九龙略"。由于光绪是清朝入关后的第九代天子，九龙至此，绝无后嗣，寓意不好，于是大臣们反复商议，将此地定名为"金龙峪"。

清　景德镇窑五彩仕女婴戏图棒槌瓶　高 73.3 厘米

崇陵自宣统元年开始修建，两年后，发生了辛亥革命，清帝逊位，陵工停止一年。1913年春，按《关于大清皇帝辞位之后优待之条件》的第五条，"光绪帝陵寝加制妥修，奉安典礼仍如旧制，经费由民国政府负担"的条款，担任大总统的袁世凯派国务总理赵秉钧与清皇室内务府大臣绍英等协商，从皇室经费中拨款，重新开始了崇陵的修筑工程。至1915年竣工。

崇陵虽然没有大小牌楼、石像生等建筑，和其他帝陵相比，规模较小，但是规制仍很齐备：墓道有四重石门，每重门由两扇整雕的清白玉石合成，上面有菩萨浮雕一尊，护门念经；地宫内床为青石雕成的须弥座，上面左、右并排停放着光绪皇帝和隆裕皇后的棺椁；棺椁四周镌刻有藏文和梵文经咒；隆裕皇后棺盖顶有一幅精美的石雕线刻画。

令人遗憾的是，不久崇陵就横遭劫难，主要的随葬品都被盗了。

生不受宠，死却同穴

清朝从清太祖努尔哈赤的孝慈高皇后算起，一共有 27 位皇后，最后一位母仪天下的皇后就是光绪皇帝的孝定景皇后。

孝定景皇后，叶赫那拉氏，是慈禧之弟副都统桂祥之女，徽号隆裕。光绪十四年（1888 年）被慈禧太后钦点成婚，次年被立为皇后，时年 22 岁。

叶赫那拉氏的姿色很不出众，人长得很瘦弱，又是个驼背，加上性格柔懦，很不得光绪帝的喜欢，他们的婚姻生活就是一场悲剧。光绪帝死后，宣统帝即位。宣统帝称叶赫那拉氏为"兼祧母后"，她也被尊为隆裕皇太后。

宣统帝即位时年仅 3 岁，由隆裕皇太后亲自抚养，同时她也和宣统帝的生父——摄政王载沣共同主掌风雨飘摇的清王朝。但是，隆裕太后没有救国的能力，最后在袁世凯的威逼利诱下迫使摄政王辞职。宣统三年十二月戊午（1912 年 2 月 12 日），隆裕以太后的名义颁布《宣统帝退位诏书》，结束了清朝自 1636 年以来共 276 年的统治。

1913 年 2 月 22 日，隆裕太后在太极殿病逝，享年 46 岁，谥号孝定景皇后，由"中华民国政府"以国丧规格处理丧事，与光绪帝合葬崇陵。光绪帝生前肯定没有想到，死后与他同葬一穴、与他相伴的竟然是他生前最不喜欢的皇后隆裕。不知在九泉之下的他，是喜是悲……

图书在版编目（CIP）数据

　　帝王陵墓：发掘深埋地下的皇家图景 / 李伟广著
. -- 北京：台海出版社，2021.2（2024.12 重印）
　　ISBN 978-7-5168-2823-6

　　Ⅰ . ①帝… Ⅱ . ①李… Ⅲ . ①帝王—陵墓—介绍—中
国 Ⅳ . ① K928.76

　　中国版本图书馆 CIP 数据核字（2020）第 238076 号

帝王陵墓：发掘深埋地下的皇家图景

著　　者：李伟广

出 版 人：蔡　旭　　　　　　　　　　　　封面设计：新华尤品
责任编辑：赵旭雯

出版发行：台海出版社
地　　址：北京市东城区景山东街 20 号　　　邮政编码：100009
电　　话：010-64041652（发行，邮购）
传　　真：010-84045799（总编室）
网　　址：www.taimeng.org.cn/thcbs/default.htm
E － m a i l：thcbs@126.com

经　　销：全国各地新华书店
印　　刷：三河市嘉科万达彩色印刷有限公司
本书如有破损、缺页、装订错误，请与本社联系调换

开　　本：710 毫米 × 1000 毫米　　　1/16
字　　数：372 千字　　　　　　　　印　　张：26.5
版　　次：2021 年 2 月第 1 版　　　　印　　次：2024 年 12 月第 6 次印刷
书　　号：ISBN 978-7-5168-2823-6

定　　价：68.00 元

帝王陵墓

上架建议：历史·考古

ISBN 978-7-5168-2823-6

9 787516 828236 >

定价：68.00元